Die fabelhafte Frau Löffelchen

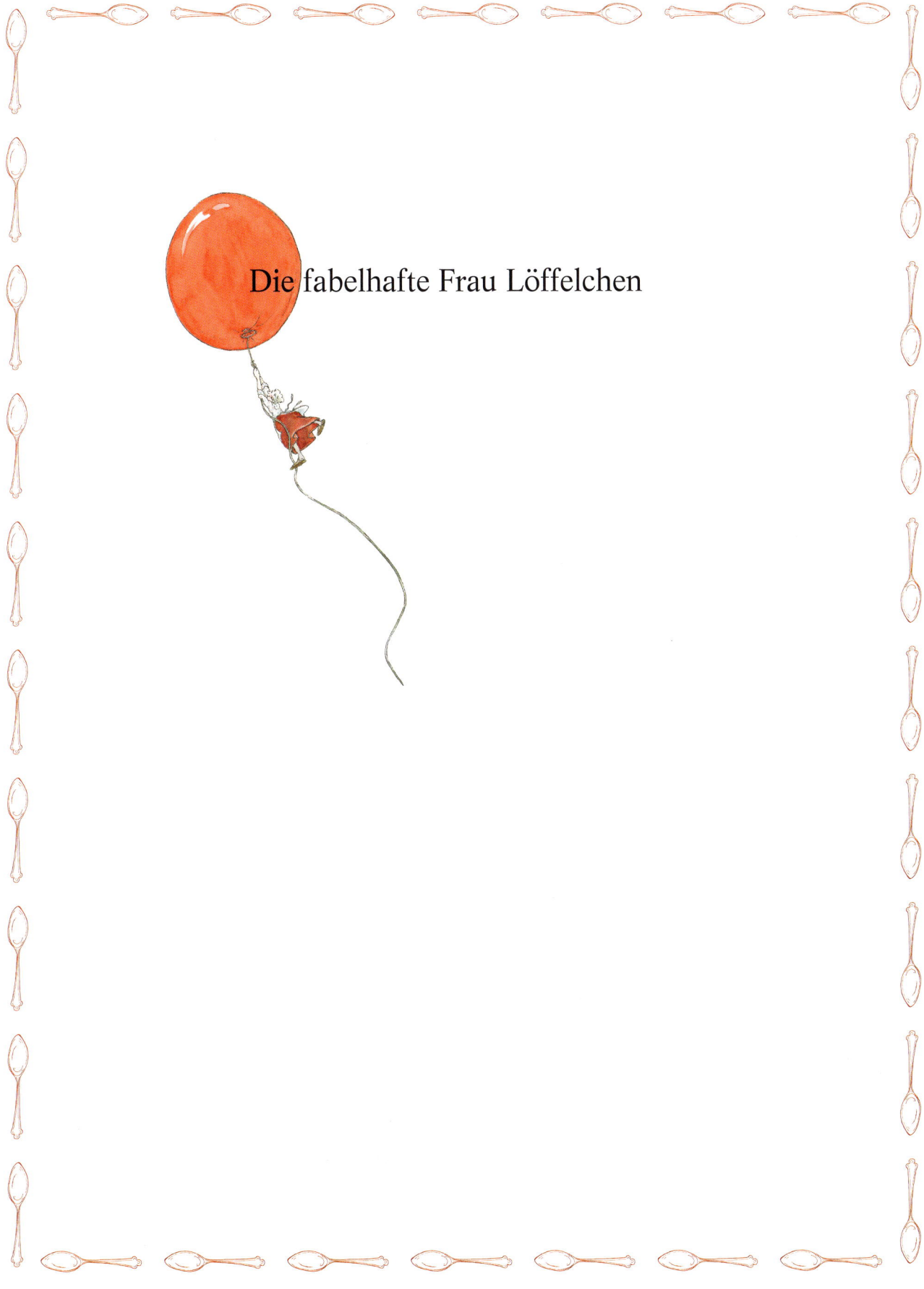

Alf Prøysen

Die fabelhafte Frau Löffelchen

Mit Illustrationen
von Annine Qvale

Aus dem Norwegischen
von Antje Subey-Cramer

Urachhaus

Die Originalausgabe erschien 2010 unter dem Titel
Den store Teskjekjerringboka im Gyldendal Norsk Forlag AS, Oslo.

NORLA

Die Übersetzung dieses Buches wurde von
NORLA – Norwegian Literature Abroad finanziell gefördert.

ISBN 978-3-8251-5186-7

2. Auflage 2020
Erschienen im Verlag Urachhaus
www.urachhaus.de

© 2019 Verlag Freies Geistesleben & Urachhaus GmbH, Stuttgart
© 2010 Gyldendal Norsk Forlag AS, Oslo
Gesamtherstellung: Grafisches Centrum Cuno, Calbe

Inhalt

 9 Von der Frau, die so klein wurde wie ein Teelöffel

15 Frau Löffelchen und die Nudelsuppe

22 Frau Löffelchen als Krähenkönigin

29 Frau Löffelchen lernt schwimmen

36 Frau Löffelchen hat Geburtstag

40 Frau Löffelchen und der Wellensittich

48 Frau Löffelchen bekommt Besuch aus Amerika

53 Frau Löffelchen und die Olympiade

59 Frau Löffelchen als Babysitterin

65 Frau Löffelchen sammelt Blaubeeren

71 Frau Löffelchen und das Krähenjunge

78 Frau Löffelchen bekommt einen Hausmeister für 10 Öre

85 Frau Löffelchen liest im Kaffeesatz

92 Frau Löffelchen spielt Detektiv
97 Frau Löffelchen spielt zum zweiten Mal Detektiv
104 Frau Löffelchen auf Elchjagd
108 Frau Löffelchen und die Frostnächte
112 Frau Löffelchen und die Wettervorhersage
116 Frau Löffelchen beim Arzt
119 Frau Löffelchen im Krankenhaus
123 Frau Löffelchen isst Martinsgans
128 Frau Löffelchen feiert Lucia
132 Frau Löffelchen isst Vielliebchen
136 Frau Löffelchen macht Weihnachtsvorbereitungen
141 Frau Löffelchen macht Weihnachtseinkäufe
147 Frau Löffelchen macht Weihnachtsgeschenke
153 Frau Löffelchen im Märchenwald
160 Frau Löffelchen und die Weihnachtsgrütze
165 Frau Löffelchen feiert Silvester
169 Frau Löffelchen und der Dreikönigstag
176 Frau Löffelchen auf dem Basar
181 Frau Löffelchen im Frauenverein
186 Frau Löffelchen und der Elch
192 Frau Löffelchen fährt Skilanglauf
199 Frau Löffelchen und der Backtrog
205 Frau Löffelchen und der Frühjahrsputz
210 Frau Löffelchen und die Schneeschmelze

214 Frau Löffelchen und der versteckte Schatz
222 Frau Löffelchen und ihr Mann
227 Frau Löffelchen und die abergläubische Frau

231 Frau Löffelchen und der Kuckuck
236 Frau Löffelchen feiert den Nationalfeiertag
241 Frau Löffelchen macht eine Ausfahrt

279 Frau Löffelchen hat Unterricht in Naturkunde
288 Frau Löffelchen und das Schulfest
298 Frau Löffelchen juckt die Zunge

305 Frau Löffelchen und das Mittsommernachtsfest

Von der Frau, die so klein wurde wie ein Teelöffel

Es war einmal eine Frau, die legte sich abends schlafen, so wie Frauen es eben tun, und am Tag danach erwachte sie, so wie Frauen es eben tun, aber da war die Frau plötzlich so klein wie ein Teelöffel, und das passiert Frauen sonst eher selten.

»Ja, wenn ich nun mal so klein geworden bin wie ein Teelöffel, dann muss ich wohl auch danach leben«, sagte die Frau zu sich selbst, denn sie hatte niemanden, mit dem sie sprechen konnte. Ihr Mann war auf dem Feld, und die Kinder waren alle erwachsen.

Nun traf es sich, dass unsere Frau Löffelchen an eben diesem Tag sehr viel zu tun hatte – zum einen wollte sie das Haus putzen, zum anderen hatte sie eine große Menge Wäsche zum Einweichen ins Wasser gelegt und zum dritten wollte sie zum Mittagessen Pfannkuchen backen.

»Ich muss sehen, dass ich aus dem Bett komme«, sagte sie, nahm das eine Ende der Decke und rollte sich ein.

Und die Rolle wurde größer und größer, und zu guter Letzt fiel die ganze Decke auf den Boden, und Frau Löffelchen krabbelte völlig unversehrt heraus.

Nun wollte sie das Haus putzen. Das war keine große Sache. Erst setzte sie sich ans Mauseloch und pfiff, und da kam auch schon die Maus hervor.

»Mach mir die Ecken und Löcher sauber«, sagte Frau Löffelchen, »sonst verpetze ich dich bei der Katze.« Und die Maus machte in den Ecken und Löchern sauber.

Dann rief Frau Löffelchen die Katze.

»Katze, Katze, spül mir die Tassen und Töpfe, sonst verpetze ich dich beim Hund.« Und die Katze spülte die Tassen und Töpfe.

Dann rief Frau Löffelchen den Hund.

»Hund, Hund, mach das Bett und öffne das Fenster, dann sollst du einen großen Knochen zum Abnagen bekommen.« Und der Hund kam und tat, was sie gesagt hatte, und danach setzte er sich auf die Stufen vor der Haustür und wedelte mit dem Schwanz, sodass die Steinplatte blank wie ein Spiegel wurde.

»Hol dir den Knochen selbst«, sagte Frau Löffelchen, »ich habe keine Zeit, Mann und Maus zu bedienen.« Sie zeigte hinauf zur Fensterbank, und da lag ein großer Knochen.

Dann wollte Frau Löffelchen mit der Wäsche beginnen.
Nun hatte sie die Wäsche zum Einweichen in den Bach gelegt, aber der Bach war beinahe ausgetrocknet. Und sie begann zu jammern.

»Viele Tage und Jahre habe ich nun schon gelebt«, sagte sie, »aber noch nie war es so trocken wie jetzt. Wenn nicht bald ein Regenschauer kommt, dann gibt es bestimmt nicht nur Missernte, sondern auch Pestilenz.« Während sie dies sagte, blickte sie fortwährend nach oben. Schließlich wurde der Regenschauer so böse, dass er sich entschloss, Frau Löffelchen zu ersäufen. Aber die setzte sich unter einen Eisenhut, und dort saß sie gut und sicher, während der Regenschauer auf die Erde prasselte und alle Kleider wusch.
Da begann Frau Löffelchen wieder zu jammern.
»Viele Tage und Jahre habe ich nun schon gelebt«, sagte sie, »aber noch nie gab es einen so schlechten Südwind wie heutigentags. Ich wette, wenn der Südwind käm, so wär er nich' mal Manns genug, mich in die Luft zu pusten, obwohl ich nur so groß bin wie ein Teelöffel.«
Das hörte der Südwind, und er kam, aber da war Frau Löffelchen in einen leeren Dachsbau gekrochen. Und dort lag sie und sah zu, wie der Südwind alle Kleider auf die Wäscheleine hinaufblies. Sie selbst schnappte nach dem letzten Kopfkissenbezug, wurde mit hochgehoben und sprang durch das offene Fenster zur Küche hinein.

Dann begann sie wieder zu jammern.

»Viele Tage und Jahre habe ich nun schon gelebt«, sagte sie. »Früher pflegte die Sonne doch wenigstens ab und an hervorzulugen, aber in letzter Zeit hat die Sonne ihre Macht verloren – das ist sicher und gewiss.«

Das hörte die Sonne und wurde ganz feuerrot und schickte einige Strahlen los, um Frau Löffelchen einen Sonnenstich zu verpassen, aber da setzte diese sich auf eine Untertasse und schipperte durch das Spülbecken. Und die Sonne trocknete alle Kleider.

»So, jetzt das Mittagessen«, sagte Frau Löffelchen. »In einer Stunde kommt mein Mann nach Hause, und dann sollen dreißig Pfannkuchen auf dem Tisch stehen – so wahr ich aus dem Kirchspiel Tromøy stamme.«

Nun hatte sie den Pfannkuchenteig am Tag zuvor zubereitet und in einem Krug bereitgestellt. Sie setzte sich neben den Krug und sagte: »Ich habe dich schon immer sehr gern gehabt und allen unseren Nachbarn erzählt, dass es so einen Krug wie dich nicht noch einmal gibt. Ich bin mir sicher, dass du schnurstracks zur Herdplatte gehen und mit dem Henkel die Platte auf drei stellen könntest, wenn du wolltest.«

Und das tat der Krug.

Dann sagte die alte Frau Löffelchen: »Ich vergesse nie den Tag, an dem ich meine Pfanne kaufte. Es gab viele Pfannen in dem Laden, doch ich sagte: Wenn ich nicht die Pfanne bekomme, die gerade über dem Verkäufer hängt, dann kann mir der ganze Einkauf gleich sein, denn eine solche Pfanne gibt es auf der ganzen Welt nicht mehr, und ich bin gewiss, dass es der Pfanne gelänge, von allein auf die Herdplatte zu springen, sollte ich eines Tages in Not geraten.«

Und das tat die Pfanne. Und als sie heiß genug war, neigte sich der Krug ein wenig zur Seite und goss Teig in die Pfanne.

Da sagte die alte Frau Löffelchen: »Ich las einmal ein Märchen über einen Pfannkuchen, der einen Weg entlangrollen konnte, und das ist das dümmste Märchen, das ich je gelesen habe. Ich bin sicher, dass der Pfannkuchen, der jetzt in der Pfanne liegt, sich selbst in der Luft wenden könnte, wenn er nur wollte.«

Und der Pfannkuchen wurde so stolz, dass er tat, was Frau Löffelchen sagte. Und nicht nur dieser Pfannkuchen. Frau Löffelchen sagte es noch einmal und noch einmal, und der Krug neigte sich zur Seite, und die Pfanne zischte, und bevor die Stunde um war, lagen dreißig Pfannkuchen auf dem Teller.

Da kam der Mann nach Hause. Und genau in dem Augenblick, in dem der Mann die Tür öffnete, wurde Frau Löffelchen so groß, wie sie zu sein pflegte, und dann setzten sich die beiden hin und aßen. Die Frau erwähnte mit keinem Wort, dass sie so klein wie ein Teelöffel gewesen war, denn das pflegen Frauen nicht zu tun.

Frau Löffelchen
und die Nudelsuppe

Es war früh am Morgen. Der Mann von Frau Löffelchen lag im Bett und dachte an dieses und jenes, und plötzlich kam ihm in den Sinn, an Nudelsuppe zu denken, und da sagte er: »Nun ist es aber wirklich lange her, dass wir Nudelsuppe zu Mittag hatten.«

»Mein Mann, heute sollst du Nudelsuppe bekommen«, sagte Frau Löffelchen. »Aber dafür muss ich zuerst in den Laden gehen. Und zuallererst musst du mich herunterheben.«

»Herunterheben?«, fragte der Mann. »Was ist das für ein Unsinn?« Aber dann öffnete er seine Augen, und da konnte er seine Frau nirgendwo entdecken.

»Wo bist du denn?«, fragte er.

»Ja, jetzt kannst du mal raten«, lachte Frau Löffelchen.

»Lass den Unsinn«, sagte der Mann. »Wenn du dich im Schrank versteckt hast, dann komm heraus. Du und ich, wir sind zu groß zum Versteck-Spielen.«

»Ich bin nicht zu groß, ich bin genau richtig, um Verstecken zu spielen«, lachte Frau Löffelchen. »Such mich doch.«

»Nein, ich schwirre nicht in der Stube umher und suche nach meiner eigenen Frau«, sagte der Mann.
»Dann musst du ›zeig dich‹ sagen«, sagte Frau Löffelchen, »sonst kriegst du keine Nudelsuppe.«
»Also gut: Zeig dich«, sagte der Mann.

Und da sang Frau Löffelchen: »Oben auf dem Pfosten, oben auf dem Pfosten, da sitze ich. Oben auf dem Pfosten, oben auf dem Pfosten, da find'st du mich. Ich bin so klein wie eine Maus, doch das macht mir rein gar nichts aus. Reich mir deine Hand, mein Mann, damit ich 'runterklettern kann.«
Und als der Mann zum Bettpfosten guckte, saß da Frau Löffelchen, lachte und baumelte mit den Beinen.
Nun war der Mann furchtbar bekümmert.
»Aber das ist ja schrecklich«, sagte er und strich Frau Löffelchen mit dem kleinen Finger über die Wange.

»Ich finde nicht, dass es schrecklich ist«, sagte Frau Löffelchen.

»Aber für mich ist es schrecklich«, sagte der Mann. »Das ganze Dorf wird über mich lachen, wenn sie sehen, dass ich eine Frau habe, die so klein ist wie ein Teelöffel.«

»Ach, pfeif drauf«, sagte Frau Löffelchen. »Das kann uns doch gleich sein. Setz mich auf den Boden, damit ich mich anziehen kann. Ich will zum Laden gehen und Nudeln kaufen.«

Oh nein, sagte der Mann, das erlaube er ihr nun ganz und gar nicht. Er selbst wolle zum Laden gehen.

»Dann weiß ich schon, wie es ausgeht«, sagte Frau Löffelchen. »Wenn du nach Hause kommst, hast du vergessen, Nudeln zu kaufen. Auch wenn ich dir quer über die Nase ›Nudeln‹ schreiben würde, bevor du gehst, kämst du stattdessen mit Dachpappenstiften und Salzhering nach Hause.«

»Aber du kannst den weiten Weg doch gar nicht gehen, du bist so klein.«

»Steck mich in deine Jackentasche, dann brauche ich nicht zu gehen.«

Einen anderen Rat gab es nicht. Der Mann musste seine Frau in die Jackentasche stecken.

Und dann gingen sie los. Frau Löffelchen begann unverzüglich zu reden. »Du große Güte, was für merkwürdiges Zeug trägst du denn mit dir herum? Schrauben und Nägel und Tabak und Streichhölzer, und da ist ja sogar ein Angelhaken. Ja, den musst du auf der Stelle herausholen. Nicht, dass er sich in meinem Rock verhakt.«

»Red nicht so viel«, sagte der Mann und holte den Angelhaken heraus. »Nun sind wir am Laden angelangt, und da musst du still sitzen wie eine Maus.«

Frau Löffelchen versprach es, und der Mann ging in den Laden hinein.

Es war ein altmodischer Laden, in dem von Strumpfbändern bis hin zu Kaffeetassen alles verkauft wurde. Gerade hatten sie ein paar wunderhübsche Tassen hereinbekommen.

Der Kaufmann zeigte die Tassen und sagte, wie schön sie seien, und nun wurde Frau Löffelchen neugierig und steckte den Kopf aus der Jackentasche. »Bleib, wo du bist«, sagte der Mann leise.

»Hast du etwas gesagt?«, fragte der Kaufmann.

»Aber nein, ich habe nur gesungen«, sagte der Mann. »Trallalalla«, sagte er.
»Welche Farbe haben die Tassen?«, fragte Frau Löffelchen in der Tasche.
Und der Mann sang: »Blau sind diese Tassen, die gold'nen Ränder passen,
doch sind sie gar zu teuer. Das ist mir nicht geheuer.«

Da gab Frau Löffelchen für eine Weile Ruhe, aber schließlich konnte sie sich nicht beherrschen: Als der Mann seinen Tabak herausholte, hängte sich Frau Löffelchen an den Deckel der Dose, sprang auf den Verkaufstresen und versteckte sich hinter einer Tüte. Der Mann merkte nichts und auch niemand

sonst im Laden, denn Frau Löffelchen wieselte flink den Tresen entlang. Sie drückte sich an der Tüte mit Sago-Stärke vorbei zur Waage, dann kroch sie unter der Waage hindurch, bis sie neben vier Salzheringen in Zeitungspapier stand, und dann war Frau Löffelchen endlich bei den hübschen Tassen. »Oh, was für hübsche Tassen«, flüsterte Frau Löffelchen und trat zwei Schritte zurück, um sie besser sehen zu können, und da fiel sie vom Tresen in die aufgezogene Schublade mit Nudeln. Sie grub sich schnell in den Nudelhaufen ein, doch da hörte der Kaufmann, dass sich dort etwas bewegte, und beeilte sich, die Schublade zu schließen. Denn manchmal schlüpften Mäuse in die Schubladen, und das durfte niemand wissen. Er ging einfach weiter und bediente. Da lag Frau Löffelchen nun. Es war finster wie in einem Sack. Sie hörte, wie der Kaufmann begann, ihren Mann zu bedienen.

»Ah, das ist gut«, dachte sie, »wenn er Nudeln kauft, gebe ich Acht und springe wieder in die Tasche.« Aber es kam, wie sie es vorhergesagt hatte: Der Mann wusste nicht mehr, was er einkaufen sollte, und die Frau rief, so laut sie konnte: »Nudeln!« Aber das zu hören, war ja beinahe unmöglich.

»Ich möchte ein halbes Pfund Kaffee.«

»Noch etwas?«, sagte der Kaufmann.

»Nudeln!«, rief Frau Löffelchen.

»Und noch ein Kilo Zucker«, sagte der Mann.

»Noch etwas?«, sagte der Kaufmann.

»Nudeln!«, rief Frau Löffelchen.

Und da fielen dem Mann die Nudeln ein.

Der Kaufmann beeilte sich, eine Tüte mit Nudeln vollzuschaufeln. Es schien ihm, als bewege sich da etwas, aber er sagte nichts.

»Das war alles«, sagte der Mann. Als er vor die Tür trat, wollte er nachfühlen, ob seine Frau in der Tasche war, aber im selben Augenblick kam ein Auto vorbei, und der Mann durfte bis ganz vor die Haustür mitfahren. Zu Hause setzte er seinen Rucksack mit den Waren ab und griff in die Jackentasche – aber die war leer.

Nun bekam es der Mann mit der Angst zu tun. Anfangs dachte er, seine Frau wolle sich nur einen Jux mit ihm machen. Aber als der Mann dreimal »zeig

dich« gesagt hatte und keine Frau Löffelchen kam, da setzte er sich den Hut auf und ging denselben Weg wieder zurück. Der Kaufmann sah den Mann kommen.

Oh, nun kommt er bestimmt, um sich über die Mäuse in den Nudeln zu beklagen, dachte er.

»Hast du etwas vergessen?«, fragte der Kaufmann und tat so freundlich, wie er nur konnte.

»Ja«, sagte der Mann und sah sich um.

»Oh, mein Lieber, bitte verrate niemandem etwas über die Mäuse in den Nudeln, dann bekommst du diese feinen Kaffeetassen.«

»Mäuse?«, sagte der Mann.

»Pst, pst«, sagte der Kaufmann und beeilte sich, die Tassen einzupacken. Aber nun begriff der Mann, dass es seine Frau sein musste, die der Kaufmann für eine Maus hielt. Und er nahm die Tassen und ging rasch nach Hause.

Als er zu Hause ankam, war er durch und durch nassgeschwitzt, denn er fürchtete, dass Frau Löffelchen vielleicht im Rucksack zerquetscht worden war.

»Oh, meine liebe Frau, meine liebe Frau, ich werde es nie wieder schrecklich finden, dass du so klein bist wie ein Teelöffel«, sagte er, und dann öffnete er die Tür, und da stand Frau Löffelchen, füllte Nudelsuppe auf und war genauso groß wie jeder andere Mensch auch.

Frau Löffelchen als Krähenkönigin

Du weißt wohl nicht, dass die Frau, die manchmal so klein wie ein Löffelchen wird, die Königin aller Krähen im Wald ist? Nein, das kann ich mir denken, dass du das nicht weißt, aber nun sollst du hören, wie sich das zugetragen hat.

Auf dem Zaun vor dem Haus, wo Frau Löffelchen wohnt, saß immer wieder eine große Krähe.

»Ich begreife nicht, warum die Krähe da sitzt und durchs Küchenfenster glotzt«, sagte der Mann.

»Ich auch nicht«, sagte Frau Löffelchen. »Verschwinde, du!«

Aber die Krähe blieb sitzen.

Dann, eines Tages, als Frau Löffelchen wieder so klein wie ein Teelöffel geworden war (ich erinnere mich nicht mehr, was sie an genau diesem Tag um die Ohren hatte, aber irgendetwas war es), kletterte sie über den Türstock und schimpfte:

»Was für eine Bescherung, was für eine Bescherung, nein, oh nein, Allmächt…«, sagte Frau Löffelchen.

Plötzlich machte es in der Luft »flatter, flatter«, und da kam die Krähe,

schnappte Frau Löffelchen am Rock und flog hoch hinauf, über die höchsten Tannenwipfel des ganzen Waldes.

»Was fällt dir ein!«, schrie Frau Löffelchen. »Pass nur auf! Ich werde schon noch wieder groß, und dann nehme ich den Reisigbesen und jage dich vom Zaun weg!«

»Kra, kra, aber jetzt bist du klein«, sagte die Krähe. »Ich habe lange auf diesen Tag gewartet. Ich habe dich schon einmal gesehen, als du so klein wie ein Teelöffel warst, und da habe ich gedacht: Das passiert bestimmt wieder, habe ich gedacht, aber um ein Haar wäre es schiefgegangen. Heute ist ein Festtag für die Krähen im Wald! Ich werde Krähenkönigin!«

»Nur weil du Krähenkönigin wirst, musst du doch wohl nicht eine alte Frau mit dir herumschleppen«, sagte Frau Löffelchen.

»Doch, genau das muss ich«, sagte die Krähe und flatterte mit den Flügeln, denn die Frau war schwerer, als sie gedacht hatte. »Bald bin ich zu Hause in meinem Nest, warte nur, das wird ein Fest.«

Ja, etwas anderes bleibt mir wohl auch nicht übrig, dachte Frau Löffelchen, während sie da in den Krähenklauen hing und hin und her baumelte.

»Nun sind wir zu Hause«, sagte die Krähe und ließ Frau Löffelchen ins Nest plumpsen. »Zum Glück ist das Nest leer.«

»Ja, das merke ich«, sagte Frau Löffelchen, »ich bin genau auf einen Zweig gefallen und habe mir das Bein aufgeschürft.«

»Du arme Kleine«, sagte die Krähe. »Aber schau: Hier habe ich dir ein feines Bett zurechtgemacht, aus Krähenfedern und Krähendaunen, hier wirst du bestimmt gut schlafen. Krähendaunen sind sehr warm, und die Krähenfedern sind sehr angenehm, wenn es Nacht ist und windig wird.«

»Was soll ich mit Krähenfedern und Daunen?«, fragte Frau Löffelchen.

»Du sollst dich hinlegen und schlafen«, sagte die Krähe, »aber zuerst will ich deine Kleider ausleihen. Binde mir dein Kopftuch um und zieh deinen Rock und deine Bluse aus. Das Tuch bindest du mir um den Hals, den Rock hängst du über den einen Flügel und die Bluse über den anderen. Und dann fliege ich zur Lichtung, wo der Krähenrat zusammenkommt. Die hübscheste Krähe wird Krähenkönigin, und das bin ich, kra, kra, trari, trara. Fällt die Wahl auf mich, denke ich an dich …!«

»Na, wenn du glaubst, dass du mit meinen Kleidern hübscher wirst, dann kannst du sie gerne leihen«, sagte Frau Löffelchen und begann, die Krähe herauszuputzen.

»Beeil dich, beeil dich«, sagte die Krähe, »in der Tanne auf der Anhöhe wohnt eine Krähe. Sie kommt bestimmt hierher und fragt, ob wir nicht zusammen zum Krähenrat fliegen wollen. Aber nachdem ich jetzt so fein bin, möchte ich alleine fliegen. Kra, kra, lebe wohl!« – Und dann flog die Krähe davon.

Frau Löffelchen saß im Unterhemd da und fror. Schließlich fiel ihr ein, sich in die Federn und Daunen einzugraben, so, wie die Krähe es ihr gesagt hatte, und da wurde ihr warm.

Plötzlich begann das Nest zu schwanken. Am äußersten Ende des Astes saß eine große Krähe und hüpfte ans Nest heran.

»Krähen-Olina, bist du zu Hause?«, fragte die Krähe und schob ihren großen Schnabel über die Nestkante.

»Nein, Krähen-Olina ist auf dem Krähenrat«, sagte Frau Löffelchen.

»Wer bist du? Wer bist du?«, krächzte die Krähe.

»Ach, ich bin nur eine alte Frau, die hier liegt und friert, weil sich die Krähe meine Kleider ausgeliehen hat.«

»Oooh! Dann wird Krähen-Olina die Schönste!«, schrie die Krähe und warf sich auf ihren Flügeln in die Luft. »Aber ich schnapp mir das Kopftuch! Ich schnapp mir das Kopftuch!«

Da legte sich Frau Löffelchen zum Schlafen. Doch auf einmal kullerte sie zur Seite, denn das Nest begann aufs Neue zu schwanken.

»Jetzt kommt noch eine Krähe«, dachte Frau Löffelchen, und richtig: Ganz außen auf dem Ast saß die größte Krähe, die Frau Löffelchen in ihrem Leben gesehen hatte.

»Krähen-Olina? Krähen-Olina? Hast du Krähen-Mina gesehen?«

»Ja, ich habe sowohl Krähen-Olina als auch Krähen-Mina gesehen«, sagte Frau Löffelchen.

»Wer bist du, wer bist du?«, fragte die große Krähe.

»Ach, ich bin nur eine alte Frau, die hier liegt und friert, weil sich Krähen-Olina meine Kleider ausgeliehen hat.«

»Oooh!!!! Dann wird Krähen-Olina die Schönste!«, schrie die Großkrähe.

»Na, das ist nicht unbedingt ausgemacht«, sagte Frau Löffelchen. »Denn Krähen-Mina ist hinterhergeflogen und wollte ihr das Kopftuch wegschnappen.«

»Ich schnapp mir den Rock, ich schnapp mir den Rock!«, sagte die Großkrähe und sprang ab, sodass Frau Löffelchen sich festklammern musste, um nicht aus dem Nest herauszupurzeln.

Auf dem Krähenrat waren viele Krähen versammelt. Sie saßen im Kreis, und nach und nach trat eine Krähe nach der anderen in den Ring. Einige Krähen konnten auf einem Bein hüpfen, ohne dass die Flügel den Boden berührten, andere konnten einen Vogel zeigen (aber sie nannten es »einen Menschen zeigen«, denn nur Menschen können einen Vogel zeigen), und die Krähen, die im Kreis saßen, sollten die schönste und tüchtigste Krähe zur Krähenkönigin wählen.

Schließlich waren nur noch drei Krähen übrig. Sie saßen jede für sich, zupften an ihren Federn und sahen böse aus. Die eine trug ein Kopftuch, die andere einen Rock und die dritte eine Bluse, und da verstehst du bestimmt, um welche Krähen es sich handelte. Eine von ihnen sollte Krähenkönigin werden.

»Die Krähe mit dem Kopftuch ist am schönsten, denn sie sieht aus wie ein Mensch«, sagten einige der Krähen.

»Oh nein, die Krähe im Rock ist am lustigsten.«

»Keineswegs, die Krähe mit der Bluse ist die ernsthafteste, und so muss eine Krähenkönigin sein!«

Plötzlich machte es RUMS!, und Nüsschen, das Eichhörnchen, landete mit einem seltsamen Vogel im Maul auf der Erde.

»Kra, kra, Nüsschen hat hier nichts zu suchen«, krächzten die Krähen.

»Ich werde sofort wieder gehen«, sagte Nüsschen, »ich bringe hier nur die Krähenkönigin.«

Mitten in dem großen Kreis saß der kleine, seltsame Vogel. Ganz deutlich sahen sie alle die Krähenfedern und Krähendaunen. Und von zerzausten Krähen wollten sie nichts wissen.

»Das ist nicht erlaubt«, sagte die Großkrähe.

»Nein, nun hacken wir los«, sagte Krähen-Olina.

»Wir hacken, wir hacken«, sagte Krähen-Mina.

»Ja, genau«, krächzten alle Krähen im Kreis. »Eine ganz gewöhnliche Krähe sehen wir nicht zum ersten Mal.«

»Einen Augenblick«, sagte die zerzauste Krähe, und dann krabbelte sie auf einen Baumstumpf und sang »Alle Vögel sind schon da«.

Die Krähe konnte alle Strophen, und die anderen in der Schar waren so Feuer und Flamme, dass sie mit ihren Flügeln klatschten. Dadurch verlor die Zauselkrähe eine Feder nach der anderen.

»Was kannst du noch? Was kannst du noch?«, fragten sie.

»Ich kann Springtanz tanzen«, sagte die Zauselkrähe, und schon drehte sie sich im Kreis und tanzte, dass es nur so schwirrte.

»Du sollst Krähenkönigin werden«, riefen alle im Chor, »nun kommen vier Hofkrähen, die dich tragen, wohin du willst.«

»Wie schön«, lachte die Krähenkönigin. »Dann dürft ihr mich zum Haus am Waldrand tragen.«

»Worin will die Königin getragen werden?«, fragten die Krähen.

»Ich will in einem Tuch und einem Rock und einer Bluse getragen werden«, sagte die Königin.

Und spät, spät in der Nacht klopfte jemand an die Tür des Hauses am Waldrand. Der Mann öffnete, und da stand seine Frau.

»Du kommst aber spät«, sagte der Mann. »Wo bist du gewesen?«

»Ich war zum Nähkränzchen«, sagte Frau Löffelchen.

»Aber warum kleben so viele Federn an dir?«

»Geh und leg dich schlafen«, sagte Frau Löffelchen. »Wir haben Gänse gerupft und Kissen genäht.« Und dann nahm Frau Löffelchen eine Feder und steckte sie in den Fensterrahmen.

»Warum tust du das?«, fragte der Mann.

»Ach, nur so«, sagte Frau Löffelchen.

Aber sie tat es, weil sie Krähenkönigin geworden war.

Frau Löffelchen lernt schwimmen

Du weißt sicher, dass Frau Löffelchen so allerhand kann, aber glaubst du auch, dass Frau Löffelchen schwimmen kann? Ja, sagst du bestimmt, denn für dich ist es gang und gäbe, dass Frauen schwimmen können – ob sie nun groß sind oder klein. Aber da sage ich, mhm, mhm, gerade so, als würde *ich* das nicht glauben. Und ich kann dir erzählen, dass es nicht so fürchterlich lang her ist, seit Frau Löffelchen das Schwimmen gelernt hat. Aber nun sollst du hören, wie es dazu kam.

Wenn Frau Löffelchen zum Einkaufen ging, nahm sie die Abkürzung durch ein kleines Wäldchen. Dort floss ein Bach, und etwas weiter unterhalb weitete sich der Bach zu einem kleinen Pfuhl. In diesem Pfuhl spielten die Kinder, wateten, badeten und lernten schwimmen. Sie hatten keinen Schwimmlehrer, sondern die Großen lehrten die Kleinen. Manchmal konnte das ziemlich anstrengend sein, und dann sagten die Großen, die die ganze Zeit die Kleinen unterrichten mussten, auf einmal:

»Wenn wir doch nur einen Schwimmlehrer hätten!«

»Is' zu teuer, Junge«, sagten die anderen. »Nein, wir müssen diese Kleinig-

keit eben lernen, so gut es geht. Wir können nur froh sein, dass der Pfuhl nicht so tief ist. Hier ertrinkt keiner, auch wenn man ein bisschen Wasser ins Ohr kriegt.«

Und dann machten sie »Trockenübungen« an Land. Dabei lagen sie über einem Baumstumpf auf dem Bauch und strampelten mit Armen und Beinen. Frau Löffelchen stand dabei und schaute zu.

»Das müsste ich doch auch hinkriegen!«, sagte Frau Löffelchen zu sich selbst.

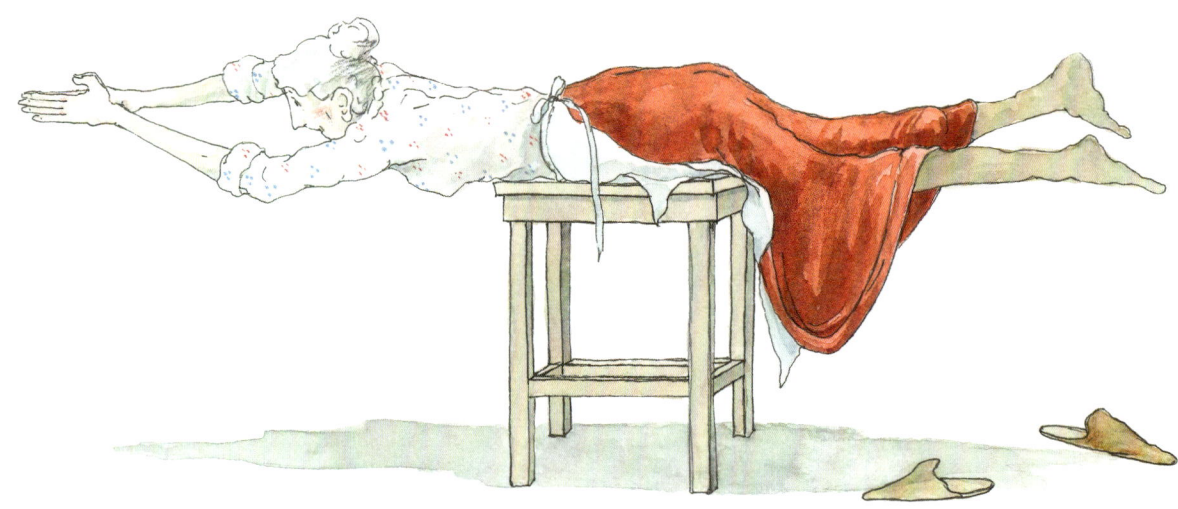

Schließlich lernten die Kleinen etwas, das »Kraulen« heißt. »Wir wollen kraulen«, riefen die kleinen Knöpfe, und dann traten sie nach hinten mit den Beinen aus, und die Arme drehten sich wie Windmühlen.

»Mhm, es wäre doch wohl merkwürdig, wenn ich das nicht auch hinbekäme«, dachte Frau Löffelchen. Aber sie hatte ja keinen Platz, wo sie üben konnte. Na ja, sie hatte es ein paarmal in der Küche probiert. Beim ersten Mal hatte sie sich auf einen Hocker gelegt und die Grundbewegungen als Trockenübung gemacht, aber dann kam die Nachbarsfrau und wollte ein bisschen Kartoffelmehl ausleihen. Und beim zweiten Mal, als sie »kraulen« wollte, stieß sie an die Schüssel mit Zwetschgensuppe, die ihr Mann zu Mittag haben sollte, und die ganze Suppe lief ihr den Rücken hinunter.

Doch in der Nacht träumte Frau Löffelchen, dass sie schwimmen könnte. Oh, so tüchtig war sie im Schwimmen! Zuerst machte die »die normalen Schwimmzüge«: Sie schlug mit den Armen aus und zog die Beine an. Dabei stieß sie mit dem Kopf gegen die Wand, und es machte »DONK!!«.

»Was treibst du denn da schon wieder für'n Unsinn?«, fragte der Mann. »Kannst du mich nicht in Ruhe schlafen lassen?« Denn natürlich wurde er wach – so, wie Frau Löffelchen um sich schlug und sich aufführte –, das begreifst du wohl.

»Ich schwimme«, sagte Frau Löffelchen.

»Du schwimmst nicht, du träumst«, erwiderte der Mann. »Und nun sei still.«

Bald darauf war Frau Löffelchen wieder eingeschlafen, und nun schwamm sie auf dem Rücken. Jetzt wurde es gefährlich für die Blumen, die gleich neben dem Bett auf dem Fensterbrett standen, aber sie überlebten es, »und nun schlage ich einmal tüchtig und kräftig mit den Armen«, träumte Frau Löffelchen, schlug zu und traf ihren Mann mitten auf die Nase.

»Was machst du denn jetzt?«, fragte der Mann.

»Ich mache lange, ruhige Züge«, antwortete Frau Löffelchen und schlug dem Mann noch einmal auf die Nase.

Aber am schlimmsten war es, als sie »kraulte«. Da krabbelte sie ganz bis zum Fußende hinunter, nahm Anlauf und trat so zu, dass der Mann aus dem Bett fiel und mit einem RUMS auf dem Boden landete. Aber da wurde der Mann böse. Er nahm seine Decke und brüllte, wenn Frau Löffelchen ums Verrecken schwimmen lernen wollte, dann müsste es doch möglich sein, einen See zu finden, in dem man schwimmen kann, und einen Schwimmlehrer, der es einem beibringt!

»Das ist teuer«, sagte Frau Löffelchen. »Ich lerne von den Kindern, die im Pfuhl baden. Wenn abends keine Kinder dort sind, werde ich mal hingehen und ausprobieren, ob ich es wirklich kann.«

»Ja, mach das!«, sagte der Mann böse, »aber jetzt will ich schlafen. Ich lege mich auf den Küchenfußboden – oder ist dein Training jetzt beendet?«

»Nein … ich habe sie noch von einem Kopfsprung reden hören«, sagte Frau Löffelchen.

»Oh, hilf, Herr!«, sagte der Mann und schloss die Küchentür.

Doch schon kurz nachdem er sich in der Küche hingelegt hatte, machte es »PANG!«. Der Mann fuhr hoch und lief ins Schlafzimmer. Da lag Frau Löffelchen neben dem Bett auf dem Boden, mit einer großen Beule auf der Stirn.

»Ich hab doch mal einen Kopfsprung ausprobiert«, sagte sie und kratzte sich ein bisschen unterm Haarknoten. »Aber ich hab's wohl nicht richtig gemacht.«

»Nein, ganz offensichtlich«, sagte der Mann und dachte, jetzt müsste er Frau Löffelchen eigentlich ein bisschen schütteln und fuchsteufelswild werden. Aber dann fiel ihm ein, dass er, wenn er so richtig böse werden würde, zum Frühstück bloß trockenes Brot und zum Mittagessen bloß kalte Kartoffeln bekäme.

Also brummte er nur, kratzte sich im Nacken und legte sich wieder hin.

Dann kam ein Tag mit schönem Wetter, an dem alle Kinder einen Ausflug auf die Alm machten. »Hurra!«, dachte Frau Löffelchen, »jetzt ist keiner im Pfuhl, also werde ich hingehen und versuchen zu schwimmen.«

Das tat sie. Und als sie zum Pfuhl kam, badete dort niemand, und es war auch keiner zu sehen.

»Die Kinder haben gesagt, dass es hier nicht gefährlich ist«, sagte Frau Löffelchen. »Nun werde ich aber wirklich versuchen, ein paar Schwimmzüge zu machen, hier ist es ja nicht tief.«

»Hoppsan«, sagte Frau Löffelchen spaßeshalber und wollte in den Pfuhl hineinspringen. Aber genau in dem Augenblick, als sie in der Luft war, wurde sie so klein wie ein Teelöffel! Und da erschien ihr der kleine Pfuhl natürlich so groß wie der Atlantische Ozean!

»Hilfe! Hilfe!«, schrie Frau Löffelchen, »ich bin in tiefster Seenot!«

»Nur einen Augenblick, dann kommt der Schwimmlehrer«, sagte eine Stimme vom Grunde des Pfuhls, und dann tauchte genau da, wo Frau Löffelchen im Wasser lag und strampelte, ein großer Frosch hoch, und der Frosch nahm Frau Löffelchen flink auf seinen Rücken.

»Oh, du kannst aber gut schwimmen«, sagte Frau Löffelchen.

»Ich bin der beste Schwimmlehrer der Welt«, antwortete der Frosch.

»Kannst du vielleicht auch mir das Schwimmen beibringen, du?«, fragte Frau Löffelchen.

»Gerne. Was willst du denn lernen?«

»Zuallererst will ich lernen, ganz normal zu schwimmen«, sagte Frau Löffelchen.

»Also gut, dann mach es am besten so: Setz dich andersherum, halte dich an den Warzen auf meinem Rücken fest und schau zu, wie ich mit den Hinterbeinen strampele.«

Dann schwamm der Frosch, und er machte so feine Bewegungen mit den Hinterbeinen, dass Frau Löffelchen es beinahe auf der Stelle lernte.

»Außerdem würde ich gerne lernen, auf dem Rücken zu schwimmen«, sagte Frau Löffelchen.

»Ja, dann musst du mit meinen Kindern sprechen, den kleinen Kaulquappen, die sich rundherum im Wasser tummeln«, sagte der Frosch.

»Oh nein, das schaffe ich nie im Leben«, sagte Frau Löffelchen, als sie sah, wie flink die Kaulquappen waren.

»Probier es aus, probier es aus«, sagten die Kaulquappen.

»Ja, ja, ich werde es wagen«, sagte Frau Löffelchen. Und nach einer Weile schwamm sie auf dem Rücken, als hätte sie nie etwas anderes getan.

»Und nun will ich lernen zu kraulen«, sagte Frau Löffelchen. Sie war jetzt richtig großspurig, denn sie fand sich sehr tüchtig.

»Das Kraulen können wir dir auch beibringen«, sagten die Kaulquappen und verrenkten und verbogen sich. Frau Löffelchen versuchte, es ihnen gleichzutun, und als sie eine Weile geübt hatte, schaffte sie es wahrhaftig auch!

»Ja, nun bleibt nur noch der Kopfsprung«, sagte der Frosch, »dafür musst du an Land schwimmen und von dem Stein da herunterspringen. Ich spring zuerst.«

»Du meine Güte, das ist aber ganz schön tief«, sagte Frau Löffelchen.

»Es muss tief sein, wenn man einen Kopfsprung machen will, sonst stößt man mit dem Kopf auf den Grund«, erklärte der Frosch. »Guck mich an, ich springe jetzt, und dann kommst du nach.«

Dann sprang der Frosch. Frau Löffelchen zählte bis drei, nahm Anlauf und sprang hinterher, aber genau in dem Moment, als sie in der Luft war, wurde sie wieder so groß wie andere Frauen!

»Platsch«, machte es, und da lag Frau Löffelchen in dem kleinen Pfuhl und drehte sich im Kreis.

Der Frosch war verschwunden und die Kaulquappen auch. Frau Löffelchen sah sich rasch um, ob irgendjemand sie beobachtet hatte, aber das war glücklicherweise nicht der Fall.

Dann eilte sie nach Hause, zog sich trockene Kleider an und begann, das Essen für ihren Mann zuzubereiten – eine feine, süße Nudelsuppe mit Zucker und Zimt obendrauf.

Am nächsten Abend, als die Kinder nach Hause gegangen waren, ging Frau Löffelchen wieder zum Pfuhl und probierte es noch einmal. Und wahrhaftig: Sie konnte schwimmen. Jedenfalls ein kleines bisschen.

»Und wer ein bisschen was kann, kann noch eine Menge dazulernen«, sagte Frau Löffelchen und zwinkerte dem kleinen Stein zu, von dem aus sie den Kopfsprung gemacht hatte. Denn darunter saßen der Frosch und alle Kaulquappen.

Frau Löffelchen hat Geburtstag

Nun sollst du aber mal hören, wie es zuging, als Frau Löffelchen Geburtstag hatte.

Sie hatte gebacken und gekocht und frisch gemangelte Gardinen aufgehängt und draußen vor der Tür Tannenzweige ausgelegt. Und dann hatte sie zu den Nachbarsfrauen gesagt, dass sie um zwei Uhr kommen sollten. Es war also alles vorbereitet.

Auf dem Tisch in der Stube lag ein frisch geplättetes Tischtuch, und darauf standen eine Platte mit Zuckerkringeln und eine Platte mit Krapfen – die dritte Platte war leer. Darauf sollte die große Torte stehen, die von Frau Löffelchen gerade verziert wurde.

Frau Löffelchen hatte sich feingemacht. Sie hatte ein neues, baumwollenes Kleid an, und den Haarknoten hatte sie so fest geflochten, dass er wie ein Wiener Kranz aussah. Nun wollte sie nur noch Erdbeeren rundherum auf die Torte legen – oh, wie schön sah das aus! »Und noch eine große Erdbeere in die Mitte«, sagte Frau Löffelchen zu sich selbst. »Das wird eine feine Geburtstagstorte, denke ich.« Sie suchte die größte Erdbeere heraus, die sie finden konnte, nahm sie vorsichtig zwischen die Finger und wollte gerade ganz exakt die Mitte der Torte abmessen – da, genau in diesem Augenblick, wurde sie so klein wie ein Teelöffel! »Heisterkopeister«, machte es, und sowohl die Beere als auch Frau Löffelchen kullerten unter den Küchenschrank.

Da klopfte es an die Tür.

»Herzlichen Glückwunsch zum Geburtstag«, sagte Netta Nordberg. Als niemand antwortete, drehte sie sich nach links und rechts, um nach Frau Löffelchen Ausschau zu halten. Dabei stieß sie eine Blumenvase um, die auf dem kleinen Tisch im Flur stand.

»Du liebe Güte«, dachte Netta Nordberg. »Ich will schnell aufwischen, bevor jemand kommt!« Und dann versteckte sie sich im Kleiderschrank.

Da klopfte es wieder an die Tür, und das war Sina Sydberg.

»Herzlichen Glückwunsch zum Geburtstag«, sagte Sina Sydberg. Als niemand antwortete, drehte sie sich nach links und rechts und stieß an die Vase, sodass diese herunterfiel. Da klopfte es wieder an die Tür.

»Ach, du liebe Güte«, sagte Sina Sydberg und kroch unter das Bett im Schlafzimmer.

»Herzlichen Glückwunsch zum Geburtstag!«, sagte Wilhelmina Westberg. Als niemand sie hereinbat, stampfte sie ins Haus – geradewegs auf die Vase zu, sodass diese in tausend Scherben zerbrach.

»Ach, du meine liebe Güte«, sagte Wilhelmina Westberg und versteckte sich in der guten Stube hinter der Gardine.

Da kam Osevine Ostberg. »Herzlichen Glückwunsch zum Geburtstag«, schrie sie. »Ja, ist denn hier keiner zu Hause?« Und schon rutschte sie auf dem Wasser und den Scherben und dem Tischtuch aus. Dabei stieß sie sich am Tisch, sodass alle vier Beine – knickknack – brachen.

»Ach, wie gut, dass ich ein kleines Tischchen dabeihabe, das sollte ja eigentlich mein Geschenk sein.«

»Und ich habe ein Tischtuch dabei«, hörte man hinter der Gardine.

»Und ich eine Blumenvase«, hörte man unter dem Bett.

»Und ich Sommerdahlien«, hörte man aus dem Kleiderschrank.

Dann fegten sie und räumten auf und machten alles ordentlich, und danach setzten sie sich in die Stube.

»Wo bleibt denn die Gastgeberin?«, rief Osevine Ostberg.

»Komme schon!«, hörte man da aus der Küche, und herein kam Frau Löffelchen mit der Sahnetorte. Sie war wieder ebenso groß wie andere Frauen. Und dann tranken sie Kaffee. Frau Löffelchen bedankte sich für die Geschenke, und dann aßen sie Krapfen und Zuckerkringel und Sahnetorte. Aber auf dem Stück, das Frau Löffelchen nahm, lag keine Erdbeere.

»Warum ist denn auf diesem Stück keine Erdbeere?«, fragten die Gäste.

»Ach, die Erdbeere ist bestimmt draußen und spielt immer noch Verstecken«, sagte Frau Löffelchen.

Frau Löffelchen
und der Wellensittich

Neben dem Haus, in dem Frau Löffelchen wohnte, stand ein kleines Sommerhaus. Oh, wie schön dieses Haus war! Es hatte ein großes schmiedeeisernes Tor mit schmiedeeisernen Blumen rundherum. Mitten auf dem Tor, das zweigeteilt war, stand auf der einen Seite »Glück«, auf der anderen »Seligkeit«, und wenn das Tor geschlossen war, stand da »Glückseligkeit«. Die Besitzer des Hauses hießen Fröhlich, die Frau hieß Grete Solveig und vom Mann habe ich den Vornamen nie gehört, aber wenn man ihn nachmittags unter dem Sonnenschirm sitzen sah, dann passte der Name Fröhlich jedenfalls nicht zu ihm – so viel ist sicher.

Sie wohnten dort nur im Sommer, und dann redete Frau Fröhlich oft mit Frau Löffelchen – nämlich immer dann, wenn sie um eine kleine Portion Rhabarber bat oder sich ein bisschen Schnittlauch abschneiden durfte oder wenn ihr (wie sie immer sagte) das »Kartoffelsmehl« ausgegangen war. Das hört sich vielleicht nicht nach besonders oft an, aber Frau Fröhlich borgte sich fast jeden Tag etwas aus, und da kamen im Laufe des Sommers ja doch einige Gespräche zusammen. Und jedes Mal, wenn Frau Fröhlich etwas ausgeborgt hatte, sagte sie zu Frau Löffelchen: »Ach, nun müssen Sie sich aber wirklich einmal Zeit nehmen für einen Besuch in *Glückseligkeit* und Pippelippippa kennenlernen – ich sage Bescheid, wenn es passt!«

Pippelippippa war ein Wellensittich, also eine Art Papagei, den Frau Fröhlich immer mitbrachte, wenn sie aus der Stadt kam und den Sommer über in *Glückseligkeit* wohnte.

»Er kann mittlerweile so gut sprechen – wie gesagt, Sie müssen wirklich bald einmal kommen! Stellen Sie sich vor, er kann schon vier Wörter sagen!«

Tja … Nun konnte Frau Löffelchen mit Tieren, die in Gefangenschaft lebten, nicht so besonders viel anfangen, aber sie war höflich und sagte »das wäre wirklich nett«, während sie Frau Fröhlich den Rücken zudrehte und neben ihrer Haustür ein paar Brennnesseln ausrupfte.

An einem Tag stattete Frau Löffelchen tatsächlich *Glückseligkeit* einen Besuch ab, aber da war die Tür verschlossen. »Tja, wenn niemand zu Hause ist, ist niemand zu Hause«, sagte Frau Löffelchen zu sich selbst, drehte sich um und wollte gehen.

Aber als sie das Gartentor schloss, sah sie, wie sich etwas hinter den Gardinen bewegte.

»Ja, ja«, dachte Frau Löffelchen, »von mir aus kann ihr Wellensittich die vier Wörter für sich behalten. Ich kann ja mit mir selbst sprechen, wenn ich dazu Lust habe, und ich kann viel mehr als vier Wörter.«

An einem anderen Tag ging sie mit einem Beutel voll Zuckererbsen hinüber. Es wuchsen so viele Zuckererbsen im Garten von Frau Löffelchen, dass sie und ihr Mann es nicht schafften, sie alle aufzuessen. Um fein genug zu sein, hatte sie sich eine geblümte Schürze und ein weißes Kopftuch umgebunden. Dann nahm sie den Beutel unter die Schürze und begab sich nach *Glückseligkeit*.

Dieses Mal stand die Tür einen Spaltbreit offen. Frau Löffelchen trat in den Flur und klopfte ein paarmal. Es sagte jedoch niemand »herein«.

Aber sie konnte hören, wie Frau Fröhlich mit ihrem kleinen Wellensittich sprach. »Sag P! Pippelippippa? Sag doch P, wenn Mama dich darum bittet, Pippelippippa! Sag P! P! P!« Aber Pippelippippa antwortete nicht.

Da sagte Frau Fröhlich: »Sag Glückseligkeit, Pippelippippa! G! Schnell, G! Pippelippippa?«

Keine Antwort.

Da sagte Frau Fröhlich: »FRÖHLICH! Pippelippippa, Fröhlich kannst du doch sagen, FRÖHLICH, FRÖHLICH! Sag doch F, Pippelippippa, F wie Fröhlich.«

Pippelippippa sagte keinen Mucks.

Nun wollte Frau Löffelchen nicht länger warten. Sie schämte sich ein bisschen, dass sie an der Tür gestanden und gelauscht hatte. Aber dann tröstete sie sich damit, dass sie anfangs gar nicht daran gedacht hatte, dass sie lauschte. So ist es oft, weißt du?

Einen Tag später kam Frau Fröhlich zu Frau Löffelchen, um sich zwei Eier und eine Tasse Zucker zu borgen. Da sagte sie: »Ja, heute Abend kommen drei feine Damen aus der Stadt zu mir, und da muss ich einen Kuchen backen. Können Sie nicht morgen Vormittag kommen – dann essen wir den übrig gebliebenen Kuchen, und dann können Sie auch mal hören, wie tüchtig Pippelippippa geworden ist!«

»Tja, das könnte ich schon machen«, sagte Frau Löffelchen und zupfte ein paar verwelkte Blätter von der Rose vor dem Stubenfenster ab.

»Sie sind mir herzlich willkommen!«, sagte Frau Fröhlich.

Als Frau Fröhlich gegangen war, fiel Frau Löffelchen ein, dass sie am nächsten Tag große Wäsche machen wollte – sie hatte die Wäsche bereits eingeweicht.

»Ich werde die Leine spannen, und danach muss ich zu Frau Fröhlich hinübergehen und ihr sagen, dass ich nicht kommen kann.«

Darauf spannte sie die Leine und ging hinüber nach *Glückseligkeit*.

Dort stand die Tür offen, genau wie beim letzten Mal, und Frau Löffelchen ging hinein, doch dann geschah das, was ständig geschah: Plötzlich war Frau Löffelchen so klein wie ein Teelöffel!

Kuller, kuller, kuller – kullerte sie über den Vorleger, aber dann kam jemand und schnappte nach ihrem Rock und flatterte hoch in die Luft.

»Um Himmels willen, was soll das?«, schrie Frau Löffelchen.

Niemand antwortete, sie hörte nur irgendetwas flattern und schwirren, und schon wurde Frau Löffelchen in einen Vogelkäfig gestopft. PENG! Die Tür wurde zugeknallt, und dann saß Frau Löffelchen im Vogelkäfig, und draußen saß Pippelippippa und lachte.

»Ach, du meine Güte, ich glaub, ich lach mich kaputt!«, sagte Pippelippippa in der Wellensittich-Sprache. (Und du weißt bestimmt, dass Frau Löffelchen alle Tiersprachen versteht, wenn sie so klein wie ein Teelöffel ist.)

»Ja, lach du nur!«, sagte Frau Löffelchen. »Ich begreife jedenfalls nicht, dass man darüber lachen kann! Wie in aller Welt bist du aus dem Käfig entwischt?«

»Das ist ja wohl keine große Sache – so zerstreut wie Frau Fröhlich immer ist, wenn sie Besuch von feinen Damen erwartet. Drei Maiskolben hat sie für mich aufgehängt und das Wasser in meinem Napf ausgewechselt und Sand auf dem Boden im Käfig ausgestreut. Und dann vergisst sie, die Tür zu schließen – verstehst du, ich hätte viele Male ausreißen können, aber Frau Fröhlich zu ärgern macht auch Spaß – ich glaube, ich bleibe erst einmal hier.«

»Ist es wahr, dass du vier Wörter in der Menschensprache kannst, Pippelippippa?«, fragte Frau Löffelchen.

»Uff, nenn mich nicht Pippelippippa, ich heiße nicht Pippelippippa«, sagte der Wellensittich und blinzelte mit seinen weißen Augenlidern.

»Wie heißt du dann?«, fragte Frau Löffelchen. Sie hatte sich bereits auf die Schaukel im Käfig gesetzt und trat mit den Füßen gegen ein Glöckchen, das daneben hing, sodass es »Klingelingelingeling« machte.

»Ich heiße Soistdasleben«, sagte der Wellensittich. »Der Vogelhändler, der mich verkauft hat, ging ständig umher und sang: ›So ist das Leben‹. Ich habe nicht verstanden, dass er mich damit meinte, aber an dem Tag, an dem Frau Fröhlich mich kaufte, strich er mir über die Nackenfedern und flüsterte ›So ist das Leben‹, und da wusste ich, dass er mir einen Namen gab. Ich heiße also Soistdasleben, und wenn du noch einmal Pippelippippa sagst, dann kneif ich dich!«

»Oh nein, ich werde dich doch nicht Pippeli… – nicht kneifen, entschuldige, Soistdasleben!«, sagte Frau Löffelchen. »Aber wo ist denn Frau Fröhlich?«

»Sie kommt bestimmt gleich«, sagte Soistdasleben. »Tust du mir einen Gefallen?«

»Ich sage nie Nein, wenn mich jemand um Hilfe bittet«, sagte Frau Löffelchen.

»Fein«, sagte Soistdasleben. »Nun werde ich diese kleine Decke über dir ausbreiten. Damit deckt mich Frau Fröhlich jeden Abend zu, damit ich schlafe. (Aber nicht, dass *du* jetzt einschläfst!) Und dann glauben die feinen Damen, du seist Soistdasleben. Ich verstecke mich hinter dem Vorhang. – Nein, nun höre ich, dass Frau Fröhlich den Kiesweg heraufkommt, und sie hat doch tatsächlich die Nachbarskatze dabei – na, dann fliege ich besser in den Kirschbaum vor dem Fenster. Aber nun muss ich mich beeilen, gehab dich wohl! Du ahnst nicht, wie nachlässig Frau Fröhlich Wasser und Vogelfutter wechselt. Und sie kann auch eklig und böse sein, darauf kannst du wetten. Deshalb mache ich meinen Schnabel nicht auf, aber nun kannst du das ja tun!«

»Ja, das gebe ich dir schriftlich!«, sagte Frau Löffelchen, während ihr Rock um sie her flatterte.

Als Soistdasleben die Decke über den Vogelkäfig gelegt hatte, flog sie hinaus in den Garten. Und schon kam Frau Fröhlich herein, mit den drei feinen Damen aus der Stadt.

»Ist das wirklich wahr, dass der Vogel sprechen kann?«, fragte die eine Dame.

»Sogar vier Wörter, stellt euch das mal vor!«, sagte die zweite.

»Wir sind so gespannt!«, sagte die dritte.

Frau Löffelchen saß im Käfig und wusste nicht, was sie tun sollte. Frau Fröhlich war in die Küche gegangen, um den Kuchen zu verzieren.

»Kommt, lasst uns das Wundertier ansehen!«, sagte die erste Dame.

»Dürfen wir das denn?«, fragte die zweite Dame.

»Wir heben doch nur die Decke hoch«, sagte die dritte Dame.

Aber da kam es aus dem Käfig: »Nicht die Decke wegnehmen!«

»Seltsam«, sagte die erste Dame. »Das waren genau vier Wörter. Frau Fröhlich! Wissen Sie, dass Ihr Wellensittich die vier Wörter gesagt hat? Er hat gesagt: ›Nicht die Decke wegnehmen.‹ Wir haben es ganz deutlich gehört.«

»Ach, was sagen Sie denn da«, sagte Frau Fröhlich und kam mit dem Kuchen herein. »Ich habe ihn noch nie diese vier Wörter sagen hören. Aber mit der Zeit wird er wohl dazulernen. Nun wollen wir uns an den Kaffeetisch setzen. – Übrigens wohnt hier in der Nähe eine ganz komische Frau. Na, sie ist meist für sich, deshalb stört sie nicht allzu sehr. Aber manchmal denke ich, sie kommt ein bisschen zu häufig herüber. Wo wohnt diese komische, runzlige Frau, Pippelippippa?«

»In Glückseligkeit!«, piepste es unter der Decke.

Frau Fröhlich war ziemlich baff, aber dann sagte sie: »Vielleicht ist es ein bisschen zu dunkel für sie unter der Decke. Pippelippippa sagt Dinge, die sie nicht meint.«

»Nicht die Decke wegnehmen!«, kam es aus dem Käfig.

»Wie tüchtig du geworden bist, Pippelippippa«, sagte Frau Fröhlich. »Sag uns doch mal, wer sich nie den Hals wäscht? – Jetzt sagt sie gleich Pippelippippa«, wisperte sie den feinen Damen zu. »Na, du Kleine, wer wäscht sich nie den Hals?«

»Frau Fröhlich«, kam es aus dem Käfig.

»Ich muss sagen, Pippelippippa ist wirklich tüchtig«, sagte Frau Fröhlich. »Ich war im Übrigen vorhin bei der komischen Frau und habe mir zwei Eier für den Kuchen geliehen. Ich hatte nämlich ganz vergessen einzukaufen. Und dann habe ich mir zwei Eier geliehen.«

»Und eine Zuckerdose, und den ganzen Sommer über hast du Rhabarber und Schnittlauch bekommen, du Besen, du!«, kam es aus dem Käfig. »Und dein Mann hat Schubkarre und Hacke ausgeliehen und du das Waffeleisen und Bettwäsche, wenn feine Gäste zu Besuch gekommen sind!«

Aber jetzt wurde Frau Fröhlich ordentlich böse.

Sie stand auf und wollte die Decke vom Käfig wegreißen, doch da stolperte sie über einen Stuhl, und der ganze Käfig fiel aus dem Fenster und in den Garten, genau unter den Kirschbaum.

Und dort im Baum saß Soistdasleben und lachte aus vollem Schnabel. Sie war nicht faul, öffnete die Tür des Käfigs, holte Frau Löffelchen heraus, und dann hüpfte Soistdasleben hinein und setzte sich auf das Hölzchen.

Drinnen war großer Aufruhr. Die drei Damen sagten Ach du je und grundgütiger Himmel und Das ist ja furchtbar, und Frau Fröhlich hatte sich auf das Sofa gelegt und weinte. Die anderen schlugen die Hände zusammen und wollten abermals Ach du je sagen, aber dabei stießen sie die Kaffeekanne um, und der ganze Kaffee ergoss sich über ihre Sommerkleider.

Nun wurde aber ordentlich geacht und gejeht!

Da klopfte es an die Tür.

Und da stand Frau Löffelchen, die wieder groß geworden war. Sie hielt den Käfig im Arm, und im Käfig saß Soistdasleben, den Kopf unter die Flügel gesteckt.

»Ich habe den Käfig am Tor gefunden«, sagte Frau Löffelchen. »Das ist doch bestimmt Ihr Wellensittich, der so tüchtig sprechen kann?«

»Ja«, stammelte Frau Fröhlich. »Ach, ich würde Sie wirklich gerne hereinbitten, aber im Augenblick passt es nicht so gut. Vielleicht kommen Sie an einem anderen Tag? Es passt nicht jeden Tag, nicht wahr?«

»Ja, ja«, sagte Frau Löffelchen, »so ist das Leben.« Und dann drehte sie sich um und ging durch das Gartentor. Aber bevor sie sich umdrehte, winkte sie Soistdasleben zu, und Soistdasleben flatterte mit seinen blauen Flügeln und winkte zurück.

Frau Löffelchen bekommt Besuch aus Amerika

Es geschieht nicht oft, dass im Briefkasten von Frau Löffelchen Post liegt. Aber eines Tages, als sie die Post holte, lag da ein Brief mit vielen ausländischen Briefmarken darauf. Er war von ihrer Schwester, die in Wisconsin in Minnesota lebte, und darin stand:

Liebe Schwester!
Ich reise in die alte Heimat und will you besuchen. Kann you zum Flughafen kommen und mich abholen? Das würde mich verry, verry freuen.

»Ja, ja« dachte Frau Löffelchen. »Aber ich kann nicht behaupten, dass *ich* mich so besonders auf ihren Besuch freue – sie ist immer so böse und so laut gewesen. Ich weiß noch, dass ich den größten Beutel tragen musste, wenn wir beide einkaufen gegangen sind. Und dann in der Schule! Da hat sie behauptet, ich hätte Tintenkleckse in ihr Schönschreibbuch gemacht. Und ein anderes Mal ist sie in den Bach gefallen und hat gesagt, ich hätte sie hineingeschubst. Ach, und dann die Sache mit den Blaubeeren. Da hat sie mir

meinen Eimer weggenommen, weil ich am meisten gepflückt hatte. – Nein, alles hat seine Grenzen«, sagte Frau Löffelchen.

Aber natürlich musste sie los und ihre Schwester abholen, das verstehst du wohl.

»Aber fein mache ich mich nicht«, sagte Frau Löffelchen zu sich selbst. »Ich ziehe ein paar alte Sachen von unserer Mutter an, binde mir ein Kopftuch um und zerzause meine Haare – und ich glaube wahrhaftig, ich werde noch einen Reisigbesen mitnehmen. Vielleicht erkennt mich meine feine Schwester Agnete Teobaldine dann gar nicht wieder.«

Als der Tag kam, fuhr Frau Löffelchen zum Flughafen.

Dort waren viele Leute. Sie sprachen englisch und deutsch und trugen schwere Koffer. Frau Löffelchen erntete schiefe Blicke, als sie mit zerzausten Haaren und Kopftuch und Reisigbesen hin und her spazierte.

Schließlich tönte es aus den Lautsprechern: »Nun landet das Flugzeug aus Amerika!«

»Na, dann werde ich mich mal bereit machen und meine Schwester begrüßen«, dachte Frau Löffelchen. Aber genau in diesem Augenblick wurde sie so klein wie ein Teelöffel!

»Himmelherrgott«, sagte Frau Löffelchen. Sie kullerte auf dem Boden herum und in eine Glasvitrine hinein.

»Jemand hat versucht, ein schönes Souvenir zu stehlen!«, sagte eine Dame und schlug die Tür zu.

Und dann stand Frau Löffelchen mit dem Reisigbesen und den alten Kleidern ihrer Mutter in der Glasvitrine.

Und dann landete das Flugzeug aus Amerika.

Und dann kam die Schwester Agnete Teobaldine und ging umher und hielt Ausschau nach Frau Löffelchen. Sie trug eine Plastiktasche mit violetten Blüten und einen Nylonmantel, verziert mit künstlichen Straußenfedern. Und eine große Brille mit Strasssteinchen.

»Meine Schwester, wo ist meine Schwester?«, sagte Agnete Teobaldine. »Ach, ich werde auf sie warten und mich dabei ein bisschen umsehen. Vielleicht sollte ich etwas typisch Norwegisches für meine Freunde in Amerika kaufen.

Ach, schau an! Eine wonderful woman, eine alte norwegische Frau würde ich sagen – die werde ich kaufen. Der alte Rock erinnert mich an meine Mutter, und der Reisigbesen kommt mir auch bekannt vor, aber diese Puppe hat so ein strenges Gesicht, nein, das ähnelt meiner Mutter überhaupt nicht.«

»Oh, du siehst deiner Mutter aber auch nicht so besonders ähnlich, du feine Touristendame, du«, sagte Frau Löffelchen zu sich selbst.

»Ach, nun weiß ich, wem diese alte Frau ähnelt: Sie sieht aus wie meine Schwester. Ich muss sie kaufen und sie meiner Schwester schenken!«

»Ja, wenn du nur so viel Grips hättest, dass du das auch wirklich tätest«, sagte Frau Löffelchen. Und das tat die feine Plastik-Agnete Teobaldine. »Nun darfst du in meiner Tasche liegen, und dann fahren wir geradewegs ins Tal meiner Kindheit«, sagte sie und steckte Frau Löffelchen in die Tasche, zwischen Puderdosen und Nagellack. Dann rief sie: »Taxi! Taxi!«

Frau Löffelchen lag da und nieste und war so böse wie lange nicht.

Dann fuhren sie los und erreichten schließlich den Laden, in dem Frau Löffelchen und ihre Schwester immer eingekauft hatten, als sie klein gewesen waren.

»Bitte halten Sie an«, sagte Plastik-Agnete Teobaldine. »Hier war ich in meiner Kindheit oft. Ich werde hineingehen und ein bisschen für meine Schwester einkaufen. Als wir klein waren, war sie immer so lieb und hat die Sachen nach Hause getragen.«

»Ach, halt deinen Mund«, sagte Frau Löffelchen in der Plastik-Tasche.

Dann ging die Schwester in den Laden und kaufte gegorene Forelle und geräucherte Wurst und Molkereibutter.

»Da wird sich meine Schwester aber freuen«, sagte sie und legte die gegorene Forelle neben Frau Löffelchen.

»Und jetzt müssen wir noch zum alten Schulhaus. Ich erinnere mich, dass ich gemein zu meiner Schwester war und behauptet habe, sie hätte mit Tinte in mein Schönschreibbuch geschmiert. Ich werde noch ein großes Tintenfass für sie kaufen.« Und das tat sie.

»Da wird sich meine Schwester aber freuen«, sagte sie und pfefferte das Tintenfass neben den gegorenen Fisch, sodass der Korken herausfiel und Frau Löffelchen von der Tinte ganz blau wurde.

»Jetzt machen wir noch einen Abstecher zum Bach«, sagte sie. »Ich erinnere mich, wie ich ins Wasser gefallen bin und meiner Schwester die Schuld gegeben habe. Hier will ich mich eine Weile hinsetzen und darüber nachdenken und um Verzeihung bitten. Da wird sich meine Schwester freuen.«

»Oh ja, ich kann kaum an mich halten vor lauter Freude«, sagte Frau Löffelchen.

Agnete Teobaldine wollte unbedingt an den Bach und etwas trinken. Und da fiel ihre Tasche ins Wasser.

Die Tasche trieb den Bach hinunter, und am Ufer hüpfte Agnete Teobaldine auf und ab und rief einem Frosch zu: »Help me! Ju spiek English?«

Zum Glück machte der Bach direkt vor dem Haus von Frau Löffelchen einen kleinen Bogen, sodass die Tasche gegen einen Stein stieß und der Plastikverschluss aufging. Frau Löffelchen sprang mit dem Kopf voran in den Bach und wusch sich die Tinte ab.

Und als die feine Amerika-Schwester ankam, stand Frau Löffelchen in der Tür und war ebenso groß wie andere Frauen.

51

»Oh, wie schön dein Gesicht ist«, sagte die Amerika-Schwester. »Ich habe dich ja nicht mehr gesehen, seit du ganz, ganz klein warst.«

»Nein, da hast du wohl recht«, sagte Frau Löffelchen und lachte in sich hinein. »Komm herein, es gibt Waffeln mit Multebeermarmelade.«

»Ich bin so sorry«, sagte die Amerika-Dame, »ich habe ein feines Souvenir für dich gekauft, aber meine Tasche ist in den Bach gefallen, you see? Das Souvenir war so lustig – es hatte Ähnlichkeit mit dir!«

»Ach, das tut mir aber leid«, sagte Frau Löffelchen. »Aber ich habe deine Tasche gerade eben im Bach gefunden – hier ist sie. Und hier hast du ein neues Souvenir, als Ersatz für das andere, das du verloren hast.« (Und weißt du, was Frau Löffelchen gemacht hatte? Sie hatte eine Plastikpuppe mit Brille und Hut gebastelt, und diese Puppe sah genauso aus wie Agnete Teobaldine!)

Agnete Teobaldine begriff gar nichts, aber sie sah ja, dass die Puppe ihr ähnlich war, und da begann sie zu lachen.

Und dann begann auch Frau Löffelchen zu lachen, und sie lachten und tranken Kaffee und aßen Waffeln und redeten über alles, was sie erlebt hatten, als sie klein gewesen waren.

»Na ja, weißt du, du warst immer so klein«, sagte Agnete Teobaldine.

»Ach ja, von Zeit zu Zeit bin ich jetzt manchmal kleiner, als ich es je gewesen bin«, sagte Frau Löffelchen.

Und dann nahm sie sich noch eine Waffel.

Frau Löffelchen und die Olympiade

Ob Frau Löffelchen sich für die Olympiade interessiert? Nein, tut mir leid. – Aber wenn man nun mal einen Mann geheiratet hat, der einen 19. Platz im Langlauf belegt und zudem an der Volksschule Schiedsrichter beim Skispringen war, dann muss man mit den Widrigkeiten, die sich daraus ergeben, wohl oder übel leben, dachte Frau Löffelchen.

Gerade fand die Olympiade in Mexiko statt. »Oh, ich bin so gespannt, wie es läuft«, sagte der Mann, wenn er von der Arbeit kam, setzte sich in den Sessel und guckte fern ... und guckte ... und guckte.

Frau Löffelchen ging ins Bett. Und als sie am nächsten Tag aufwachte, saß der Mann immer noch da.

»Ach du lieber Himmel, sitzt du immer noch da?«, fragte Frau Löffelchen. »Hast du nicht genau das gestern Abend schon gesehen?«

»Doch, aber jetzt läuft die Wiederholung. Sie senden dasselbe Programm noch einmal – da kann ich es gleich zweimal sehen.«

»Ja, aber musst du nicht zur Arbeit?«, fragte Frau Löffelchen.

»Doch, aber zuerst muss ich die Wiederholung sehen. Vielleicht senden sie die sogar in Zeitlupe!«

»Ja, ja, *du* solltest dich aber nicht in Zeitlupe bewegen – jedenfalls nicht, wenn du rechtzeitig zur Arbeit kommen willst«, sagte Frau Löffelchen, ging in die Küche, schmierte Brote, füllte die Thermosflasche und stand mit Windjacke und Rucksack bereit, als der Mann in voller Fahrt angesaust kam und sich aufs Fahrrad warf, um den steilen Berg hinunter zur Arbeit zu fahren. Er hatte tagsüber eine schwierige Arbeit, der Mann von Frau Löffelchen. Er musste einen neuen Weg durch ein hügeliges Gebiet ausmessen und herausfinden, wie lang dieser Weg in Luftlinie war. Aber er war nicht allein. Er hatte einen Vorarbeiter über sich, und dann kam ein Untervorarbeiter, der *unter* dem Obervorarbeiter stand, und alle standen sie über dem Mann von Frau Löffelchen. Er hat also Leute, die darauf aufpassten, dass die Arbeit gemacht wurde.

Eines Morgens saß Frau Löffelchens Mann da und wachte nicht auf. Er redete Unsinn, wedelte mit den Armen und rief: »Auf geht's, los, weiter, weiter!«

»Leg dich sofort wieder hin«, sagte Frau Löffelchen. »Du Armer, du bist kränker als du ahnst. Ich werde mit dem Fahrrad zum Vorarbeiter fahren und ihm sagen, dass du Wiederholungsfieber hast.«

Und dann band sie sich den alten Schal um, setzte sich auf das Fahrrad und strampelte los. Aber genau in dem Augenblick, als sie dort anlangte, wo der Mann den Weg in Luftlinie ausmessen sollte, genau da … wurde Frau Löffelchen so klein wie ein Teelöffel! Das Fahrrad kippte um, und Frau Löffelchen machte mehrere Purzelbäume in der Luft, bevor sie sich so weit sammelte, dass sie ihren Haarknoten wieder aufdrehte und ihre Schürze glattstrich.

»Was mach ich denn jetzt bloß?«, sagte Frau Löffelchen.

»Das fragst du noch?«, schmatzte da jemand vom Wipfel einer Kiefer herab. »Wenn ich du wäre, würde ich sofort beim Zirkus anfangen, denn einen schöneren Saltomortale habe ich noch nie gesehen!«

»Ach, du bist es, Nüsschen«, sagte Frau Löffelchen zum Eichhörnchen. »Ich

bin heute nicht in der rechten Stimmung für Scherze – ich muss zum Straßenvorarbeiter und muss ihm erzählen, dass mein Mann krank geworden ist.«

»Der Vorarbeiter, der ist selbst krank«, lachte Nüsschen. »Seit die Olympiade angefangen hat, ist er nicht mehr hier gewesen.«

»Ja, aber was ist mit dem Zweiten Vorarbeiter?«, sagte Frau Löffelchen.

»Oh, er hat bestimmt dieselbe Krankheit«, lachte Nüsschen. »Und jetzt erzähle ich dir ein Geheimnis: Sowohl der Erste Vorarbeiter als auch der Zweite Vorarbeiter planen, deinem Mann die Schuld zu geben, wenn die Arbeit nicht in der festgesetzten Zeit erledigt ist. Sie sagten, sie könnten nichts tun, bevor nicht die Luftlinie ausgemessen worden ist.«

»Was machen wir denn nur?«, fragte Frau Löffelchen und war ganz unglücklich.

»*Wir* werden die Linie ziehen«, sagte Nüsschen. »Wir führen sie an der Nase herum. Ich weiß, wo dein Mann seine Schnur aufbewahrt: Sie liegt hier unter der Kiefer in einer runden Tasche, und das Ende der Schnur guckt heraus. Nun greife ich nach der Schnur, und du setzt dich auf meinen Rücken, und dann hüpfen wir von Baum zu Baum und messen die direkte Linie von hier bis zum anderen Ende des Tals.«

Und nun begann eine gefährliche Luftreise. Von Ast zu Ast und von Baum zu Baum hüpfte Nüsschen mit Frau Löffelchen auf dem Rücken, spähte genau und nahm Maß, damit die Schnur gerade verlief. Plötzlich machte es *Ratsch!* Das war die Schnur, die sich in einem Zweig verhakt hatte. Frau Löffelchen fiel vom Eichhörnchenrücken herunter und blieb zwischen Himmel und Erde hängen – festgeklammert an die Schnur.

»Man könnte fast sagen, dass mein Leben an einem seidenen Faden hängt«, sagte Frau Löffelchen und versuchte, lustig zu sein. Nüsschen war zu einem anderen Baum hinübergesprungen und versuchte, die Schnur strammzuziehen.

»Komm, komm, komm – kleine Dame, komm! Geh hier über meine Leine, aber brich dir nicht die Beine, komm, komm, komm – kleine Dame, komm!«, sang es und lachte sich fast kaputt.

»Nie im Leben!«, schrie Frau Löffelchen. »Ich bin Anfängerin, und da brauche ich ein Sicherheitsnetz!«

»Sollst du haben«, kam es aus der Tiefe. Dort waren vier Spinnen damit beschäftigt, in rasender Eile ein Netz zu spinnen. Frau Löffelchen kletterte auf die Schnur und begann vorsichtig mit den ersten Schritten.

»Nein, nein«, sagte Frau Löffelchen, »ich traue mich nicht! Seiltänzerinnen haben bestimmt einen Schirm in der Hand, wenn sie über schwindelerregende Abgründe gehen.«

»Sollst du haben«, sagte ein kleiner Spatz und kam mit einem Ahornblatt im Schnabel herbeigeflogen. Und dann ging Frau Löffelchen über die Schnur. Aber als sie dort ankam, wo Nüsschen gesessen hatte, war es schon in den Wipfel einer Fichte gesprungen.

»Komm schon«, sagte es und lockte mit der strammen Schnur. Tja, Frau Löffelchen hatte keine andere Wahl – sie musste sich auf einen weiteren Spaziergang auf dem Seil einlassen. Doch nun begann die Schnur fürchterlich zu schaukeln. Das lag an einem Auerhahn, der im Wipfel der Fichte gelandet war, weil er zugucken wollte.

»Oh, sitz still, sitz doch still«, jammerte Frau Löffelchen. Sie klammerte sich fest an die Schnur und kroch und kletterte und weinte und balancierte, bis sie den Wipfel erreichte, wo Nüsschen gesessen hatte. Aber nun war Nüsschen in den Wipfel einer weiteren Fichte gesprungen. Ganz auf der anderen Seite des Tals.

»Komm schon, komm schon«, sagte es, und nun war Frau Löffelchen so böse, dass ihr alles egal war. Es gelang ihr, wieder auf die Leine hochzukrabbeln und hinüberzugehen.

Sie dachte nicht darüber nach, dass sich unter ihr im Tal ein Fluss schlängelte und dass es sehr tief hinunterging. Sie ging nur und ging, und als sie beinahe angekommen war, begann die Schnur erneut zu schwingen. Das war ein Specht, der den Baumstamm emporgeklettert war und genau dort begonnen hatte zu hacken, wo die Schnur befestigt war.

»Nicht hacken, nicht hacken«, schrie Frau Löffelchen, und nun bekam auch Nüsschen es mit der Angst zu tun. Es blieb sitzen, bis Frau Löffelchen bei

ihm war. Dann nahm es Frau Löffelchen in seine Vorderpfoten und wiegte sie – so wie man kleine Kinder wiegt.

»Sch, sch, meine kleine Tänzerin«, sagt es. »Jetzt ist es nicht mehr gefährlich. Und sieh mal«, es zeigte in die Luft. Frau Löffelchen blickte hoch … Da spannte sich die Schnur stramm und fein in direkter Luftlinie quer über das Tal.

Frau Löffelchen vergaß, auf Nüsschen böse zu sein. Sie klatschte in die Hände. »Danke, danke«, sagte sie, »danke, dass du mir geholfen hast. Nun kannst du mich auf deinem Rücken zurückbringen, damit ich wieder auf dem Boden bin, wenn ich groß werde.« Und Nüsschen nahm Frau Löffelchen auf den Rücken und trug sie so schnell zurück, dass die Fichtenzweige und Tannenzapfen in den Wipfeln schaukelten!

Als Frau Löffelchen festen Boden unter den Füßen hatte, wurde sie wieder so groß wie andere Frauen, und dann setzte sie sich auf das Fahrrad und fuhr nach Hause. Dort saß ihr Mann am Fenster und schniefte und weinte und war sich sicher, dass er seine Arbeit verlieren würde.

»Immer mit der Ruhe«, sagte Frau Löffelchen und hängte ihr Tuch hinter die Tür. »Du wirst deine Arbeit behalten, und der Weg ist in direkter Luftlinie markiert.«

»Aber wie soll das vor sich gegangen sein?«, wunderte sich der Mann.

»Das kann ich dir nicht erklären«, sagte Frau Löffelchen. »Das war live und wird nicht als Wiederholung gesendet, das kann ich dir versichern!«

Frau Löffelchen als Babysitterin

Es war früh am Morgen. Wie alle Frauen war auch Frau Löffelchen aufgestanden und hatte Kaffee gekocht und Brote geschmiert. Sie hatte am Fenster gestanden und ihrem Mann zugewunken, so wie alle Frauen es tun, und als ihr Mann hinter der Kurve verschwunden war, tat sie genau das, was auch alle Frauen tun: Sie legte sich wieder ins Bett und schlief ein – obwohl sie den Haushalt noch nicht auf Vordermann gebracht hatte. Als sie ein paar Stunden geschlafen hatte, klopfte es an die Tür. »Grundgütiger Himmel, habe ich so lange geschlafen?«, dachte Frau Löffelchen, während sie auf die Uhr sah, sich den Rock überwarf und zur Tür ging. Draußen stand eine feine Dame mit einem kleinen Jungen auf dem Arm.
»Entschuldigen Sie, dass ich Sie störe«, sagte die feine Dame.
»Ach, das macht nichts, ich war schon auf«, sagte Frau Löffelchen.
»Ja, es ist nämlich so«, sagte die feine Dame, »ich bin zu Besuch bei Verwandten hier in der Nähe und habe meinen kleinen Jungen dabei. Heute muss ich in die Stadt und habe niemanden, der auf meinen kleinen Roger aufpassen kann.«

»Kein Problem«, sagte Frau Löffelchen. »Natürlich kann ich auf den Jungen aufpassen!« (Sie dachte kurz an alles, was sie noch zu tun hatte, denn sie hatte ja verschlafen; »aber es ist nicht das erste Mal, dass ich mich beeilen muss, also werde ich wohl irgendwie mit dem Jungen und dem Haushalt fertig werden«, dachte sie.)

»Komm, klein Roger«, sagte Frau Löffelchen.

»Er braucht nichts zu essen«, sagte die feine Dame. »Ich habe ein paar Äpfel mitgebracht – die kann er bekommen, wenn er anfängt, die Finger in den Mund zu stecken.«

»Ist gut«, sagte Frau Löffelchen und legte die Äpfel auf das Buffet in der Stube.

Und dann ging die Dame. Frau Löffelchen nahm den Jungen und setzte ihn auf eine Decke in die Stube. Dann ging sie hinaus in die Küche und wollte den Haushalt in Angriff nehmen – und genau in diesem Augenblick wurde Frau Löffelchen so klein wie ein Teelöffel.

»Gütiger Himmel«, sagte Frau Löffelchen, »wie soll das denn werden?« Und nun kümmerte sie sich nicht mehr ums Haus. »Wenn mein Mann nach Hause kommt, werde ich einfach sagen, dass ich Kopfweh hatte«, dachte Frau Löffelchen, »jetzt muss ich erst einmal nachsehen, was der kleine Junge macht.« Daraufhin kroch sie über die Türschwelle in die Stube. Und das war keinesfalls zu früh, denn der Junge war ein gutes Stück Richtung Tisch gewackelt, um am Tischtuch zu ziehen. Auf dem Tischtuch standen aber nicht nur Schälchen mit Marmelade und ein Brotkorb, sondern auch ein großer Kaffeekessel!

Klein, wie sie war, konnte Frau Löffelchen nicht so schnell zum Tisch kommen. Da griff sie, nicht faul, nach einer silbernen Kanne und kippte sie um. (Sie stand auf dem Boden, denn Frau Löffelchen hatte vorgehabt, sie zu polieren.)

»Klirr«, machte es, und da drehte sich der Junge um und kroch Richtung Kanne.

»Ja, mein Kleiner, spiel du man mit dem Kännchen«, sagte Frau Löffelchen. Sie wusste ja, dass die Kanne nicht kaputtgehen konnte.

»Tutte haben, Tutte haben!«, sagte der kleine Junge aber und griff nach Frau Löffelchen. Er drehte sie in der Luft hin und her, und jedes Mal, wenn Frau Löffelchen mit den Beinen strampelte, um loszukommen, lachte er. »Kille, kille«, sagte er, denn Frau Löffelchens Schuhe kitzelten in seinen Händen.

»Lass los, lass los«, sagte Frau Löffelchen. Das sagt man ja, wenn man festsitzt. Aber der Junge verstand nur »los, los«, und das sagte sein Vater immer, wenn sie spielten und der Vater den Jungen hoch in die Luft warf.

»Los, los!«, sagte der Junge und warf Frau Löffelchen beinahe bis an die Zimmerdecke. Zum Glück fiel sie anschließend hinunter aufs Sofa, wo sie jedoch mehrmals wieder nach oben hopste, bevor sie still liegen blieb.

»Wenn ich normal groß wäre, hätte ich mir bei einem solchen Sturzflug alle Knochen gebrochen«, sagte Frau Löffelchen, »aber für so etwas habe ich jetzt keine Zeit. Ich muss nachsehen, was der Junge treibt.«

Und das bekam sie gleich darauf zu sehen. Der Junge hatte eine Streichholzschachtel zu fassen gekriegt und versuchte, ein Streichholz anzuzünden. Zum Glück strich er über die große, breite Seite der Schachtel, und da überlegte Frau Löffelchen schnell (oh, so schnell!): »Kleine Kinder machen immer alles nach. Ich schnapp mir die Nuss, die in der Sofaritze liegt, und werfe damit nach dem Jungen.« Frau Löffelchen war so durcheinander, dass sie nicht einmal Zeit zum Zielen hatte, aber oft klappt es dann am besten. Die Nuss traf den Jungen direkt hinter dem Ohr, und der Junge drehte sich um. »Kann ich noch mit etwas anderem werfen?«, dachte Frau Löffelchen,

aber so weit kam es nicht, denn nun hatte der Junge Frau Löffelchen entdeckt, und da ließ er die Streichholzschachtel fallen und krabbelte zum Sofa.
»Tutte haben, Tutte haben!«, sagte er.
Und nun begann ein lustiges Spiel. Na ja, für den Jungen war es lustig, aber nur halb so lustig für Frau Löffelchen. Sie musste sich erst hinter dem einen, dann hinter dem anderen Sofakissen verstecken, damit der Junge sie nicht zu fassen kriegte. Schließlich kletterte sie eine Schlingpflanze hoch und erreichte das Buffet, und darauf stand ein feiner Blumentopf mit einer Pelargonie darin.
»Komm schon!«, sagte Frau Löffelchen, denn nun wusste sie, dass sie die Oberhand hatte.
Doch da drehte sich der Junge um und krabbelte zurück zur Streichholzschachtel.
»Nein, nein, nein!«, rief Frau Löffelchen. Aber der Junge hörte nicht. Als Frau Löffelchen begriff, dass der Junge wieder die Streichholzschachtel zu fassen gekriegt hatte und über die breite Seite strich, stemmte sie ihren Rücken gegen den Blumentopf, sodass er krachend zu Boden fiel.
Da ließ der Junge ein weiteres Mal die Streichholzschachtel fallen. Er krabbelte zum Blumentopf, der in tausend Scherben zerbrochen war, griff mit der Hand in die Blumenerde und die Scherben und sagte »Mjam, mjam!«.
»Nein, nein, nein!«, schrie Frau Löffelchen. »Was soll ich nur tun, was soll ich nur tun?« Sie weinte, doch da fiel ihr Blick auf die Äpfel, die die Mutter des Jungen dagelassen hatte. Sie lagen direkt neben ihr auf dem Buffet. Frau Löffelchen rollte einen Apfel nach dem anderen über den Rand der Platte.

Als sie herunterfielen und der Junge sah, dass da etwas über den Boden kullerte, krabbelte er hinterher und vergaß sowohl die Blumenerde als auch die Scherben.
Der letzte Apfel rollte über die Türschwelle in die Küche, und der Junge krabbelte hinterher.

Da klopfte jemand an die Tür.

»Herein«, sagte Frau Löffelchen in der Stube.

Und dann kam die feine Dame in den Flur.

Und aus der Stube kam Frau Löffelchen mit Kehrblech und Scherben und war genau so groß wie andere Frauen.

»War Roger artig?«, fragte die Dame.

»Oh ja«, sagte Frau Löffelchen. »Wir hatten es richtig nett miteinander.«

»Na, dann komm, Roger, mein Kleiner, jetzt wollen wir nach Hause!«

Doch da begann der Junge zu weinen.

»Tutte haben, Tutte haben«, sagte er.

»Ach, du, Puppe haben – du weißt doch, dass wir keine Puppe mitgebracht haben«, sagte die Frau. »Und du hast doch auch noch nie eine Puppe gehabt. Ich weiß nicht, was er meint.«

»Ach, Kinder sagen so vieles, was Erwachsene nicht verstehen«, sagte Frau Löffelchen. Sie winkte dem Jungen und seiner Mutter zum Abschied zu.

Und dann begann sie, das Haus aufzuräumen.

Frau Löffelchen
sammelt Blaubeeren

Da ihr Mann schlechte Laune hatte, war es in der Stube von Frau Löffelchen tagsüber nicht die Spur gemütlich. Frau Löffelchen wusste sich keinen Rat mehr, was da zu tun war – sie versuchte alles, ihn aufzumuntern. Sie kochte Nudelsuppe und briet Speck zum Mittagessen, sie pflückte Blumen und stellte sie auf den Tisch, aber nichts half. Der Mann hatte immer noch schlechte Laune.

»Wenn ich nur wüsste, was ihm fehlt«, seufzte Frau Löffelchen. »Vielleicht hat er Lust auf Pfannkuchen?«

Also backte sie Pfannkuchen. Und als der Mann zum Mittagessen hereinkam, hellte sich sein Gesicht auf, aber als er anfing zu essen, wurde er wieder bekümmert.

»Ach ja«, seufzte er und sah mit traurigen Augen hinauf zur Decke. »Es wird schon, es muss ja ...«

»Also nein, jetzt will ich aber wirklich wissen, warum du herumläufst und seufzt«, sagte Frau Löffelchen. »Es ist schon schwer genug für den, der an etwas Trauriges denken muss, aber für mich ist es auch nicht gerade lustig, wenn ich sehe, wie du Tag für Tag trauriger wirst. Eben sah es so aus, als wärest du wieder fröhlich, und das hat mich so froh gemacht. Siehst du, es waren die Pfannkuchen, die ihm gefehlt haben, dachte ich.«

»Ja, da sagst du was«, sagte der Mann, »aber hier in der Welt kann sich nicht alles nur um Pfannkuchen drehen. Man sollte schon auch noch andere Dinge im Kopf haben als Pfannkuchen, meine ich.«

»Ja, aber dann sag mir doch, welche anderen Dinge ich noch im Kopf haben sollte!«, sagte Frau Löffelchen.

»Es müsste doch möglich sein, zur Abwechslung auch mal an Blaubeermarmelade zu denken, und nicht nur an Pfannkuchen«, seufzte der Mann.

Und da begriff Frau Löffelchen. Seit Anfang des Winters hatte es keine Blaubeermarmelade mehr zu den Pfannkuchen gegeben.

»Wenn das alles ist, was dich bedrückt, dann werde ich auf der Stelle in den Blaubeerwald gehen!«, sagte Frau Löffelchen, griff nach einem Eimer, der an der Wand hing, und machte sich auf den Weg.

Sie ging sehr schnell, denn das machen alle Frauen, wenn sie auf ihren Mann böse sind, und bald war sie im Wald. Dort setzte sie den Eimer an einem Baumstumpf ab und begann, die Beeren in eine Tasse zu sammeln, die sie in der Schürzentasche hatte. Dabei sprach sie die ganze Zeit mit sich selbst: »Was für einen dummen Mann ich doch habe, du meine Güte, wie war ich dumm, dass ich ihn geheiratet habe, es gibt nur einen Menschen in der ganzen Welt, der dümmer ist, als ich es damals war, und das ist mein Mann. Du meine Güte, was für ein dummer Mann. So, nun ist die Tasse voll, nun gehe ich zum Eimer und fülle um.«

So ging es weiter, Tasse um Tasse um Tasse um Tasse, und der Eimer wurde voller und voller. Schließlich fehlte nur noch eine Tasse. Als die jedoch voll war, merkte Frau Löffelchen, dass sie so klein wurde wie ein Teelöffel!

»Tja, nun sitze ich schön in der Tinte«, sagte Frau Löffelchen zu sich selbst. »Aber ich werde es ja wohl schaffen, diese kleine Tasse zum Baumstumpf zu ziehen.«

Sie schob beide Arme durch den Henkel und zog die Tasse hinter sich her. Anfangs ging es schwer, aber schließlich gelangte sie auf eine kleine

Ameisenstraße mit glatten Tannennadeln, und da wurde es leichter, denn nun glitt die Tasse über die Tannennadeln.

Große und kleine Ameisen hasteten hin und her.

»Guten Tag, Ameisen«, grüßte Frau Löffelchen, »na, seid ihr auch an der frischen Luft und müht euch ab? Ja, ja, einige müssen schieben, andere müssen ziehen«, sagte sie. Doch die Ameisen waren viel zu sehr beschäftigt, um mit ihr zu reden. »Könnt ihr nicht mal eine Pause machen und ein bisschen plauschen?«, fragte Frau Löffelchen. – »Nein, nein, ich kann auch mit mir selbst reden, dann muss sich niemand ärgern«, sagte sie, setzte sich hin, lehnte ihren Rücken gegen die Tasse und ruhte sich aus.

Als sie so saß, spürte sie, wie ihr jemand in den Nacken atmete, und als sie sich umdrehte, stand da ein Fuchs, lachte und wedelte mit dem Schwanz.

»Ach, sieh an, da ist ja Reineke! Lavierst du hier draußen herum?«, sagte Frau Löffelchen. »Wie gut, dass du nicht weißt, dass meine Hühner ... – du meine Güte, nun hätte ich mich fast verplappert!«

»Erzähl's mir doch!«, sagte Reineke einschmeichelnd.

»Oh nein, das tue ich nicht, wenn ich mich nicht gerade verplappere«, sagte Frau Löffelchen. »Und wie du siehst, habe ich hier eine Tasse mit Blaubeeren, die ich bis zum Beereneimer dort am Baumstumpf ziehen muss; ich habe also überhaupt keine Zeit zum Reden.«

»Ich werde die Tasse übernehmen, dann kannst du reden«, sagte der Fuchs.

»Dank und Preis«, sagte Frau Löffelchen. »Also, meine Hühner, die ... du lieber Himmel, nun hätte ich mich beinahe schon wieder verplappert.«

»Red nur weiter, du verplapperst dich schon nicht«, schmeichelte der Fuchs wieder.

»Nein, ich gehöre tatsächlich nicht zu denen, die sich verplappern, aber du weißt ja, wie schnell es gehen kann – plötzlich sagt man, dass die Hühner ... Ach, nun hätte ich es beinahe verraten. Aber nun sind wir da. Vielen Dank, stell die Tasse schön hierher, dann werde ich es dir erzählen.«

»Ja, erzähl es mir ruhig. Ich hole keine Hühner«, sagte der Fuchs.

»Meine Hühner habe ich ausgeliehen!«, lachte Frau Löffelchen. »Ich habe sie alle an Leute aus dem Ort ausgeliehen, die Glucken brauchten.«

Als der Fuchs das hörte und ihm klar wurde, dass er an der Nase herumgeführt worden war, schämte er sich so sehr, dass er augenblicklich im dichten Wald verschwand und sich versteckte.

»Hahaha, da hast du den Fuchs aber ziemlich angeführt«, hörte sie plötzlich eine Stimme neben sich. Da stand der Wolf.

»Ach, guten Tag, Isegrim!«, sagte Frau Löffelchen. »Wie gut, dass du da bist. Du kannst mir helfen, die Tasse in den Beereneimer zu leeren.«

»Oh nein, ich bin nicht so leicht an der Nase herumzuführen wie der Fuchs«, sagte der Wolf.

»Ich will dich ja auch gar nicht an der Nase herumführen«, sagte Frau Löffelchen, »aber es ist besser für dich, wenn du tust, was ich dir sage, sonst lasse ich nach Einauge Fadenlos schicken!«

»Ich wusste, dass es so etwas wie Altweibergeschwätz gibt, aber es ist das erste Mal, dass ich es höre«, grinste der Wolf.

»Das ist kein Geschwätz«, sagte Frau Löffelchen, »und ich bin keine gewöhnliche alte Frau. Du siehst wohl, dass ich so klein bin wie ein Teelöffel, und Einauge Fadenlos ist mein Diener.«

»Diesen Diener würde ich gerne mal sehen«, sagte der Wolf.

»Steck deine Nase in meine Schürzentasche, dann lernst du ihn kennen«, sagte Frau Löffelchen. Das tat der Wolf – und stach sich an einer Nadel, die Frau Löffelchen in der Tasche hatte. »Au!«, schrie er und wollte in den Wald rennen, aber Frau Löffelchen rief: »Oh nein, du, zuerst leerst du die Tasse in den Blaubeereimer. Und pass ja auf, dass keine Beeren herausfallen! Wenn du nicht tust, was ich sage, kommt Einauge Fadenlos und sticht dich!«

Der Wolf wagte nicht, sich zu widersetzen, und als er fertig war, verschwand er pfeilschnell auf demselben Weg wie der Fuchs.

Frau Löffelchen lachte und sah ihm nach, doch da hörte sie, wie sich jemand raschelnd auf den Eimer zu bewegte. Es war der Bär höchstpersönlich.

»Oh nein, oh nein, guten Tag, oh nein, oh nein«, sagte Frau Löffelchen mit dünner Stimme und verbeugte sich, sodass der Rock über die Blaubeerbüsche strich. »Der König höchstpersönlich ist unterwegs und macht einen Spaziergang im Sommerwetter?«

»Ja«, brummte der Bär und schnupperte am Eimer.

»Was für ein Glück ich habe! Wie der König sieht, habe ich einen Eimer Beeren gepflückt, aber für eine kleine Frau wie mich ist es nicht so einfach, zu dieser Zeit allein im Beerenwald umherzugehen. Wäre der König so freundlich, mir den Eimer zum Weg hinüberzutragen?«

»Weiß nicht«, sagte der Bär, »ich habe eigentlich auch Lust auf Beeren!«

»Ja, das glaube ich dir«, sagte Frau Löffelchen, »aber du bist nicht wie andere, mein König, du kannst deine Lüste steuern. Und außerdem hilfst du einem alten Weiblein.«

»Nö, ich will Blaubeeren fressen«, sagte der Bär und senkte seinen Kopf. Wie ein Blitz war Frau Löffelchen auf seinem Rücken und begann, ihn hinter dem Ohr zu kraulen.

»Was machst du denn da?«, fragte der Bär.

»Ich kraule dich nur ein bisschen hinter dem Ohr«, sagte Frau Löffelchen. »Ist das nicht schön?«

»Doch, das ist beinahe besser als Blaubeeren«, brummte Meister Petz.

»Ja, wenn der König so nett sein würde, meinen Eimer bis zum Weg zu tragen, würde ich seine Majestät die ganze Zeit über kraulen.«

»Ja, ja, dann mache ich es halt«, sagte der Bär.

Als sie den Weg erreichten, setzte der Bär den Eimer mit den Beeren vorsichtig auf einem flachen Stein ab.

»Lob und Ehre und tausend Dank«, sagte Frau Löffelchen.

»Gleichfalls«, sagte der Bär und trottete zurück in den Wald.

Als der Bär verschwunden war, wurde Frau Löffelchen wieder groß. Sie nahm den Eimer in die Hand und machte sich auf den Heimweg. »Es ist keine große Sache zurechtzukommen, auch wenn man klein ist. Man muss nur wissen, wie man mit denen umgeht, die einem begegnen«, sagte sie zu sich selbst. »Die Schlauen muss man hereinlegen, den Feigen muss man Angst machen und die Starken muss man hinter dem Ohr kraulen. Aber für traurige Männer gibt es nur ein Rezept – und das sind Blaubeeren mit Pfannkuchen.«

Frau Löffelchen und das Krähenjunge

Da geschah es eines anderen Tages im Sommer, als Frau Löffelchen Blaubeeren suchte, dass sich unter dem Heidekraut etwas bewegte.

»Oh Schreck, hoffentlich ist es keine Schlange«, dachte Frau Löffelchen. Sie nahm einen großen Tannenzweig und schlich sich zu dem kleinen Hügel.

Aber es war keine Schlange.

Es war ein kleines Krähenjunges, das aufgeregt mit den Flügeln schlug und nicht vom Fleck kam.

»Aber mein Kleines, was ist denn mit dir los?«, fragte Frau Löffelchen und legte das Junge vorsichtig in ihre Schürze.

Da sah sie, dass der eine Flügel verletzt war, sodass es nicht fliegen konnte. Es lag ganz still in ihrem Schoß.

Frau Löffelchen nahm das Krähenjunge mit zu sich nach Hause, und dort durfte es in dem kleinen Puppenbettchen liegen, das Frau Löffelchen aufbewahrt hatte, seit sie ein kleines Mädchen gewesen war.

Frau Löffelchen stellte das Puppenbett auf den Dachboden, damit ihr

Mann nicht merkte, dass sie ein Krähenjunges aus dem Wald mitgebracht hatte. Da wäre er böse geworden.

Wenn ihr Mann nicht zu Hause war, ging Frau Löffelchen mehrmals am Tag hinauf auf den Dachboden und versuchte, das Krähenjunge von dem einen Dachbalken zum anderen fliegen zu lassen. Und eines Tages konnte das Krähenjunge tatsächlich fliegen.

Aber nun hatte Frau Löffelchen das kleine zerzauste Wesen so sehr ins Herz geschlossen, dass sie es nicht über sich brachte, es freizulassen.

An einem Montag wachte Frau Löffelchen auf und dachte: »Heute werde ich das Krähenjunge freilassen.«

Aber dann war das Wetter so schlecht, dass sie dachte: »Nein, ich warte bis Dienstag.«

Am Dienstag war das Wetter zwar warm und schön, aber Frau Löffelchen dachte: »Ach du je, heute brennt die Sonne so schrecklich, dass es bestimmt noch vor dem Abend ein Gewitter geben wird. Nein, wir warten bis Mittwoch.«

Am Mittwoch war das Wetter sehr schön, aber nun fand Frau Löffelchen ihre Katze nicht, und die musste im Haus sein, damit Frau Löffelchen sicher sein konnte, dass die Katze nicht im Wald umherschlich und das Krähenjunge fing.

Nein, Frau Löffelchen wartete lieber bis Donnerstag.

Am Donnerstag war die Katze im Haus, und das Krähenjunge flog von dem einen Dachbalken zum anderen und wollte hinaus. Und als Frau Löffelchen den Dachboden betrat, setzte es sich auf ihre Schulter und zupfte an ihrem Haarknoten. Es war, als bäte es Frau Löffelchen, das Fenster zu öffnen.

»Ja doch«, sagte Frau Löffelchen, »aber ich glaube, es ist das Beste, du erholst dich erst ein wenig. Das machen alle, die im Krankenhaus waren, weißt du? Du bleibst jetzt bis Freitag hier zur Erholung.«

Am Freitag war Frau Löffelchen fast den gesamten Tag oben auf dem Dachboden. Sie ging dort umher und seufzte und wühlte in alten Kisten und war auf ihren Mann böse. Zu Mittag bekam er nur kalte Fischfrikadellen und Kartoffelpelle.

»Wenn dir das nicht gut genug ist, kannst du dir selbst Mittagessen machen«, schluchzte Frau Löffelchen, während sie weinend an der Arbeitsplatte stand.

Der Mann stocherte ein wenig im Essen herum. Dann ging er. Auf der Türschwelle drehte er sich um und sagte: »Nun hast du gewiss auch noch das bisschen Verstand verloren, das du hattest!« Und dann beeilte er sich, die Tür zu schließen, denn sonst hätte er einen Teller an den Kopf gekriegt, und das nicht zum ersten Mal.

Aber heute nicht, nein. Frau Löffelchen stand an der Arbeitsplatte und weinte und weinte. Sie konnte sich nicht von dem Krähenjungen trennen.

»Und morgen – wie ist es morgen?«, dachte sie. »Ja, da gehen viele auf die Jagd. Vielleicht schießen sie auf mein kleines Krähenkind. Ich kenne solche schlechten Menschen. Sie sagen, sie mögen Tiere, und dann können sie – bei Gott! – gar nicht schnell genug schießen, sobald sich ein Tier an der Pfote oder am Flügel verletzt. – Ich glaube fast, wir sollten bis Sonntag damit warten, dich freizulassen, mein Kleines«, sagte Frau Löffelchen und nahm das Krähenjunge in die Hand.

Doch nun wurde das Krähenjunge böse. Es hackte Frau Löffelchen in die Nase, sodass das Blut lief.

»Wirst du dich wohl benehmen wie eine anständige Krähe?«, sagte Frau Löffelchen. »Nein, wir warten bis Sonntag. Aber da gehen so viele in den Wald und pflücken Blaubeeren – vielleicht findet dich jemand und sperrt dich ein, und das wäre eine große Sünde, dich einzusperren, ach du je, ich rede heute so viel Unsinn. Aber wir warten auf jeden Fall bis Sonntag – oder eher Montag. Oder Dienstag.«

So ging es Tag für Tag. Frau Löffelchen fiel immer wieder etwas Neues ein, aber dann kam ein Tag, an dem sie wieder oben auf dem Dachboden war. Sie hatte gerade ein Fenster geöffnet, um eine Hummel hinauszujagen, damit diese nicht ihr Krähenjunges stach. Da passierte es.

Frau Löffelchen wurde so klein wie ein Teelöffel!

»Oh, mach das Fenster zu, mach das Fenster zu«, war das Letzte, was Frau Löffelchen sagte, bevor sie klein wurde.

»Nein, das Fenster bleibt offen«, sagte das Krähenjunge, schnappte Frau Löffelchen mit dem Schnabel und flog hinaus.

Draußen vor dem Fenster und auf dem Dachfirst und in der großen Tanne über dem Briefkasten flatterten Krähen.

»Willkommen in der Freiheit, kra kra, nun wollen wir in den Wald und Krähengericht halten.«

»Krähengericht? Was ist das?«, fragte Frau Löffelchen. Sie baumelte am Schnabel des Krähenjungen.

Aber das sollte sie bald erfahren.

Alle Krähen flatterten in den Wald hinein und landeten auf einer großen Lichtung. Dort ließ das Krähenjunge Frau Löffelchen frei und sagte, sie solle sich mitten in den Kreis stellen.

Frau Löffelchen hatte solche Angst, dass sie sich an einer Baumwurzel festklammerte.

»Na, dann erzähl mal, kleines Krähenfräulein«, sagten sie zu dem Krähenjungen. Und das Krähenjunge erzählte, dass Frau Löffelchen sie im Wald gefunden und mit nach Hause genommen hatte.

»Hattest du Angst?«, fragte die älteste Krähe.

»Oh ja, ich hatte bestimmt genau so viel Angst wie die Frau jetzt, denke ich«, sagte das Krähenjunge.

»Was hat das Menschengesindel mit dir gemacht?«, fragte die älteste Krähe.

»Ich bin kein Menschengesindel«, fauchte Frau Löffelchen, »und ich habe nichts Schlimmes getan. Ich habe das Krähenjunge auf dem Dachboden gehalten und ihm beigebracht zu fliegen.«

»Ja, das stimmt«, sagte das Krähenjunge. »Und ich tat ihr sehr leid, weil mein Flügel verletzt war!«

»Und während sie dir wieder das Fliegen beigebracht hat, hast du auf ihrem Dachboden gewohnt?«

»Ja, das habe ich«, antwortete das Krähenjunge.

»Und auch als du wieder gesund warst, wollte sie dich nicht freilassen?«

»Das ist gelogen!«, rief Frau Löffelchen. »Ich habe doch nur die ganze Zeit versucht, lieb zu sein! Aber am Montag war das Wetter so schlecht, dass ich den kleinen Zausel nicht rauslassen wollte.«

»Heute ist das Wetter auch schlecht«, sagte die älteste Krähe. »Die Frau muss wohl bis morgen hierbleiben. Stellt euch bloß vor, es gäbe einen Regenschauer?«

»Ich muss heute unbedingt nach Hause! Mein Mann soll morgen

Erbsensuppe zu essen bekommen, und die Erbsen sind noch nicht eingeweicht«, sagte Frau Löffelchen.

»Und morgen geht Reineke an unserem Nest vorbei«, sagte eine Krähenfrau. »Dann können wir die Frau unmöglich nach Hause lassen, denn dann glaubt er, sie sei ein Lemming – so, wie sie faucht!«

»Oh, ihr seid so dumm«, sagte Frau Löffelchen.

»Das Gleiche habe ich von dir gedacht«, sagte das kleine Krähenfräulein, das in dem Puppenbett auf dem Dachboden gewohnt hatte.

»Na, dann lasst uns mal sehen, wie es am Mittwoch aussieht.«

»Also, am Mittwoch muss ich zu Hause sein, denn da kommt das Fischauto, und ich habe Seelachsfilet bestellt!«, jammerte Frau Löffelchen.

»Fischauto? Das ist nicht gut«, sagte ein Krähenmann. »Da stehen dann alle Frauen in der Schlange. Unsere kleine liebe Frau könnte zu Tode getrampelt werden. Nein, wir warten bis Donnerstag.«

»Ja, aber da muss ich nach Hause«, sagte Frau Löffelchen. »Denn da kommt die Kreissäge, und dann wollen mein Mann und ich Holz machen!«

»Ach, du meine Güte«, sagte die älteste Krähe. »Wir können sie doch kein Holz machen lassen – klein wie sie ist. Nein, wir warten bis Freitag.«

»Ja, aber am Freitag *muss* ich nach Hause! Da muss ich die Dachkammer saubermachen und aufräumen und Gardinen aufhängen und die Kopfkissen neu beziehen! Am Freitag *muss* ich nach Hause!«

»Freitag ist ein Unglückstag«, sagte die älteste Krähe. »Das sagen alle Menschen. Nein, wir warten bis Samstag.«

Aber nun wurde Frau Löffelchen so unglücklich, dass sie sich an der Baumwurzel festklammerte und weinte. Sie hatte alle Hoffnung aufgegeben.

»Ich habe das doch nur gemacht, weil ich nett sein wollte«, schluchzte Frau Löffelchen. »Ich habe das kleine Krähenjunge so liebgewonnen.«

Aber genau in diesem Augenblick wurde Frau Löffelchen wieder groß!

Und die Krähen flogen nach allen Seiten davon.

Dann ging Frau Löffelchen nach Hause. Auf einmal blieb sie stehen, kratzte sich unter dem Haarknoten und sagte: »Ja, ja, vielleicht hat die Krähe recht. Es ist nicht so lustig, Tag für Tag gefangen zu sein.«

Doch nun sollst du etwas Seltsames hören …
Häufig, wenn die Frau auf den Dachboden geht, sieht sie, dass jemand in dem kleinen Puppenbett gelegen hat. Aber das Krähenjunge sieht sie nie. Denn jetzt lässt sie das Fenster offen stehen – ob es nun Sonntag oder Montag ist.

Frau Löffelchen bekommt einen Hausmeister für 10 Öre

Tatsächlich ist bei Frau Löffelchen immer etwas los. Einmal kam ein kleines Mädchen, das verkaufte Lose für ein Tischtuch, und Frau Löffelchen rannte hin und her und fand schließlich ein Zehn-Öre-Stück mit einem Loch darin. Aber genau in dem Augenblick, als sie Losblock und Bleistift entgegennehmen wollte, fielen ihr die zehn Öre herunter. Sie rollten über den Fußboden und fielen in die Ritze der Kellerluke.

»Ja, ja, schon ist der Reichtum dahin«, sagte Frau Löffelchen, »nun kann ich kein Los kaufen, aber du sollst einen Sandkuchen haben, bevor du gehst«, sagte sie zu dem Mädchen. Sie kletterte auf den Hocker und holte die Keksdose herunter.

Die Keksdose war leer.

Frau Löffelchen schaute nicht nur einmal, sondern auch noch ein zweites Mal auf den Deckel, aber die Dose blieb leer.

»Das begreife ich nicht«, sagte Frau Löffelchen. »Am Freitag habe ich Sandkuchen gebacken. Heute ist Montag. Und die Dose ist leer. Aber du sollst stattdessen etwas Besseres bekommen, meine Kleine«, sagte Frau Löffel-

chen, klappte die Kellerluke hoch und ging in den Keller, um ein Glas mit Blaubeermarmelade zu holen, das sie noch vom Sommer übrig hatte.

Aber wie sah es im Keller aus!

»Oh, schnipp und schnapp und Grundgütiger!«, sagte Frau Löffelchen, denn das Glas mit den Blaubeeren lag zerbrochen unter dem Regal, und von dem Glas führten klitzekleine Mäusespuren zu einem Loch, das sich in der Wand des Schornsteins befand.

Da ging Frau Löffelchen wieder hinauf und sagte dem kleinen Mädchen, dass sie nun doch keine Blaubeermarmelade hätte, die sie ihr mitgeben könnte.

Das kleine Mädchen knickste nur, meinte, das wäre doch nicht weiter schlimm, und ging zum nächsten Haus. Aber Frau Löffelchen suchte eine Mausefalle heraus und ging damit wieder in den Keller. Dort stellte sie die Falle vorsichtig auf, und als das getan war, drehte sie sich um und wollte wieder hoch. Aber genau in diesem Augenblick berührte ihr Rock die Falle, und es machte SCHNAPP!!! Und gerade, als die Falle zuschnappte, wurde Frau Löffelchen so klein wie ein Teelöffel!

»Ja, nun sitze ich schön in der Klemme«, sagte Frau Löffelchen. Denn ihr Rock hatte sich in der Falle eingeklemmt, als sie zuschnappte.

Nach einer kleinen Weile fiel ihr Blick auf ein Schnäuzchen, das aus einem Topf mit vertrockneten Blumen herausguckte.

»Komm nur«, sagte Frau Löffelchen, »du brauchst keine Angst zu haben, ich sitze, wo ich sitze.«

Aber das Mäusekind flitzte zu einem leeren Pappkarton. Und dann guckten zwei Schnäuzchen aus dem Pappkarton hervor.

»Eins plus eins macht zwei«, sagte Frau Löffelchen, »das habe ich in der Schule gelernt. Und es sollte mich nicht verwundern, wenn ihr noch jemand drittes holt. Denn zwei plus eins macht drei!«

Und richtig. Die Mäusekinder flitzten los und blieben ziemlich lange verschwunden. Frau Löffelchen saß in der Falle und wartete. Doch dann hörte sie plötzlich etwas, das machte *Kling! Klang! Kling! Klang!* Und da kam eine große Maus mit einem Band um den Hals, und an diesem Band hing das Zehn-Öre-Stück, mit dem die Frau ein Los hätte kaufen wollen!

»Ich grüße dich, edle Herrscherin«, sagte die Großmaus. Hinter der Großmaus standen die beiden Mäusekinder.

»Oh, jetzt bin ich aber froh«, sagte Frau Löffelchen. »Ich hatte fast ein bisschen Angst, als ich dich gesehen habe. Du bist ja viel größer als ich – du könntest mich in einem Happs auffressen!«

»Wir fressen Herrscherinnen nicht in Happsen auf«, sagte die Großmaus. »Aber ich möchte dir gerne mitteilen, dass du einen Dieb im Hause hast.«

»Einen Dieb! In meinem Haus?«, schnaubte Frau Löffelchen. »Du meinst

wohl dich und alle Mäuse in meinem Haus! Wem gehören zum Beispiel die zehn Öre um deinen Hals?«

»Ach so, das Ding da heißt zehn Öre«, sagte die Großmaus. »Ich habe nur gesehen, wie es heruntergerollt kam, und dann habe ich eine Schnur gefunden und einen Mäuseknoten geknotet und sie über den Kopf gezogen. Ich dachte, ich könnte es als eine Art Hausmeistermarke benutzen. Denn du brauchst einen Hausmeister, edle Herrscherin«, sagte die Großmaus.

»Was für ein Unsinn!«, sagte Frau Löffelchen und versuchte aufzustehen,

aber das war natürlich nicht so leicht, weil der Rock in der Falle festsaß und sie selbst so klein wie ein Teelöffel war.

»Immer langsam«, sagte die Großmaus. »Nun erzählst du uns, kleiner Mäusejunge, was du gesehen hast!«

Und dann erzählte der kleine Mäusejunge, dass er eines Tages, als er wie gewohnt den Weg durch die Brandmauer genommen hatte und in die Küche spähen wollte, einen furchtbar großen Riesen gesehen habe, der alle Sandkuchen aufaß.

Und der andere Mäusejunge erzählte, dass eines Tages, als er zwischen den Marmeladetöpfen gespielt hatte, ein furchtbar großer Riese gekommen sei und das große Glas nahm, hinter dem sich der Mäusejunge versteckt hatte. Das war das Glas mit den Blaubeeren, und als der Riese den Mäusejungen sah, bekam er so große Angst, dass er das Glas auf den Boden fallen ließ.

Plötzlich hörten sie etwas, das machte DUNK! DUNK!

»Das ist der Riese!«, sagte das eine Mäusekind.

»Ja!«, sagte das andere Mäusekind.

»Ja, ja«, sagte Frau Löffelchen. »Wenn ich mich nur aus der Falle befreien könnte, hätte ich wirklich große Lust, diesem Riesen Guten Tag zu sagen!«

»Wir helfen dir!«, sagten die Mäusekinder und die Großmaus, und dann befreiten sie Frau Löffelchen, indem sie einen schlauen Trick anwandten: Sie nagten den gesamten hinteren Teil des Rockes ab!

»Beeil dich und sag dem Riesen Guten Tag«, sagten sie.

»Aber wie komme ich dahin?«, fragte Frau Löffelchen.

»Durch die Brandmauer. Wir holen einen Faden und ziehen dich hoch!«, sagten die Mäuse.

Und das taten sie. Frau Löffelchen wurde immer weiter nach oben gezogen, bis sie schließlich einen Lichtschimmer sah.

»Das ist das Loch zur Stube!«, sagte die Großmaus.

»Danke! Und danke für die Hilfe«, sagte Frau Löffelchen.

Und genau in dem Augenblick, als Frau Löffelchen durch das Loch gekrochen war, wurde sie so groß wie andere Frauen auch. Und dann stemmte sie ihre Hände in die Seiten und sagte: »Aha, mein Mann! Du bist es also, der die Sandkuchen und die Blaubeermarmelade aufisst!«

»Woher weißt du das?«, fragte der Mann.

»Weil ich einen Hausmeister für zehn Öre habe«, sagte Frau Löffelchen. Und dann ging sie rückwärts ins Ankleidezimmer und zog einen anderen Rock an.

Frau Löffelchen
liest im Kaffeesatz

Jeden Morgen, wenn Frau Löffelchens Mann zur Arbeit geht, steht sie am Fenster und sieht ihm nach, bis er an der Hauptstraße hinter der Kurve verschwunden ist. Dann macht sie es sich am Küchentisch gemütlich und blickt in ihre Kaffeetasse.
Tja, du wusstest vielleicht nicht, dass Frau Löffelchen im Kaffeesatz lesen kann? Oh ja, das kann sie – und dabei sieht sie Wege, die vor ihr liegen, Sorgen, die auf sie zukommen, und Freuden, die ihr begegnen. Manchmal sieht sie auch ein Herz in der Tasse, und das bedeutet, dass sie bald einen neuen Liebsten haben wird. Doch da lacht Frau Löffelchen nur und deutet es so, dass sie ein neues Tier bekommt. Vielleicht ein kleines zerzaustes Vogeljunges, dessen Flügel verletzt ist und das sie pflegen muss. Oder ein fremdes Kätzchen, das eines Tages auf der Türschwelle steht, zu essen und zu trinken bekommt und immer zahmer wird.
Wenn sie aber ein Kreuz in der Tasse erspäht, muss sie aufpassen, denn das bedeutet, dass etwas zu Bruch gehen wird, wenn sie abwäscht. Oder dass sie mit dem Schrubber etwas umstößt, wenn sie den Fußboden in der Stube wischt.

Sieht sie dagegen drei Kaffeetropfen am Boden der Tasse entlanglaufen, bedeutet das, dass sie sich schwer verletzen wird und nicht nur den Doktor aufsuchen, sondern auch einen Verband haben muss.

Oh ja, es gibt immer viel zu sehen. Sie redet sich ein, dass sie es nur zum Spaß tut, und sie liest auch nie für andere im Kaffeesatz, selbst wenn sie darum gebeten wird. Aber es ist merkwürdig: Wenn man den ganzen Tag allein zu Hause ist, muss man mit der Spannung vorliebnehmen, die sich einem bietet, denkt Frau Löffelchen. Sie findet es nämlich nicht spannend genug, immer mal wieder so klein wie ein Teelöffel zu sein – das ist für sie mittlerweile ganz normal. Beinahe so, als wenn wir, du und ich, auf Glatteis ausrutschen und uns abmühen, bevor wir wieder auf die Beine kommen.

Ja, und dann kam dieser Tag, obendrein ein Freitag. Frau Löffelchen hatte sich vorgenommen, das Haus sauberzumachen und für den Nachmittagskaffee eine Torte zu backen. Abgesehen davon wollte sie es aber ruhig angehen lassen. Da stand sie also am Fenster, sah, wie ihr Mann an der Hauptstraße hinter der Kurve verschwand, und wollte gerade die Tassen nehmen und zur Spüle tragen, da dachte sie:

»Das ist doch nicht zu glauben – hier räume ich die Tassen ab und vergesse dabei ganz, im Kaffeesatz zu lesen.« Also nahm sie die eine Tasse wieder mit zum Tisch und setzte sich. »Na, dann lass uns mal sehen, dann lass uns mal sehen«, sagte Frau Löffelchen und drehte und wendete die Tasse. »Ach, ach, ach«, sagte sie, »du meine Güte, was sehe ich da? Ein großes Kreuz? Oh, da muss ich heute vorsichtig sein, damit ich nichts kaputt mache.«

Genau in diesem Augenblick wurde Frau Löffelchen so klein wie ein Teelöffel, und sie und die Tasse kullerten vom Stuhl herunter und unter den Tisch. »Ach du je, jetzt hab ich den Salat«, sagte Frau Löffelchen. Im Liegen probierte sie aus, ob sich ihre Arme und Beine noch bewegen ließen oder ob sie gänzlich zuschanden war. Als sie sicher sein konnte, dass noch alles dran war, lag sie erst eine Weile da, bevor sie es wagte, sich auf die Seite zu drehen. Sie wollte nicht die in tausend Scherben zerbrochene Tasse sehen, denn dass die Tasse kaputt war, daran zweifelte sie nicht.

»Na gut, dann drehe ich mich jetzt mal um«, sagte sie schließlich.

Und da lag die Tasse – ganz und gar heil.

Frau Löffelchen war deshalb aber keineswegs fröhlicher zumute.

»Dann ist es wohl etwas anderes, was ich heute kaputt machen werde«, sagte sie und ging zur Tasse. Dort setzte sie sich in die Hocke und blickte in die Tasse hinein, denn die Tasse war umgekippt und lag auf der Seite.

»Ach, ach, ach, wenn dies hier kein Unglückstag wird, dann weiß ich auch nicht«, sagte sie, als sie am Henkel einen großen glänzenden Tropfen sah. »Nun werde ich auch noch weinen müssen, tja, das lässt sich dann wohl nicht vermeiden, aber weswegen werde ich denn bloß weinen?«

»Hab ich's mir nicht gedacht, hab ich's mir nicht gedacht? Jetzt hat mein Mann schon wieder eine Mausefalle im Küchenschrank aufgestellt, obwohl er ganz genau weiß, dass ich nie wieder eine Mausefalle aufgestellt habe, seit ich einen Hausmeister für zehn Öre habe. Es passiert nur sehr selten, dass das eine oder andere kleine Mäusejunge sich nach hier oben verirrt, bevor es gelernt hat, sich zu benehmen. Und man soll doch diejenigen mit Nachsicht behandeln, die nicht aus Bösartigkeit Schaden anrichten. Du lieber Gott – soll ich es wagen, die Schranktür ein wenig aufzuschieben, um zu sehen, wie es ausgegangen ist? Ich muss es tun. Vielleicht hat das Kleine nur seinen Schwanz in der Falle eingeklemmt, und ich kann es befreien. Aber das ist wohl eher unwahrscheinlich. Na, wenn es Tränen geben soll, dann soll es eben Tränen geben.«

Frau Löffelchen trippelte zum Schrank und begann mit geschlossenen Augen, die Tür aufzudrücken. Sie spürte, dass die Tränen locker saßen. Als der Spalt breit genug war, öffnete sie das eine Auge ... dann öffnete sie das andere ... Und dann setzte sie sich auf den Boden, schlug sich auf die Knie und lachte schallend!

Es stimmte tatsächlich, dass die Falle zugeschnappt war, aber neben der Falle standen zwei Mäusekinder und spielten mit zwei leeren Garnrollen Auto! So etwas Lustiges hatte Frau Löffelchen noch nie gesehen.

»Morgen, Frau Löffelchen«, sagte das eine Mäusekind. »Na, bist du schon wieder klein geworden?«

»Rasmus und ich haben dich noch nie gesehen, wenn du so klein wie ein Teelöffel warst, deshalb hat uns Großmutter erlaubt, heraufzukommen und dich anzugucken«, sagte das andere.

»Aber wir stellen gar nichts an, wir spielen nur Auto. Und dabei sind wir an das Ding da gestoßen. Kannst du nicht ein bisschen mitspielen? Setz dich ins Auto, dann schieben wir dich.«

Und als Frau Löffelchen etwas genauer hinsah, entdeckte sie, dass die Kinder eine kleine Schachtel über den Garnrollen befestigt hatten – man konnte also richtig fahren!

»Na, dann los«, sagte Frau Löffelchen und schwang sich in die Schachtel. Und dann spielten sie Auto. Manchmal saß Frau Löffelchen im Auto und die Mäusekinder schoben, und manchmal saß eines der Mäusekinder im Auto, während Frau Löffelchen und das andere Mäusekind den Wagen in Schwung brachten. So wechselten sie sich ab, kreischten und lachten, bis sie hörten, wie jemand am Mauerputz kratzte.

»Nun ist es genug, Kinder«, sagte die Mäusegroßmutter, »die Katze sitzt auf dem Schrank, und die Tür steht offen.«

Wie ein Pfeil schossen die Mäusekinder zurück in den Keller. »Tschüss! Hat Spaß gemacht mit dir!«, sagten sie.

»Gleichfalls«, sagte Frau Löffelchen und schlüpfte durch die Tür, um zu sehen, was die Katze so trieb.

Die Katze stand auf dem Schrank und legte den Kopf auf die Seite, als Frau Löffelchen herauskam. Aber da wurde Frau Löffelchen böse!

»Was stehst du da auf dem Schrank herum, Katze? Sieh zu, dass du da herunterkommst – aber schnell, sonst hole ich dich! Vielleicht machst *du* mir heute ja auch etwas kaputt – oh ja, ich spüre, dass bald irgendetwas geschieht. Ich gucke am besten noch einmal in die Tasse. Es werden wohl noch schlimmere Unglücke passieren«, sagte sie und war wieder ebenso unglücklich wie vor dem Spiel mit den Mäusekindern.

»Ach, ach, ach und dreimal ach!«, sagte sie, als sie in die Tasse geguckt hatte. »Habe ich es nicht gesagt – einen Doktor und Verbände sehe ich, nichts anderes. Als hätte ich nicht schon genug mit meinem schlimmen Rücken zu tun.« (Ich hatte vergessen zu erzählen, dass sich Frau Löffelchen ein paar Tage zuvor den Rücken verrenkt hatte. Es war schon viel besser geworden, aber ganz los wurde sie es nicht. Und Frau Löffelchen gehört nicht zu denen, die jammern und sich aufführen, und da dachte ich, es sei nicht der Erwähnung wert. Doch nun hat sie es ja selbst erwähnt – sicher nur deshalb, weil sie findet, dass der Kaffeesatz so viel Elend vorhersagt.)

»Ja, ja«, schluchzte sie, »der Rücken ist nicht so schlimm, aber wenn ich mich jetzt so verletze, dass ich obendrein auch noch blute, dann tue ich mir selbst leid. Und nun herunter vom Schrank, Katze! Hörst du?!«

»Schon gut, schon gut«, sagte die Katze, »ich bin nur auf den Schrank geklettert, weil ich Mäuse darin gehört habe. Jetzt komme ich herunter.«

»Aber vorsichtig, vorsichtig, dass du nichts kaputt machst, und pass auf, ja? Pass auf! Ich stehe hier unten am Schrank und sage dir, wo du am besten entlanggehst.«

»Es ist doch nicht das erste Mal, dass ich vom Schrank heruntergehe, und ich habe dabei noch nie etwas umgestoßen«, sagte die Katze und ging mit zwei vorsichtigen Schritten an einer großen Schüssel vorbei, die dort stand. Aber ganz nah an der Kante lag eine große Schere, und diese sahen weder die Katze noch Frau Löffelchen.

»Vorsichtig mit der Schüssel, vorsichtig«, jammerte Frau Löffelchen und stand direkt unter der Schere.

Die Katze bewegte sich so vorsichtig, wie sie konnte, doch dann berührte ihr Schwanz die Schere, und da fiel die Schere auf den Boden und blieb aufrecht mit der Spitze stecken.

Frau Löffelchen hatte sich im letzten Augenblick zur Seite geworfen. Sie wagte nicht, sich zu rühren. »Da ist das Unglück auch schon«, jammerte sie, »und nun kann ich erst mal das Verbandszeug heraussuchen – bestimmt habe ich eine Schnittwunde im Bein oder am Finger.« Aber als sie nachsah, waren die Finger ganz und gar heil geblieben, und als sie sich hinunterbeugte und nachsehen wollte, wie es den Beinen ging, merkte sie, dass die Verrenkung im Rücken verschwunden war.

Und genau in diesem Augenblick wurde Frau Löffelchen wieder groß. Sie nahm die Schere, hob die Katze herunter, wischte den Boden und backte eine Torte. Und dann hörte sie jemanden im Flur.

Es war ihr Mann, der nach Hause kam. Seine Augen waren voller Tränen,

denn draußen war es sehr kalt und außerdem war er erkältet. Die eine Hand hielt er an den Rücken. Er war mit dem Fahrrad gestürzt, hatte die Lampe dabei kaputt gemacht und sich an der Hand verletzt.

Also war ihm all das Unglück widerfahren, und nicht Frau Löffelchen! Er musste weinen. Er hatte etwas kaputt gemacht. Er blutete und musste verbunden werden. Aber glaubst du, Frau Löffelchen hätte deshalb damit aufgehört, im Kaffeesatz zu lesen?

Im Leben nicht!

Sie sieht sich die Tassen jetzt aber vorher genau an, damit sie nicht wieder in der Kaffeetasse ihres Mannes liest.

Frau Löffelchen
spielt Detektiv

Ja, Frau Löffelchen hat schon viel Merkwürdiges erlebt. Im Herbst versuchte sie sich sogar als Detektivin.

Wusstest du, dass Frau Löffelchen den Herbst liebt? Wenn jemand sagte, der Herbst sei eine traurige Jahreszeit, einfach nur grau, dann sagte Frau Löffelchen, im Gegenteil, der Herbst sei doch die schönste Jahreszeit, die es gibt, denn da könne man sehen, wie alles gewachsen sei, was man im Frühling gesät habe, und werde beschenkt für die Mühe, die man im Frühling mit dem Umgraben, Pflanzen und Säen hatte.

»Ja, aber vergiss nicht, wie früh es abends dunkel wird«, sagten die Leute.

»Das ist doch schön«, sagte Frau Löffelchen. »Denkt an all die Kinder, die mit ihren Taschenlampen unter den tropfnassen Johannisbeersträuchern Detektiv spielen.«

»Ja, aber vergiss nicht die Diebe, die nun im Dunkeln umherschleichen und mitnehmen können, was sie nur wollen!«, sagten die Leute, die den Herbst nicht mögen. Und darauf sagte Frau Löffelchen nichts mehr.

Es war nämlich so, dass sie selbst große Lust hatte, mit einer Taschenlampe

Detektiv zu spielen. Denn irgendwer beklaute Frau Löffelchen. Und weißt du, was geklaut wurde? Kartoffeln!

Sie hatte es schon den ganzen Herbst über bemerkt (seit sie unter dem Kartoffelkraut nachsah), dass da immer jemand kam und Kartoffeln wegholte. Und wenn sie und ihr Mann Mittag aßen, dann entschlüpften Frau Löffelchen seltsame Laute auf Ausländisch.

»Häns upp!«, sagte sie.

»Nein danke«, sagt ihr Mann. »Ich möchte keine Suppe mehr.«

Eines Abends ging Frau Löffelchen mit einem Eimer zum Kartoffelbeet, um für den nächsten Tag ein paar Kartoffeln auszugraben.

Sie grub und grub, und auf einmal fiel ihr Blick auf Kartoffelkraut, von dem die Kartoffeln abgerupft worden waren.

Und der Abend war so geheimnisvoll und seltsam, und der Eimer war fast voll, und da … da …

Da war jemand. Er kletterte über den Zaun und kam direkt auf das Kartoffelbeet zu.

»Oh, nun schnapp ich ihn mir«, dachte Frau Löffelchen und setzte sich auf den Eimer. Aber genau in diesem Augenblick wurde Frau Löffelchen so klein wie ein Teelöffel!! Und purzelte in den Eimer, zwischen all die Kartoffeln.

Sie hörte, wie sich jemand leise bewegte und über das Beet kam, und dann war da eine Stimme, die sagte: »Hier gibt es schöne Kartoffeln, Gudrun!«

»Ja, aber komm doch hierher, Arne, wir graben lieber hier!«

Plötzlich sagte eine feine Stimme glücklich: »Tutt mal, ein Eimer mit Namnam!«

»Ja, ja, Namnam, du«, dachte Frau Löffelchen. »Ich werde euch alle drei festnehmen, und dann wirst du schon sehen, wie es Leuten ergeht, die Eimer mit Namnam stehlen.«

Pling, machte der Henkel, und dann kamen Arne und Gudrun und hoben den Eimer hoch, sodass Frau Löffelchen bis ganz auf den Boden des Eimers rutschte.

»Jetzt sind wir ganz geheime Personen«, sagte Arne.

»Wie Diebe in Romanen«, sagte Gudrun.

»Heimoman!«, sagte der kleine Junge.

»Oh ja, Heimoman – ich werd euch wohl«, sagte Frau Löffelchen zu sich selbst. »Ihr könnt so ›geheim‹ sein, wie ihr wollt – hier liegt die Detektivin!«

Dann gingen sie los. Ihre Füße schlurften durch das nasse Gras, und Frau Löffelchen lag im Eimer und wurde hierhin und dorthin geworfen. Schließlich blieben die Kinder an einer Tür stehen.

»Mach die Tür auf, Mama«, sagte Arne.

Und da öffnete jemand die Tür.

»Wahrhaftig – habt ihr heute schon wieder so viele Kartoffeln mitgebracht?«, sagte jemand, und Frau Löffelchen begriff, dass es die Mutter der Kinder sein musste.

»Ach ja, nun setzen wir den Topf auf und kochen Kartoffeln, dann gibt es auch heute ein Abendessen«, sagte die Mutter.

»Arme Würmer«, dachte Frau Löffelchen, »sind sie so arm, dass sie Kartoffeln stehlen müssen, dann werde ich ihnen nicht abschlagen, dann und wann einen Eimer voll mitzunehmen.«

Wenig später begann das Wasser im Topf zu kochen.

»Plopp, plopp«, machte es.

Die Kinder tanzten um den Topf herum und sangen »Morgens früh um sechs, kommt die kleine Hex«, während sie immer abwechselnd eine Kartoffel in den Topf fallen ließen.

»Hilfe«, dachte Frau Löffelchen und kroch tiefer und tiefer in den Eimer hinunter. »Hier sitze ich, habe wegen der armen Würmer Tränen in den Augen, und eigentlich bin ich es, die einem leidtun kann! Ich bin es, die gekocht werden soll!«

Nach und nach leerte sich der Eimer. Zum Schluss war nur noch Frau Löffelchen darin. Sie lag zusammengerollt auf dem Boden des Eimers, ganz still. Durch die anderen Kartoffeln war sie völlig mit Erde und Lehm verschmiert – wie du dir bestimmt vorstellen kannst.

»Oh, das is' 'ne tomische Tartoffel«, sagte der kleine Junge, »mit der will ich spielen.«

Und er nahm Frau Löffelchen heraus.

»Bistu meine Tartoffel?«, fragte der kleine Junge.

»Ja doch, ich bin deine Kartoffel«, sagte Frau Löffelchen.

»Bistu eine Sprechtartoffel?«

»Ja«, sagte Frau Löffelchen, »ich bin eine Sprechkartoffel.«

»Tann ich dich essen?«, sagte der kleine Junge.

»Oh, damit anzufangen, hat wohl keinen Wert«, sagte Frau Löffelchen.

»Tann ich dich mit zur Zeitun' nehmen und herumzeiden? Teden Teld?«, fragte der kleine Junge.

»Nein, du bekommst eher Geld, wenn du mich nicht herumzeigst«, sagte Frau Löffelchen. »Nun sieh zu, dass du was isst.«

»Liedst du immer noch hier, wenn ich wiedertomme?«, fragte der kleine Junge.

»Ich komme auf jeden Fall wieder«, sagte Frau Löffelchen. »Aber ob ich immer noch hier liege, da bin ich mir nicht ganz sicher. Bei Kartoffeln, die sprechen können, lässt sich das schwer einschätzen, weißt du.«

Da ging der Junge in die Stube und aß, und Frau Löffelchen lag alleine da. Plötzlich machte es *Kratz, kratz,* und aus der Ofenwand kam eine Maus, die so mager war, dass du es dir gar nicht vorstellen kannst.

»Komm und hilf mir heraus, dann bekommst du morgen ein Stück Speck!«, sagte Frau Löffelchen.

»Oh, was sagst du da?«, fragte die Maus. »Seit ich denken kann, hat es hier im Haus keinen Speck gegeben.«

»Warum bist du dann hier?«, fragte Frau Löffelchen, während die Maus sie auf dem Rücken durch die Kellertür trug.

»Ach, es ist doch auch ein bisschen traurig, von Leuten fortzugehen, bei denen man so viele Jahre lang gewohnt hat«, sagte die Maus. »Und es sind nette Leute. Ich will nicht, dass man ihnen nachsagt, sie hätten so wenig zu essen, dass sie nicht einmal eine einzige Maus durchfüttern könnten.«

Frau Löffelchen kletterte vom Mäuserücken herunter, und gerade, als sie auf dem Boden stand, wurde sie wieder genauso groß wie andere Frauen. Und dann ging sie nach Hause.

Aber im Laufe des Herbstes kam ihr Mann nicht umhin zu bemerken, dass im Beet verdächtig wenig Kartoffeln zu finden waren. Außerdem fehlte ein großes Stück von der Speckschwarte, und zudem hörte er eines Tages, dass Frau Löffelchen im Laden gewesen war und einen Spielzeugfrosch auf Rädern gekauft hatte.

Den hatte Frau Löffelchen dem kleinen Jungen gekauft und die Maus gebeten, ihn hinter die Tür zu legen, denn der kleine Junge ging jeden Tag dorthin und suchte nach seiner Spielzeugkartoffel.

Frau Löffelchen spielt zum zweiten Mal Detektiv

Nun hast du gehört, wie es zuging, als Frau Löffelchen Detektiv spielte und im Kartoffeleimer landete. Aus dem Detektivjob ist aber nichts Größeres geworden. Sie geht jeden Abend mit einem Eimer Kartoffeln, einem Stück Speck und einer kleinen Spielsache für den Kleinsten zu der Familie. Aber wenn sie auf dem Heimweg ist, kann sie an nichts anderes denken, als daran, wie lustig es wäre, Detektiv zu spielen – wie Miss Marple oder Sherlock Holmes. »Ja, DAS wäre lustig«, denkt Frau Löffelchen dann und schwingt den leeren Kartoffeleimer. Die Kinder begleiten sie gerne ein Stück des Weges. Sie sind jetzt gute Freunde (aber keiner von ihnen weiß, dass Frau Löffelchen die Spielkartoffel des Kleinsten gewesen ist!).
Nun ist es so, dass Frau Löffelchen eine schöne kleine Silberbrosche hatte. Diese war nicht größer als ein Fünf-Öre-Stück, aber Frau Löffelchen hatte sie zur Taufe bekommen und liebte diese kleine Brosche deshalb sehr.
Und nun war die Brosche verschwunden.
Einmal, als die Kinder und Frau Löffelchen nach Hause gingen, erwähnte Frau Löffelchen die verschwundene Brosche.

»Oh, können wir denn nicht Detektive sein?«, fragte Arne.

»Oh ja«, sagte Gudrun.

»Tann ich auch Detettiv sein?«, fragte der Kleinste.

»Oh nein, es lohnt sich nicht, danach zu suchen«, sagte Frau Löffelchen und bemühte sich, erwachsen zu sein.

Aber dann überlegte sie und überlegte und schließlich fiel ihr ein, dass sie die Brosche zuletzt beim Treffen des Frauenvereins im Haus von Netta Nordberg getragen hat. Stimmt, so war es!

»Ich gehe morgen zu Netta und frage, ob sie eine kleine Brosche gesehen hat. Vielleicht ist sie mir auf den Boden gefallen und in Nettas Wischlappen gelandet. Gleich morgen gehe ich zu Netta.«

Aber am Tag darauf hatte Frau Löffelchen sehr viel zu tun – abwaschen und Kartoffeln ausgraben und schließlich Gardinen stärken und Betten beziehen. Sie kam also erst spät am Abend los. Und sie hatte noch eine weitere Sache auf ihrem Zettel stehen: Sie musste zum Haus der Kinder und ihnen Kartoffeln bringen. Auf dem Heimweg wollte sie dann einen kurzen Abstecher zu Netta Nordberg machen.

Und da kamen die Kinder mit.

Doch plötzlich wurde Frau Löffelchen so klein wie ein Teelöffel! (Und purzelte in den Graben.)

»Wo ist die nette Frau abgeblieben?«, rief Arne.

»Puh, ich bekomme Angst«, sagte Gudrun.

»Ich hab meine Sprechtartoffel defunden!«, sagte der kleine Junge und hielt Frau Löffelchen so an einem Bein hoch, dass sie schrie.

»Oh nein, wirf das weg, das ist bestimmt eine gefährliche Schlange«, sagten die anderen.

»Nein, das is' eine Sprechtartoffel«, sagte der kleinste Junge.

»Ja, genau, ich bin eine Spielkartoffel und eine Sprechkartoffel«, sagte Frau Löffelchen. Da leuchtete Arne Frau Löffelchen mit seiner Taschenlampe an, und dann schrien alle drei: »Das ist ja die nette Frau! Die Arme! Sie ist so klein geworden!«

»Oh, das ist nicht weiter schlimm«, sagte Frau Löffelchen. »Ihr spielt doch

so gerne Detektiv, und jetzt dürft ihr mit mir mitkommen. Aber unter einer Bedingung!«

»Welche denn?«, fragten die Kinder.

»Ihr wisst doch, dass die Polizei zur Verschwiegenheit verpflichtet ist?«

»Äh … ja, doch …«

»Keiner darf verraten, dass ich so klein wie ein Teelöffel gewesen bin!«

»Alles klar«, sagten die Kinder. »Wie lange bleibst du so klein wie ein Teelöffel?«

»Das weiß der Himmel«, sagte Frau Löffelchen.

»Aber was sollen wir tun, wenn wir zu Netta Nordberg kommen?«, fragte Arne.

»Zuerst nimmst du mich mal in deine Hand. Dein kleiner Bruder will immer nur mit seiner Sprechkartoffel spielen. – Also, wenn wir zu Netta kommen, dann gehst du mit deiner Taschenlampe zur Tür, klopfst an und sagst, dass du Lose für das Erholungsheim für abgenutzte Rasierklingen verkaufst oder so etwas in der Art. Sprich am besten schnell. Und wenn Netta am Küchenschrank ist und Geld holt, dann leuchtest du unter das Sofa in der Stube und nimmst mit, was du dort findest.«

Also ging Arne hinein und tat, was Frau Löffelchen gesagt hatte. Schließlich kam er mit etwas Schimmerndem, Funkelndem zurück.

»Ist es das?«, fragte er.

»Was in aller Welt!«, sagte Frau Löffelchen. »Das ist ja der schöne Ring, den Netta von ihrem Bruder aus Amerika bekommen hat! Den hatte sie verloren und auf jedem Treffen unseres Frauenvereins darüber geweint. Pass gut auf ihn auf. Aber nun fällt mir etwas ein. Ich glaube, wir gehen auch noch einmal kurz zu Sina Südberg«, sagte Frau Löffelchen, »denn ich war zur Silberhochzeit bei ihr und habe damals vielleicht die Brosche verloren. Sie ist eine etwas schlampige Hausfrau – ich will nicht sagen, dass sie die Brosche einfach genommen hat, aber sie könnte sie gefunden und dann vergessen haben, sie mir zurückzugeben.«

Gesagt, getan.

Sina Südberg war schon ein wenig erstaunt, als die Kinder vor ihr standen, aber Arne machte es wie vorher: Er fragte, ob sie Lose kaufen wollte, zur Unterstützung abgenutzter Rasierklingen. Ja, die Frau hörte nicht so genau zu und trippelte in die Küche, um ein paar Zehn-Öre-Münzen zu holen. Und als wieder hereinkam, hatte Arne unter dem Sofa gesucht. Mit einem Ring in der Hand kam er aus dem Haus heraus.

»Ist es das hier?«, fragte er.

»Ach, ach«, sagte Frau Löffelchen. »Da hast du ja Sinas Ring gefunden, ihren Ehering, der eine Woche vor der Silberhochzeit verloren gegangen ist. Steck ihn in deine Tasche.«

»Was machen wir nun?«, fragte Arne. »Ich glaube, das wird bald ein einziges Durcheinander. Wo sollen wir jetzt noch suchen?«

»Die Ostberg!«, sagte Frau Löffelchen. »Natürlich! Als ich den kleinen Jungen dort zur Taufe getragen habe, hatte ich die Brosche zum letzten Mal. Dort finden wir sie bestimmt. Ich finde es übrigens schäbig, wenn Leute Sachen, die sie ausgeliehen haben, nicht wieder zurückbringen, aber das konnte Osevine Ostberg noch nie so besonders gut. Also: Auf zu Osevine!«

Als sie dort ankamen, war Osevine nicht zu Hause; nur ihr Mann war da und las die Zeitung.

Arne sagte, was er zuvor schon gesagt hatte, und der Mann ging in die Küche, um in seiner Windjacke nach Kleingeld zu suchen. Da beeilte sich Arne und spähte in das kleine Kinderbett, in dem das Baby lag und mit seinen Zehen spielte. Mit dem, was er dort fand, flitzte er wieder heraus.

»Ist es das hier?«, fragte er und hielt einen schönen Becher aus Silber hoch.

»Das wird ja immer schlimmer«, sagte Frau Löffelchen. »Diesen Becher hat der Kleine als Taufgeschenk bekommen, und dann war er auf einmal weg, sodass Osevine und ihr Mann nun alle verdächtigen, ihn mitgenommen zu haben. Steck ihn in die andere Tasche.«

»Jetzt müssen wir aber nach Hause«, sagten Arne und Gudrun. Doch der kleine Junge wollte seine Sprechkartoffel noch ein Stück begleiten.

»Wenn ihr auch noch mit zur Westberg kommt, dann werde ich euch danach nicht mehr bemühen«, sagte Frau Löffelchen. »Im Herbst war ich dort

zur Konfirmation, und da hatte ich die Brosche noch. Vielleicht ist sie mir im Flur in einen Regenschirm gefallen, der dort im Schirmständer stand. An dem Tag war so grässliches Wetter.«

Die Haustür bei Westbergs stand offen. Arne leuchtete mit seiner Taschenlampe und kam wieder heraus zu Frau Löffelchen.

»Ist es das hier?«, fragte er und zeigte, was er in seiner Hand hielt.

»Ach nein«, sagte Frau Löffelchen, »das ist die feine Krawattennadel, die der Konfirmand geschenkt bekommen hat. Ja, ja, steck du sie ein, Gudrun, dann werde ich euch jetzt nicht mehr aufhalten.«

»Wir haben doch deine Brosche noch gar nicht gefunden«, sagte Gudrun.

Frau Löffelchen hielt ihren Finger an ihre kleine Nase, aber dann sagte sie: »Wir spielen weiter Detektiv, wenn ich wieder groß bin.«

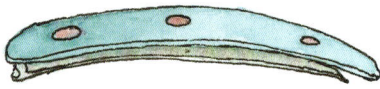

In diesem Moment kamen Leute des Weges.

»Ach, du meine Güte«, sagte Frau Löffelchen. »Wir spielen hier Detektiv, und dabei haben *wir* das Diebesgut bei uns!«

»Stehen bleiben! Oder wir schießen!«, sagte jemand.

Man konnte unschwer hören, dass es Erwachsene waren. Nun wurde es ernst. Arne war so erschrocken, dass er Frau Löffelchen weit weg in den Graben warf.

»Aha, ihr bestehlt also anständige Leute«, sagte die Erste, Netta Nordberg. »Ich habe dich sehr wohl gesehen, du Schurke«, sagte sie zu Arne.

»Ja, nun schnappen wir ihn uns und leeren seine Taschen«, sagte Sina Südberg.

»Oh, das Mädchen da ist wohl auch nicht ganz unschuldig« sagte die Westberg.

»Wie dieser kleine Knirps«, sagte der Mann von der Ostberg.

Die Kinder begannen fast zu weinen.

Aber dann hörten sie eine Stimme, die sagte: »Ich denke, damit sollten wir am besten noch warten.«

Die Stimme hörte sich an, als käme sie aus dem Jenseits.

»Hier spricht die geheime Polizei. Die Familien Nordberg und Südberg und

Ostberg und Westberg erwartet morgen früh eine Überraschung im Briefkasten. Doch dafür müssen sie sich jetzt unverzüglich aus dem verdächtigen Gebiet zurückziehen!«

Da bekamen es alle so sehr mit der Angst zu tun, dass sie nach Hause stürzten. Aber am Tag danach lag ganz richtig eine Überraschung in jedem Briefkasten. Ein Amerikaring, ein Ehering, eine Krawattennadel und ein Taufbecher. Dafür hatten Gudrun und Arne gesorgt.

An diesem Tag, als Frau Löffelchen wieder so groß war wie andere Frauen, ging sie zum Briefkasten hinunter, und DORT LAG DIE BROSCHE VON FRAU LÖFFELCHEN! Und in den Himbeersträuchern lachte jemand, und das waren Gudrun und Arne und der kleine Junge. Sie hatten die Brosche gefunden, als sie abends nach Hause gekommen waren. Frau Löffelchen hatte sie im Kartoffeleimer verloren!

Frau Löffelchen nahm die Brosche so gleichgültig in die Hand, als hätte sie sie nie verloren, aber sie drehte sich ein wenig und warf denen einen Blick zu, die hinter den Himbeersträuchern lagen.

Und dann zwinkerte sie ihnen zu.

Und der kleine Junge und Arne und Gudrun zwinkerten zurück.

Frau Löffelchen
auf Elchjagd

Vor der Elchjagd jedes Jahr im Herbst ist Frau Löffelchen nicht wiederzuerkennen. Sie wird von jetzt auf gleich fuchsteufelswild, schneidet den ganzen Tag lang Zwiebeln, damit niemand denkt, dass sie tatsächlich *richtig* weint, und geht ständig am Waldrand spazieren. Dabei ruft sie »Pang, pang!« und schlägt gegen die Baumstämme, sodass es im ganzen Wald widerhallt. Den Winter und Frühling und auch den Sommer hindurch hat sie die Elche mit Heugarben zum Haus hinuntergelockt. Daran haben sich die Elche so sehr gewöhnt, dass sie nicht die Spur ängstlich sind, wenn der Herbst kommt. Sie wissen ja nicht, dass bald die Elchjagd beginnt. Sie kommen bis an den Waldrand und begreifen nichts, wenn Frau Löffelchen schreit und Krach macht und sie wegjagen will. Am schlimmsten ist es für Frau Löffelchen natürlich in der Nacht vor der Elchjagd. Da schläft sie nicht, sondern ist nur draußen. Ihr Mann dagegen kennt nichts Schöneres als diese feine Jagdgesellschaft mit dem Großhändler und dem Gutsbesitzer, die grüne Hüte tragen und Körbe voller Essen und Trinken dabeihaben.

Dieses Jahr war es wie immer um diese Zeit. Und als die Nacht vor der Elchjagd hereinbrach, ging Frau Löffelchen aus dem Haus. Nach einer Stunde kam sie zurück, legte sich ins Bett, schlief sofort ein und schlief ruhig und friedlich bis zum nächsten Morgen.

Ihr Mann dachte, seine Frau hätte endlich Vernunft angenommen. Und als der Gutsbesitzer und der Großhändler kamen, stand Frau Löffelchen zusammen mit ihrem Mann auf der Treppe vor der Haustür, hieß sie willkommen und wünschte ihnen viel Glück, als sie mit Hunden und Gewehren und der ganzen Ausrüstung in den Wald loszogen.

Ja, dieses Jahr war sogar die Frau des Gutsbesitzers auf die Jagd mitgekommen. Frau Löffelchen war ziemlich verblüfft, als sie sie sah – es war eine feine Dame mit karierter Hose und einer großen Feder am Hut. Aber sie sagte nichts, sondern winkte nur und lächelte ihnen zu, als sie loszogen.

Später am Tag kam Netta Nordberg zu Besuch, und kurz danach auch Osevine Ostberg und Wilhelmina Westberg. Sie sahen alle völlig verweint aus. Es gibt Frauen, die nichts Schöneres kennen, als zusammenzusitzen und Rotz und Wasser zu heulen. Über eines waren sie sich absolut einig: An keinem anderen Ort war so viel Kummer und Elend zu finden wie im Haus von Frau Löffelchen, wenn die Elchjagd begann, also setzten sie sich mit ihren großen Taschentüchern hin und seufzten und schluchzten.

Da knallte ein Schuss!

»Ach, ach, ach«, jammerten alle drei und verbargen ihre Köpfe in den Taschentüchern. Das tat auch Frau Löffelchen, aber sie wandte ihnen dabei den Rücken zu, und der schüttelte sich und schüttelte sich.

Dann knallte es erneut. Die Frauen weinten und waren ganz außer sich, und Frau Löffelchen wandte sich wieder ab. Aber nun waren die anderen etwas misstrauisch geworden, und als es ein drittes Mal knallte, gelang es Netta, einen Blick in den Spiegel zu werfen, und da sah sie, dass Frau Löffelchen lachte! Sie lachte so sehr, dass es sie schüttelte!

Nun wurden die anderen Frauen aber böse! »Aha!«, sagten sie. Auf diese Weise also zeigte Frau Löffelchen ihre Tierliebe? Falsch war sie – wie eine Schlange! Und ihr hatten sie vertraut!

Frau Löffelchen war ganz unglücklich, aber es war ihr unmöglich, mit dem Lachen aufzuhören. Doch zwischen den Lachanfällen konnte sie zumindest ein paar Worte hervorstammeln: Sie wüssten bestimmt, dass der größte Kummer – Hahaha! – derjenige sei, der in – Hihihi! – hysterisches Gelä-hähähä-chter überging, hihihi! Und dann rollte sie mit den Augen, legte sich auf den Boden und strampelte mit den Beinen.

Nun bekamen es die Frauen mit der Angst zu tun – was sollten sie tun? Einen Arzt holen?

»Nein, nein«, keuchte Frau Löffelchen, »keinen Arzt. Lasst mich in Frieden. Wenn der Kummer dieses Stadium erreicht hat, dann darf mir keiner zu nahe kommen.«

Da stürzten die Frauen zur Tür.

Als sie gegangen waren, machte sich Frau Löffelchen zurecht, band sich eine saubere Schürze um, kämmte ihr Haar, und dann stellte sie sich auf die Vortreppe, um die Jäger zu empfangen. Eigentlich war es dafür ja viel zu früh, aber tatsächlich: Da tauchten sie auch schon am Waldrand auf. Doch wie sahen sie aus!

Der Großhändler hinkte. Er hatte eine gute Fährte gehabt, erzählte er, doch

als er näher kam und sich hinlegen wollte, um zu schießen, kam ein Auerhahn und flog ihm direkt ins Gesicht. Als er sein Gesicht schützen wollte und um sich schlug, stolperte er über totes Holz. Er war sich ziemlich sicher, dass er sich das Bein gebrochen hatte!

Frau Löffelchen schlug die Hände zusammen und sagte: »Sie Armer! Kommen Sie herein, dann werden wir Ihr Bein schienen!« Und seltsamerweise lagen sowohl Verbandszeug als auch eine Schiene parat.

»Es ist immer gut, auf alles vorbereitet zu sein«, sagte Frau Löffelchen. »Hier im Haus rutschen wir oft auf dem glatten Boden aus und fallen hin. Das kommt uns jetzt zugute«, sagte sie.

Dann kam der Gutsbesitzer. Er sah ganz und gar furchtbar aus. Nicht nur der Hut war grün, nein! Der ganze Gutsbesitzer war bedeckt mit Grünalgen und Kaulquappen und Morast und Dreck, von den Fersen bis zum Haaransatz! Er erzählte ebenfalls von einer guten Fährte. Als er nun rasch eine Lichtung überqueren wollte, kam ein Eichhörnchen von einem Baum heruntergesprungen und blieb an seiner Hutkrempe hängen, und so war er direkt im Morast gelandet!

»Sie Armer!«, sagte Frau Löffelchen. Und seltsamerweise hatte sie für einen großen Zuber mit herrlich warmem Seifenwasser und für große Handtücher gesorgt. Auf einem Stuhl lag saubere Unterwäsche bereit.

»Von meinem Mann und seiner Arbeit draußen bin ich einiges gewohnt«, sagte Frau Löffelchen, »und deshalb braucht es hier im Haus zu jeder Zeit warmes Wasser – ich will es schließlich sauber haben. Steigen Sie in den Zuber, wir anderen gehen raus!«

Dann kam die Frau des Gutsbesitzers!!

Ihre Erscheinung mangelte jeder Beschreibung, wenn man diesen Ausdruck für eine Gutsbesitzerfrau verwenden darf, die ein ganzes Wespennest an den Kopf gekriegt hat!

Alle standen wie gelähmt. Keiner sagte ein Wort. Dann hörte man Frau Löffelchen klar und deutlich: »DAS DA IST JEDENFALLS NICHT MEINE SCHULD! DAS HABEN SICH DIE TIERE SELBST AUSGEDACHT!«

Frau Löffelchen und die Frostnächte

Der Sommer war vorbei. Es war Oktober.
Frau Löffelchen hatte hoch oben auf einer Leiter gestanden und sich nach Äpfeln und Birnen gestreckt. (Der Obstgarten gehörte Netta Nordberg, aber Frau Löffelchen durfte die obersten Zweige abernten.) Danach saß sie auf einem Hocker und pflückte Johannisbeeren bei Osevine Ostberg, denn diese hatte mehr als sie brauchte, und nun stand Frau Löffelchen zu Hause bei sich im Garten und grub Kartoffeln aus.

Man muss alles nehmen, was einem geboten wird, dachte Frau Löffelchen. Bald kommen die Frostnächte.

Aber genau in dem Augenblick, als sie sich bücken wollte, um die letzte Kartoffel herauszuholen, wurde sie so klein wie ein Teelöffel!

»Ach, du große Güte!«, sagte Frau Löffelchen. »Nun ist es schon wieder passiert. Aber die Kartoffel werde ich ja wohl noch zum Eimer rollen können.«

Doch das war gar nicht so leicht. Am anderen Ende der Kartoffel zog und zerrte jemand, der stärker war als Frau Löffelchen. Schließlich grub Frau Löffelchen ihre Fingernägel in die Kartoffel.

»Lass los!«, rief Frau Löffelchen.

»Man muss alles nehmen, was einem geboten wird«, sagte der Jemand, der am anderen Ende zog. »Bald kommen die Frostnächte.«

Frau Löffelchen wurde zusammen mit der Kartoffel durch einen langen Tunnel in eine Höhle gezogen.

»Tja, und was soll ich jetzt tun?«, fragte Frau Löffelchen. »Soll ich einen Knicks machen und Guten Tag sagen, oder soll ich die Augen schließen und Guten Appetit wünschen?«

»Nein, was sehe ich denn da?«, sagte eine Stimme. »Ist das nicht Frau Löffelchen?«

»Doch, da hast du ganz recht, aber in meinen Kreisen pflegen wir uns erst einmal selbst vorzustellen, bevor wir die Namen unserer Gäste erraten. Und wie du siehst, mache ich das nicht – jedenfalls nicht, bevor ich mir nicht mit der Schürze die Augen gewischt habe.«

»Entschuldige«, sagte die Stimme. »Ich bin selbst blind, für mich brauchst du deine Augen also nicht auszuwischen. Und mein Name ist Erdkönig von Moderfell, aber die Menschen nennen mich Erdratte. Ich bin damit beschäftigt, einen Wintervorrat anzulegen. Man muss alles nehmen, was einem geboten wird, bald kommen die Frostnächte.«

»Aber mich willst du doch wohl nicht einlagern?«, rief Frau Löffelchen.

»Nein, du bist mir als störendes Element dazwischengekommen – ich habe in erster Linie an die Kartoffel gedacht.«

»Ja, die kannst du gerne bekommen«, sagte Frau Löffelchen.

»Nicht die ganze Kartoffel«, sagte eine feine Brummstimme. Es war ein Käfer, der sich abmühte, mit seinen Greifzangen eine tote Fliege abzukratzen, die in einer der Kartoffelrunzeln festsaß.

»Was willst du damit?«, fragte Frau Löffelchen.

»Das ist mein Wintervorrat«, sagte der Käfer. »Erdkönig von Moderfell hat gesagt, ich darf nehmen, was er nicht gebrauchen kann.«

»Und die Fliege wird dein Wintervorrat«, sagte Frau Löffelchen.

»Nicht die ganze Fliege«, sagte der Käfer. »Wenn mein Lager voll ist, kommt ein kleines Tierchen und darf die Flügel abzupfen. Das Tierchen ist

so klein, dass es weder Namen noch Stimme hat, aber ich weiß, dass es da ist. Und wenn das Tierchen zerfallene Fliegenflügel abzupft, dann bedeutet das: Man muss alles nehmen, was einem geboten wird, bald kommen die Frostnächte. Egal wie klein wir sind, es gibt immer jemanden, der noch kleiner ist als wir«, sagte er und tätschelte Frau Löffelchen mit seinem Rückenschild.

»Benimm dich!«, fauchte Frau Löffelchen. »Ich bin verheiratet und weiß, was sich schickt. Ich kann auch auf einmal wieder groß werden.«

»Oje, oje«, piepste Erdkönig von Moderfell. »Das habe ich ganz vergessen. Du musst so schnell wie möglich wieder zurück über den Erdboden, sonst zerquetschst du nicht nur uns, sondern auch unsere Wintervorräte! Komm, hilf mir! Streck den einen Fuß vor, dann ziehe ich dich aus der Erde heraus.«

»Zieh mich an den Haaren«, sagte Frau Löffelchen, »das sieht anständiger aus.«

Und Erdkönig von Moderfell zog. Und der Käfer krabbelte nebenher und passte auf, dass die Haare nicht an Feinwurzeln und kleinen Steinchen hängen blieben.

Und tief drinnen im Ohr von Frau Löffelchen saß das kleine Tierchen, das weder Namen noch Stimme hatte, und versuchte auf seine Weise zu helfen. Es atmete und schnaufte, ganz, ganz vorsichtig, damit Frau Löffelchen keine Angst hatte. Es war wie der Windhauch eines Taschentuchs an der Wäscheleine.

Sobald Frau Löffelchen oben auf dem Erdboden angekommen war, wurde sie wieder so groß wie andere Frauen. Und dann nahm sie den Eimer und ging nach Hause, raspelte die Kartoffeln und backte Reibeplätzchen. Und dann kamen die Frostnächte.

Frau Löffelchen
und die Wettervorhersage

Denkst du, Frau Löffelchen kümmert sich um Wettervorhersagen? Weit gefehlt.
»Scheint die Sonne, ist es gut. Wenn nicht, gehe ich hinein, bis der Regen aufhört«, sagt sie.
Aber ihr Mann hört jede einzelne Wettervorhersage, sowohl im Radio als auch im Fernsehen. Er seufzt vielsagend und klug, wenn der Meteorologe im Radio sagt, dass ein Unwetter über Doggerbank liegt, und wenn der Wetteransager im Fernsehen Pfeile und Regenschirme hin und her schiebt, bekommt sein Gesicht einen hoffnungslosen Ausdruck. Das war ja genau das, was auch er prophezeit hatte!
Aber damit nicht genug. Obendrein glaubte er an althergebrachte Zeichen und Bauernregeln. Und das ist ja auch gar nicht so dumm, wenn man sich nicht in alles hineinsteigert, was auf einen strengen Winter oder viel Schnee hindeutet, aber genau das tat Frau Löffelchens Mann. Sah er einen Baum, der so frisch war, dass er sein Laub etwas länger behielt als andere Bäume, dachte er: Aha, wenn die Bäume ihr Laub nicht fallen lassen, gibt es einen kalten Winter. Und wenn die Ratten auf dem Dachboden in leeren Kartons

Walzer tanzten, sagte er: »Gewitter im Oktober künden: Du wirst nassen Winter finden«. Hatte er vergessen, seine Brillengläser zu putzen, und sah deshalb alles im Nebel, meinte er: »Viel Nebel im Oktober – viel Schnee im Winter.« Und mit jedem Tag, der verging, wurde er trauriger.

Schließlich stemmte Frau Löffelchen ihre Arme in die Seite und sagte sich: »Nein, damit muss nun endlich Schluss sein. Die Obstbäume müssen blühen!« Denn sie wusste, dass blühende Obstbäume im Oktober auf einen milden Winter hindeuteten.

Obstbäume, tja … Frau Löffelchen und ihr Mann hatten nur einen alten Apfelbaum, der genau vor dem Stubenfenster stand, aber »man nimmt, was man hat«, sagte Frau Löffelchen mit Sinn für alte Redensarten.

Dann setzte sie sich hin und bastelte Apfelblüten aus rosafarbenem Kreppapier. Die wollte sie abends am Apfelbaum befestigen, wenn ihr Mann nach Hause gekommen war und vor dem Fernseher saß.

Der Abend kam, der Mann kam, und Frau Löffelchen nahm die Blüten und ging hinaus. Zuerst hängte sie den Korb mit den Apfelblüten so hoch, wie sie konnte.

Und genau in diesem Augenblick wurde Frau Löffelchen so klein wie ein Teelöffel. Sie hing am Henkel des Korbes und baumelte dort eine Weile, bevor sie in der Lage war zu sagen: »Ach du heiliger Bimbam!« Doch dann besann sie sich, sprang in den Korb, blinzelte mit den Augen und atmete erst einmal durch.

Ja, ja, dachte Frau Löffelchen. Wäre es Tag, hätten Eichhörnchen und Vögel mir helfen können, die Blüten zu befestigen. »Aber: Wer arbeitet, bekommt seinen Lohn«, sagte sie und streckte sich nach der ersten Apfelblüte.

In der Stube saß der Mann. Er sah starr auf den Fernseher, während gleichzeitig das Radio lief. Das Radio sagte Regen voraus – nicht gerade dort, wo der Mann wohnte, aber auch nicht weit entfernt. Und das Wetter ist unbeständig, man kann nie völlig sicher sein, dachte der Mann.

Der TV-Mann schob Pfeile und Schönwetterfronten hin und her. Frau Löffelchens Mann rollte mit den Augen, aber gleichzeitig sah er zufällig aus dem Fenster. Und traute seinen eigenen Augen nicht …

Draußen vor dem Fenster stand der alte Apfelbaum übersät mit Blüten. Und damit nicht genug: Es schien, als vermehrten sich die Blüten – jeder Zweig leuchtete weiß und zartrosa. Es war wie ein Aufflackern, bald hier, bald dort; die Blüten bewegten sich, sie wanderten weiter und suchten sich einen Platz. Bald schimmerte der ganze Apfelbaum wie ein Frühlingsmorgen im Mai. Nun wanderte eine Blüte den Stamm hoch bis ganz nach oben in den Wipfel. Dort verweilte sie. Der oberste Zweig bog sich herunter, er war so klein und dünn, aber schließlich saß die Knospe fest. Der Zweig richtete sich mit einem Ruck auf und zeigte wieder hoch in den Himmel, während es zwischen dem Geäst polterte und krachte. Und dann machte es RUMS!, als sei ein schwerer Mehlsack ins Gras gefallen.

Der Mann begriff überhaupt nichts, doch dann hörte er, wie jemand an der Haustür herumtappte. Schließlich kam Frau Löffelchen herein, hinkte und hielt sich die Hüfte.

»Wo bist du gewesen?«, fragte der Mann.

»Draußen«, sagte Frau Löffelchen.

»Was machst du denn noch so spät da draußen?«

»Ich gehe rein«, sagte Frau Löffelchen.

»Weißt du, dass der Apfelbaum blüht?«, fragte der Mann. »Komm und sieh dir das an!«

Doch nun war keine einzige Blütenknospe mehr da. Als Frau Löffelchen groß geworden und abgestürzt war, waren alle Krepppapier-Blüten abgefallen.

»Aber ich habe sie eben noch ganz deutlich gesehen«, sagte der Mann. »Und das hat mich so glücklich gemacht.«

»Ja, dann bleib dabei«, sagte Frau Löffelchen.

Und damit ging sie hinaus und sammelte die Kreppblüten in ihre Schürze.

Frau Löffelchen beim Arzt

Nachdem Frau Löffelchen aus dem Apfelbaum gefallen war, humpelte sie ein bisschen. Zu humpeln ist schlimm genug. Aber es wird nicht besser, wenn man einen Mann hat, der einem vor den Füßen herumspringt, keine Ruhe gibt und will, dass man zum Arzt geht und sich untersuchen lässt. Es hatte keinen Zweck, Nein zu sagen – Nein und Nein und nochmals Nein! Und eines Tages saß Frau Löffelchen beim Arzt im Wartezimmer. Ihr Gesicht sah aus wie eine Gewitterwolke, aber neben ihr saß ihr Mann und strahlte wie die Sonne. Endlich war ihm sein Wunsch erfüllt worden. Und der Wunsch des Mannes war ein ganz normaler, sehr menschlicher Wunsch, den jeder kennt und über dessen Erfüllung sich jeder schon einmal gefreut hat. Nämlich der Wunsch, selbst ganz gesund zu sein und neben jemandem zu sitzen, der zum Arzt muss. Der Mann genoss es. Er tätschelte Frau Löffelchen die Hand. Frau Löffelchen zog die Hand weg. Er strich ihr über die Wange. Frau Löffelchen fauchte. Dann ging er hinaus in den Flur und holte Wasser in einem Pappbecher. Frau Löffelchen kniff ihren Mund zusammen. Der Mann musste das Wasser selbst trinken.

Er brachte ihr alte Illustrierte vom Tisch und legte sie in ihren Schoß. Frau Löffelchen ließ die Zeitschriften auf den Boden fallen. Und die ganze Zeit über sagte der Mann: »Hab keine Angst, es ist gar nicht schlimm. Alles wird gut«, während er weise und eine Spur selbstgefällig die anderen Patienten anblickte, die – gestresst und ängstlich – an den Wänden saßen.

Schließlich blieben nur noch Frau Löffelchen und ihr Mann übrig.

»Gleich bist du dran«, sagte der Mann und bot Frau Löffelchen aus einer großen Tüte, die er in der Manteltasche hatte, ein Bonbon an.

Die Tür öffnete sich, und in der Tür stand eine Arzthelferin.

»Bitteschön«, sagte sie.

»Danke«, sagte der Mann und steckte die Tüte wieder in seine Tasche. Er drehte sich zur Seite und lächelte: »Komm schon, es ist gar nicht schlimm.« Aber dann gefror sein Lächeln. Frau Löffelchen war weg.

»Bitteschön«, sagte die Arzthelferin.

»Ich bin nicht derjenige, der … Ich bin nicht, die … Ich bin nicht – ich …«, stammelte der Mann. Die Arzthelferin kam zu ihm und nahm ihn am Arm. »Sch, sch«, sagte sie, »alles wird gut. Es geht ganz schnell. Solche Fälle haben wir schon oft gehabt, kommen Sie nur.«

»Nein«, jammert der Mann, »es ist meine Frau, nicht ich – meine Frau!«

»Gespaltene Persönlichkeit«, sagte der Arzt hinter dem Schreibtisch.

»Nein«, jammerte der Mann, »ich muss raus, ich muss raus!«

»Klaustrophobie«, sagte die Arzthelferin. »Ganz ruhig!«

»Entspannen Sie sich«, sagte der Arzt. »Setzen Sie sich hier auf den Stuhl.«

»Nein«, rief der Mann. »Ich kann nicht sitzen!«

»Nehmen Sie seinen Mantel und hängen Sie ihn ins Wartezimmer, dann wollen wir ihn mal gründlich untersuchen.«

Die Arzthelferin nahm den Mantel und hängte ihn auf. Und nun begann ein wilder Kriegstanz zwischen dem Arzt und dem Mann. Die Arzthelferin kam wieder herein und versuchte zu helfen, aber dem Mann gelang es, sich loszureißen, er stürzte zur Tür, riss sie auf …

… und da saß Frau Löffelchen und war genauso groß wie andere Frauen.

»Wer sind Sie?«, fragte der Arzt.

»Ach, ich bin nur eine Patientin, die jemanden begleitet hat, der gesund ist«, sagte Frau Löffelchen. Und dann strich sie ihrem Mann über die Wange und sagte: »Hab keine Angst, es ist nicht schlimm. Alles wird gut.«

Und dann ging sie mit dem Arzt in das Untersuchungszimmer.

Frau Löffelchen
im Krankenhaus

Nun lag Frau Löffelchen also im Krankenhaus.
Warum, fragst du? In der vergangenen Woche war sie ja beim Arzt, mehr weiß ich auch nicht. Und es nützt auch nichts, sich bei Frau Löffelchen danach zu erkundigen, denn als sie die Ärzte fragte, da sagten diese nur »ha« und »ja«, und wenn du die Ärzte fragst, dann wissen nicht einmal die, was Frau Löffelchen fehlt. Deshalb haben sie einige Proben genommen und gesagt, Frau Löffelchen sollte zur Kontrolle über Nacht im Krankenhaus bleiben, dann würde sie das Ergebnis der Proben am nächsten Tag erfahren. »Also dann: Gute Nacht, gute Nacht.«
Ja, ja, dachte Frau Löffelchen. Es gibt Dinge, die muss man mit Fassung tragen – zum Beispiel die Medizinwissenschaft und Knoblauchgeruch. Gute Nacht, alle zusammen.
Dann schloss sie die Augen und schickte sich an einzuschlafen. Aber in dem Bett neben Frau Löffelchen lag ein kleines Mädchen. Das lag da und biss in den Bettbezug, um nicht laut zu weinen. Und in den Bettbezug musste es ja wohl beißen dürfen – es war doch erst sechs …

Frau Löffelchen hörte, wie das kleine Mädchen schluchzte. Da drehte sie sich zu ihm und flüsterte:

»Kann ich dir helfen?«

»Ja«, sagte das Mädchen. »Wenn du die Decke ein bisschen besser um mich herumstopfen könntest.«

Frau Löffelchen stand auf und stopfte die Decke ordentlich um das Mädchen herum, doch als sie in ihr Bett zurück wollte, wurde sie so klein wie ein Teelöffel!

»Du große Güte!«, sagte Frau Löffelchen und kullerte – schnurrdiburr – über den Boden.

Das Mädchen saß kerzengerade im Bett.

»Frau Löffelchen!«, flüsterte es und machte kugelrunde Augen.

»Ja, ganz genau«, sagte Frau Löffelchen. »Jetzt musst *du* mir wohl mal helfen.«

»Was soll ich tun?«, fragte das Mädchen.

»Streck deine Hand aus, und heb mich auf dein Bett«, sagte Frau Löffelchen. Das tat das Mädchen. Und es war überhaupt nicht mehr traurig.

»Wie schön, dass wir im selben Krankenhaus sind«, sagte das Mädchen.

»Und im selben Zimmer und im selben Bett«, fügte Frau Löffelchen hinzu und machte es sich bequem, aber das Bett war eine Spur zu groß. »Hast du vielleicht einen Karton, in dem ich liegen kann?«, fragte sie.

»Oh ja«, rief das Mädchen, »ich habe eine leere Pralinenschachtel hier – die kannst du haben. Und meinen Waschlappen als Bettdecke und mein Taschentuch als Laken. Und dann können wir spielen, dass du meine kleine Puppe bist. Deshalb habe ich nämlich geweint – weil ich meine Puppe nicht mit ins Krankenhaus nehmen durfte. Aber jetzt habe ich ja dich! Was hast du denn da auf dem Kopf?«

»Das ist meine Nachtmütze, die darfst du mir nicht abnehmen«, sagte Frau Löffelchen. »Meine Haare sehen so schrecklich aus.«

Dann spielte das Mädchen eine Weile mit Frau Löffelchen. Doch nach einer Weile war es müde, und da wurde es wieder traurig.

»Was ist denn los mit dir?«, fragte Frau Löffelchen.

»Jeden Abend, wenn ich mit meiner Puppe gespielt habe, kommt Mama und singt mir was vor«, sagte das Mädchen. »Bevor ich einschlafe.«

»Singen kann ich auch«, sagte Frau Löffelchen, warf den Waschlappen zur Seite, krabbelte zum Ohr des Mädchens hoch, setzte sich dorthin und sang: »Schlaf, Kindlein, schlaf, dein Vater hüt' die Schaf', dein' Mutter macht die Augen zu, da hüpfst du aus dem Bett im Nu, schlaf, Kindlein, schlaf.«

Das Mädchen lachte und schloss die Augen. Kurz bevor es einschlief, sagte es im Halbschlaf: »Wenn mich nun auch noch mein kleines Kätzchen am Ohr leckte, schliefe ich sofort ein.«

Frau Löffelchen sah sich um. Auf dem Tisch stand ein Wasserglas. Vorsichtig, ganz vorsichtig kletterte sie auf den Tisch und tauchte einen Zipfel ihrer Nachtmütze in eine kleine Lache, die jemand neben dem Glas verschüttet hatte. Dann kletterte sie wieder aufs Bett und begann, dem Mädchen mit der feuchten Nachtmütze übers Ohr zu streichen.

Da ging die Tür auf, und die Nachtschwester kam herein. Sie ging zuerst zum Bett des kleinen Mädchens.

»Oh, wie schön du schläfst«, sagte sie und stopfte die Decke gut fest. Flink hängte sich Frau Löffelchen an ihre Kitteltasche. Dann drehte sich die Schwester um, um nach Frau Löffelchen zu sehen. Doch das Bett war leer.

»Hilfe!« schrie sie und stürzte zur Tür. Aber da hatte Frau Löffelchen die Tasche schon längst losgelassen und war in ihr eigenes Bett gekullert. Und als die Schwester und die Oberschwester und der Arzt und der Unterarzt hereinkamen, lag Frau Löffelchen in ihrem Bett, tat so, als ob sie schliefe und sah so aus wie immer.

Jedenfalls beinahe.

Der einzige Unterschied war, dass Frau Löffelchen keine Nachtmütze trug, denn die lag immer noch neben dem Mädchen auf dem Kissen.

Frau Löffelchen isst Martinsgans

ines Tages, als Frau Löffelchens Mann von der Arbeit kam, stand sie auf der Treppe vor dem Haus, strahlte wie eine Sonne und rief: »Komm, beeil dich! Ich habe eine Überraschung für dich!«
Der Mann schritt weit aus und ging in die Küche. Auf dem Tisch stand kein Essen.

»Ach so? Ist das die Überraschung, die du für mich hast?«, fragte der Mann. »Hier bin ich, müde und erschöpft, nachdem ich den ganzen Tag lang im Wald umhergestapft bin, und zu Hause bekomme ich nicht einmal einen Knust, an dem ich herumnagen könnte?«

»Sch, sch, sch, beruhige dich«, gluckste Frau Löffelchen. »Du bekommst schon noch dein Essen, aber zuerst musst du dich umziehen und feinmachen. Wir sind beim Förster eingeladen. Er hat von seinen Verwandten aus Skåne eine große Gans bekommen, und nun will er einen Gänsebraten nach echt skånischer Art zubereiten. Er findet, dass du im Herbst gute Arbeit im Wald geleistet hast, und deshalb sind wir heute Abend zur Martinsgans eingeladen.«

»Etwa mit Schwarzer Suppe?«, fragte der Mann und ließ sich wie gelähmt auf dem Sofa nieder.

»Ja, bestimmt. Sonst wäre es doch kein echtes Gans-Essen, wenn es nicht mit Schwarzer Suppe anfinge. Ja, ja, ich weiß schon, dass du die Suppe nicht magst, aber denk daran, dass du für das Abstecken der neuen Trasse durch den Wald einen guten Lohn bekommen hast. Das fehlte noch, dass wir die Einladung absagen! So, genug geredet, wasch dich und zieh dich um, damit wir loskommen!«

Ja, da blieb dem Mann nichts anderes übrig als mitzukommen, aber ihm graute sehr, wenn er an die dickflüssige, nach Nelken riechende Schwarze Suppe dachte. Bald standen sie vor dem Haus des Försters und klopften an die Tür.

»Nun tu so, als ob du Schwarze Suppe magst«, sagte Frau Löffelchen, »lächle, sei nett und sag, dass du dich freust.«

Die Frau des Försters öffnete die Tür. Sie war frisch frisiert und hübsch, die Augen strahlten und die Wangen waren rot.

»Willkommen, willkommen«, sagte sie. »Nur schnell herein. Wir können es kaum erwarten – wenn ich die Zutaten für die Schwarze Suppe schon rieche, kann ich kaum mehr an mich halten! Kommt!!«

Im Haus trällerte der Förster vor sich hin. »Es riecht so köstlich nach Suppe, hipp hurra!«, sang er. »Setzen Sie sich, und kümmern Sie sich nicht um das Geschrei der Kinder. Sie sind ganz wild darauf, sich endlich an den Tisch zu setzen und Schwarze Suppe zu essen!«

Auf dem Sofa saßen drei Kinder und schrien laut: »Schwarze Suppe, Schwarze Suppe, Schwarze Suppe!«

»Ja, ja, nun gibt es ja Schwarze Suppe«, sagte die Frau und eilte in die Küche. Frau Löffelchen ging hinterher. Sie wollte ihr sagen, dass es ihrem Mann nicht richtig gut ging – sie sollten also nicht gekränkt sein, wenn er nicht so viel aß. Aber in dem Augenblick, als sie über die Türschwelle trat, wurde sie so klein wie ein Teelöffel!

»Du meine Güte, nun ist es schon wieder passiert«, jammerte Frau Löffelchen und verbarg sich hinter der Tür.

Die Frau stand eine Weile mitten in der Küche, dann schöpfte sie Schwarze Suppe in eine Suppenterrine, die auf dem Tisch stand. Dabei schnitt sie Grimassen, hielt sich die Nase zu, und dann sagte sie: »Ja, ja, man muss auch an seine Mitmenschen denken – nicht nur an sich selbst.«

Frau Löffelchen konnte ein Lachen nicht unterdrücken, und als die Frau das hörte, ging sie rasch in die Stube, um zu sehen, was da so lustig war.

Da kam der Förster in die Küche. Er sah sich um, nahm einen Löffel und probierte die Suppe. Ihm erging es nicht besser: Er wand sich, als hätte er Bauchweh, und als er die Suppe hinuntergeschluckt hatte, sagte er: »Ja, ja, man muss auch an seine Mitmenschen denken – nicht nur an sich selbst.«

Nun lachte Frau Löffelchen wieder, und da ging der Förster in die Stube.

Frau Löffelchen stand hinter der Tür und überlegte. Zuerst hatte sie gedacht, die Frau wollte ihrem Mann einen Gefallen tun, indem sie sagte, sie würde Schwarze Suppe mögen. Aber nun, da ihr Mann sie auch nicht mochte, verstand sie gar nichts mehr.

Ach so, jetzt war ihr alles klar! Die Kinder! Den Kindern zuliebe servierten sie die Schwarze Suppe!

In diesem Augenblick hörte sie jemanden an der Tür wispern.

»Oh, mir graut es so fürchterlich vor der Schwarzen Suppe«, sagte eine zarte Mädchenstimme leise.

»Sch! Mir graut es genauso wie dir, aber was sollen wir tun?«, flüsterte eine Jungenstimme.

»Wir essen die Schwarze Suppe, um unseren Gästen eine Freude zu machen«, sagte jemand in bestimmtem Ton. Das war die älteste Tochter des Hauses. »Man muss auch an seine Mitmenschen denken – nicht nur an sich selbst.«

Jetzt lachte Frau Löffelchen nicht mehr. Stattdessen schnipste sie mit den Fingern. Aha, wegen der Gäste hatten sie die Schwarze Suppe gekocht! Aber das sollte sich doch irgendwie ordnen lassen!

Rasch kletterte sie an einem Tischbein hoch, stemmte ihren Rücken gegen die Suppenterrine und kippte sie um. Die Schwarze Suppe ergoss sich über den Tisch.

125

Grundgütiger Himmel, was für ein Spektakel. Die Frau und der Förster und Frau Löffelchens Mann und die drei Kinder kamen in die Küche gestürmt. Und alle klagten und jammerten über die herrliche Schwarze Suppe, die verschüttet war.

Niemand bemerkte, dass Frau Löffelchen hinter die Tür hastete und wieder groß wurde. Niemand dachte darüber nach, wie eine Suppenterrine von allein umfallen konnte, nur die Försterfrau bedachte die Katze, die auf der Fensterbank lag, mit einem sehr freundlichen Blick. Alle stoben durcheinander und jammerten, doch plötzlich hörte es sich so an, als ob sie zwischendurch auch ein bisschen lachten. Und als der Förster sauer eingelegten Hering als Vorspeise vorschlug, waren alle einverstanden. Dann setzten sie sich zu Tisch und aßen sich richtig satt – zuerst an Hering und Brot und danach an einem großen, knusprigen Gänsebraten mit allem, was dazugehört.

Bevor sie nach Hause gingen, stahl sich Frau Löffelchen hinaus in die Küche und aß den Rest Schwarzer Suppe, der im Topf übrig war. Sie war nämlich die Einzige, die Schwarze Suppe mochte. Und man soll ja auch nicht nur an seine Mitmenschen denken, dachte Frau Löffelchen, und leckte den Topf gründlich aus.

Frau Löffelchen
feiert Lucia

Es gab eine Sache, die sich Frau Löffelchen immer schon gewünscht hatte, nämlich ein Mal, ein einziges Mal Lucia* zu sein. Als sie ein kleines Mädchen war, sagten die Erwachsenen immer, das bravste Kind der Familie solle Lucia sein und … Na ja.

Frau Löffelchen hatte es sich nicht zu Herzen genommen. Und als sie älter wurde, durfte immer das hübscheste Mädchen Lucia sein. Frau Löffelchen wurde nie ausgewählt und verstand sehr gut, warum nicht. Sie hatte auf ihrer Kommode einen Spiegel stehen und konnte selbst sehen, dass sie nicht ebenso hübsch war wie das Lucia-Mädchen.

Aber nun wohnte sie allein mit ihrem Mann und hatte keinerlei Konkurrenz – nun war sie an der Reihe. Aus einem alten Laken machte sie ein Lucia-Kleid und aus einer Tüllgardine einen Schleier. Dann befestigte sie

---

* In den skandinavischen Ländern wird am 13. Dezember das Lucia-Fest gefeiert. Es erinnert an die Heilige Lucia, die (so wird erzählt) im 3. Jahrhundert andere Christen heimlich mit Lebensmitteln versorgte und dabei einen Lichterkranz im Haar trug.

vier Kerzen auf einem Kranz aus Preiselbeerzweigen. Und als der Lucia-Tag anbrach, stand sie in aller Herrgottsfrühe auf, schlich sich in die Küche, setzte den Kaffeekessel auf den Herd und stellte eine Dose mit Keksen auf die Arbeitsplatte.

Dann wollte sie ihr feines Lucia-Kostüm anziehen. »Nun geht mein Traum endlich in Erfüllung«, sagte Frau Löffelchen.

Aber genau in diesem Augenblick passierte es wieder: Sie wurde so klein wie ein Teelöffel.

»Ach du Schreck und grundgütiger Himmel«, jammerte Frau Löffelchen. »Was mache ich denn jetzt? Wenn nur der Kaffee nicht überkocht!«

Zum Glück hatte Frau Löffelchen die Tür einen Spaltbreit offen gelassen, als sie aus dem Schlafzimmer gegangen war. Nun krabbelte sie über die Türschwelle ins Zimmer, kletterte am Bettpfosten hoch und zum Ohr ihres Mannes. Dort setzte sie sich und sagte mit ernster Stimme. »Steh auf! Steh auf! Nimm den Kaffeekessel vom Herd! Steh auf! Steh auf! Nimm den Kaffeekessel vom Herd!!«

»Meine Güte, du kannst einen wirklich nerven«, sagte der Mann im Halbschlaf. Aber er wälzte sich aus dem Bett und schlurfte in die Küche. Dort nahm er mit der einen Hand den Kaffeekessel vom Herd, während er sich mit der anderen am Kaminsims abstützte. Der Kaminsims war voller Ruß, doch das merkte der Mann nicht. Er gähnte nur und rieb sich mit der rußigen Hand das Gesicht, bevor er sich wieder ins Bett legte.

Frau Löffelchen wartete, bis er zu schnarchen begann. Da fing sie wieder an: »Steh auf! Steh auf! Leg die Kekse aufs Tablett! Steh auf! Steh auf! Leg die Kekse aufs Tablett!«

»Ja, ja, ja, ja«, grunzte der Mann und schlappte wieder in die Küche. Dort nahm er den Deckel der Keksdose ab und begann, mit der einen Hand Kekse auf dem Tablett zu verteilen, während er die andere mitten auf eine große Sahnetorte legte, die Frau Löffelchen am Abend zuvor gebacken hatte. Dann gähnte er und kratzte sich am Kopf, sodass seine Haare voller Sahne waren. Danach legte er sich wieder ins Bett und schlief sofort ein.

Frau Löffelchen wartete, bis er wieder zu schnarchen anfing. Da begann sie: »Steh auf! Steh auf! Zünde die Kerzen auf dem Kranz an! Steh auf! Steh auf! Zünde die Kerzen auf dem Kranz an!«

Doch nun war es fast unmöglich, Leben in ihn zu bekommen. Als er endlich aus dem Bett hochgekommen war, stolperte er in die Küche. Dort tappte er suchend umher, bis er die Streichholzschachtel gefunden hatte und die Kerzen anzünden wollte. Das war gar nicht so einfach. Noch bevor er fertig war, hatte er sich auch schon die Finger verbrannt.

»Au«, machte er im Halbschlaf. Aber er wachte nicht richtig auf und tastete sich zurück ins Bett.

Während der Mann in der Küche gewesen war, war Frau Löffelchen wieder groß geworden. Nun lag sie neben ihm im Doppelbett und sah ihm beim Schnarchen zu. Schließlich schlich sie sich aus dem Zimmer und warf sich rasch das Laken, die Gardine und den Kranz über. Dann schob sie mit dem Kekstablett die Tür zum Schlafzimmer auf und sang das Lucia-Lied: »Schwer liegt die Finsternis auf unsern Gassen …«

Mit einem Mal war der Mann hellwach. »Nein, was in aller Welt«, sagte er. »Bekomme ich etwa Besuch von einer Lucia?«

»Ja, so ist es, ganz genau«, sagte Frau Löffelchen. Sie gab ihrem Mann einen dicken Kuss und strich ihm über das Haar. Aber dann zuckte sie zusammen und schlug die Hände vors Gesicht. »Wie ich aussehe! Ich muss an den Kamin gekommen sein, ich habe Ruß an den Fingern – und Sahne an den Händen! Das Schlimmste ist, dass ich dich auch schmutzig gemacht habe. Und zudem sieht es fast so aus, als hätte ich mit den Kerzen deine Finger gestreift.«

»Unglaublich, dass du das alles nur für mich vorbereitet hast«, sagte der Mann, als sie im Bett saßen und Lucia-Kaffee tranken. »Und ich habe währenddessen geschlafen.«

»Wer schläft, sündigt nicht«, sagte Frau Löffelchen, »aber manchmal helfen die Schläfer doch mehr mit, als ihnen selbst klar ist.«

Allein das Letzte sagte sie nicht laut.

Frau Löffelchen isst Vielliebchen

Eines Abends vor Weihnachten, als Frau Löffelchen gerade in der Speisekammer putzte, fand sie eine Tüte mit Nüssen.
Oh!, dachte Frau Löffelchen. Da kann ich mit meinem Mann »Vielliebchen essen« spielen.
Aber der Mann hatte noch nie »Vielliebchen essen« gespielt – er wusste noch nicht einmal, was das war. Also musste Frau Löffelchen es ihm erklären: Wenn sie eine Nuss mit zwei Kernen fanden, sollten sie jeder einen Kern essen und für den nächsten Tag eine bestimmte Uhrzeit festlegen. Wer dann zuerst »Vielliebchen« sagte, hatte gewonnen.
Der Mann war gerade mit seinen Lotto-Tippzetteln beschäftigt, aber er wusste: Wenn Frau Löffelchen sich etwas vorgenommen hatte, war sie nicht davon abzubringen. Also aßen sie Vielliebchen. Und dann beschlossen sie, dass derjenige, der am nächsten Tag um fünf Uhr als Erstes »Vielliebchen« sagen würde, gewinnen sollte.
Am nächsten Tag wartete Frau Löffelchen darauf, dass es Viertel vor fünf wurde, denn dann kam der Mann von der Arbeit nach Hause. Und um ganz

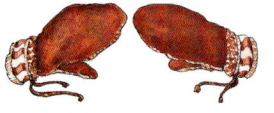

und gar sicherzugehen, dass sie die Abmachung nicht vergaß, holte sie Briefpapier, schrieb »Vielliebchen« darauf und legte es auf den Küchenschrank. Da fiel ihr Blick auf die Schale mit Nüssen, die immer noch auf dem Tisch stand. Die muss weg, dachte Frau Löffelchen, sonst fällt es ihm sofort ein. Aber genau in dem Augenblick, als sie die Schale hochnahm – wurde sie so klein wie ein Teelöffel! Die Schale polterte unter den Ofen, und die Nüsse hüpften und sprangen und kullerten über den ganzen Boden!

Da öffnete der Mann die Tür und betrat die Stube.

Oh, was soll ich bloß tun?, dachte Frau Löffelchen. Wenn mein Mann auf eine Nuss tritt, fällt ihm ein, dass wir Vielliebchen rufen müssen! Nun gilt es, alle Beweise zu vernichten, wie die Schurken im Fernsehen zu sagen pflegen!

Und Frau Löffelchen legte los und schoss die Nüsse mit den Füßen hierhin und dorthin. Der Mann stand immer noch an der Tür. Er war mit dem Rad gegen den Wind gefahren, deshalb rieb er sich lange und gründlich die Augen, bevor er durch die Stube ging.

Frau Löffelchen stand an der Kommode und atmete erleichtert auf.

Da hörte sie die Uhr klicken. Das bedeutete, dass es fünf Minuten vor fünf war. (Ich weiß nicht, ob du schon mal eine solche Uhr gesehen hast, wie sie im Haus von Frau Löffelchen hängt. Wenn du dir das Bild anguckst, verstehst du, was ich meine.)

Frau Löffelchen begann, an der Kommode hochzuklettern. Sie hängte sich an die Griffe, stützte sich auf halb offene Schubladen, und schließlich war sie oben bei der Uhr angelangt und hängte sich genau in dem Moment an das Pendel, als die Uhr fünf Mal schlagen wollte!

Währenddessen ging der Mann im Haus umher, rief nach Frau Löffelchen und sprach mit sich selbst.

»Ich verstehe nicht, wo Frau Löffelchen ist«, sagte er. »Sie müsste mir doch zumindest einen Bescheid hingelegt haben, wo sie hingegangen ist. Sie hat mich doch wohl hoffentlich nicht satt und für immer verlassen. Aber selbst in diesem Fall hätte sie mir doch wenigstens einen Zettel hinlegen können.«

Frau Löffelchen hing immer noch am Pendel. Sie war so aufgeregt, dass sie mit den Beinen zappelte, während sie zusah, wie der Mann zum Küchenschrank ging und den Zettel fand.

Nun erinnert er sich – nun gewinnt er, dachte Frau Löffelchen.

Der Mann stand da, las den Zettel, und dann schrie er auf und stürzte zur Tür.

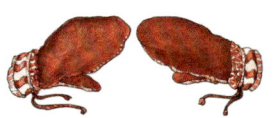

»Also nein, das verlangt nach Aufklärung, und ginge es ums liebe Leben«, sagte Frau Löffelchen. Sie schaukelte hin und her, sodass sich das Pendel wieder in Bewegung setzte. Dann sprang sie ab und zielte dabei auf das Hundekörbchen. Das klappte gut! Und kaum war sie unten angekommen, wurde sie wieder genauso groß wie andere Frauen.

Rasch schlug sie das Fenster auf und rief nach ihrem Mann. Der blieb ruckartig stehen und kam zurück.

»Wo bist du gewesen, und was habe ich Schlimmes getan, dass du mich verlassen willst?«, fragte er, als er hereingekommen war und sie sich gesetzt hatten.

»Was ist denn das für ein Unsinn? Ich habe doch gar nicht vor, dich zu verlassen«, sagte Frau Löffelchen.

»Doch, das hast du«, sagte der Mann, »auf dem Zettel steht, dass du ein Vielliebchen hast!«

»Ach nein«, sagte Frau Löffelchen und erklärte ihm alles. Und der Mann lachte, als er hörte, dass Frau Löffelchen mit Nüssen geschossen und am Pendel gehangen hatte, und Frau Löffelchen lachte, als sie daran dachte, wie bestürzt ihr Mann gewesen war.

Plötzlich schlug die Uhr fünf!

»Vielliebchen!«, sagten da beide im Chor.

Frau Löffelchen macht Weihnachtsvorbereitungen

Lief irgendjemand zu dieser Zeit am Haus von Frau Löffelchen vorbei, dann konnte er Frau Löffelchen am Küchenfenster sehen, wo sie Kaffee trank und auf die Straße hinausguckte, auf der die Leute vorbeihasteten.
Ging sie in ein Geschäft, hatte sie es nicht genauso eilig wie die anderen Frauen.
Und wenn sie an der Kasse in der Schlange stand, ließ sie gerne Kunden, die es eilig hatten, vor. Besonders wenn es sich dabei um kleine Kinder handelte, denn damit machte sie erstens den Kindern eine Freude, und zweitens konnte sie damit die eingebildeten Kunden ärgern, die immer glaubten, sie kämen als Erste an die Reihe. Auch am Fischauto ließ sie sich viel Zeit, ja, es passierte sogar, dass sie dem Fischhändler beim Einpacken der Waren half. Dann bekam sie eine kleine Portion Hering oder einen Fischschwanz für die Katze obendrauf.
Danach setzte sie sich wie zuvor ans Küchenfenster und trank Kaffee.
Aber wie konnte es sein, dass Frau Löffelchen so viel Zeit hatte? Es ging allmählich auf Weihnachten zu, und die Leute in den umliegenden Häusern

dachten schon langsam an den Weihnachtsputz, an Geschenke und Weihnachtskarten. Aber Frau Löffelchen saß da, wo sie saß.

Frau Löffelchen hatte getan, was die Zeitungen zuverlässig jeden Herbst anmahnen: Sie hatte »frühzeitig« mit den Weihnachtsvorbereitungen begonnen. In einem Paket oben auf dem Dachboden lag ein Pullover, den sie ihrem Mann gestrickt hatte. Und in einem Regal im Keller standen die vollen Keksdosen in Reih' und Glied. Sowohl die Küche als auch die Stube waren vom Fußboden bis zur Decke strahlend sauber.

Und Frau Löffelchen saß am Küchentisch. Sie hätte fröhlich sein sollen, doch ab und zu seufzte sie.

Das tat sie auch an diesem Tag. Sie seufzte, und dann ging sie eine Runde auf den Dachboden, weil es ihr so vorkam, als stünde dort ein Fenster offen.

Und richtig: Als sie hochkam, stand das Fenster sperrangelweit offen. Und auf dem Boden lag eine tote Goldammer! –

Frau Löffelchen schlug die Hände zusammen, und plötzlich wurde sie so klein wie ein Teelöffel!

»Oh nein, oh nein, grundgütiger Himmel«, sagte Frau Löffelchen. Sie hatte es kaum ausgesprochen, da kam eine ganze Schar kleiner Vögel durch das Fenster geflogen.

»Oh, Frau Löffelchen!«, zwitscherten sie. »Glaubst du, Gustav Goldammer ist tot?«

»Einen Augenblick«, sagte Frau Löffelchen und legte ihr Ohr vorsichtig auf seine Brust.

»Er lebt noch«, sagte sie, »aber ich weiß nicht, wie ich bei jemandem, der einen Schnabel hat, die Mund-zu-Mund-Beatmung durchführen soll! Wir versuchen es mal mit Massage!«

»Ich kann die Schnabel-zu-Schnabel-Methode anwenden«, sagte ein Goldammer-Mädchen und blinzelte schüchtern.

»Dann mal los!«, sagte Frau Löffelchen. »Wir müssten etwas Warmes haben, in das wir ihn legen könnten.«

»Was hältst du von dem Weihnachtsgeschenk für deinen Mann? Aber dann muss das Papier ab.«

»Pickt drauflos!«, sagte Frau Löffelchen. Und alle Vögel pickten drauflos und zogen den Pullover aus dem Papier. Da kamen hier und da lose Fäden zum Vorschein – ein Weihnachtsgeschenk würde es offensichtlich nicht mehr werden können.

»Ach, wenn wir anderen doch auch hineinkriechen und uns wärmen könnten«, sagte ein alter Dompfaff.

»Nur zu«, sagte Frau Löffelchen. »Aber ich sehe, dass Gustav Goldammer wieder zu sich kommt, und nun muss ich runter in meine Wohnung – wie auch immer das gehen mag.«

»Ich kann dich zum Kellerfenster hinunterfliegen«, sagte eine Kohlmeise, »dann kannst du da hindurchkriechen.«

»Dann mal los!«, sagte Frau Löffelchen. Und die Kohlmeise flog los, und Frau Löffelchen kroch durch das Fenster und auf das Regal, auf dem die Keksdosen standen. Dort stolperte sie und kullerte über das Brett, und die Keksdosen purzelten hinunter. Die Deckel fielen ab, und alle Kekse rollten auf den Boden. Schließlich landete auch Frau Löffelchen noch oben auf den Keksen, sodass nun noch all die Kekse zerbrachen, die beim ersten Fall nicht zu Bruch gegangen waren!

»Hast du dir wehgetan?«, fragte jemand, und dann spitzten hier und da kleine Mäuseschnäuzchen hervor.

»Nein, nein«, sagte Frau Löffelchen, »aber die Kekse haben sich ziemlich wehgetan.«

»Das tut mir leid für die schönen Kekse«, sagte die Mäuseoma. »Na, na, du kleine Maus, willst du wohl den Kekskrümel liegen lassen, der gehört dir nicht!«

»Ja, da sagst du was«, sagte Frau Löffelchen und lachte. »Aber nehmt die Kekse nur – wenn ihr mir dafür helft, euren Geheimgang hochzukommen, der am Loch beim Schornstein endet. Ich muss hoch in die Küche. Auf dem Herd steht ein Topf mit Blaubeersuppe, die bald fertig ist.«

»Na, dann komm, Frau Löffelchen!«, sagte ein netter Mäuse-Kundschafter-Junge und trug Frau Löffelchen auf dem Rücken durch den Geheimgang bis zum Loch am Schornstein.

Plötzlich hörte man einen fürchterlichen Knall!

Genau in diesem Augenblick wurde Frau Löffelchen wieder groß. Sie stand da und sah sich in der blank geputzten Küche um. Wie es dort aussah! Der Topf mit der Blaubeersuppe war explodiert. Der Deckel hatte den Topf zu dicht verschlossen, und der Druck war zu groß geworden. Nun war die Küche übersät mit Blaubeerspritzern – vom Boden bis zur Decke und auf allen Wänden!

Frau Löffelchen schlug die Hände zusammen – und schließlich begann sie zu lachen.

Und sie lachte!

Und sie lachte!!

Und sie lachte!!!

Dann rührte sie einen Keksteig zusammen, brachte Wischlappen und Besen und holte den Korb mit Wolle hervor.

Und wenn du an einem Haus vorbeigehst und eine Frau siehst, die am Küchentisch sitzt und Kaffee trinkt, dann kannst du sicher sein, dass es auf keinen Fall Frau Löffelchen ist!

Frau Löffelchen macht Weihnachtseinkäufe

Eines Abends legte sich Frau Löffelchen ins Bett, und als sie morgens aufwachte, war sie so klein wie ein Teelöffel.

»Himmel noch einmal! Und das gerade heute«, sagte Frau Löffelchen, kletterte auf den Bettpfosten und baumelte mit den Beinen.

»Heute wollte ich doch mit meinem Mann auf den Markt und Weihnachtseinkäufe machen. Drei Dinge muss er unbedingt einkaufen: erstens eine Weihnachtsgarbe – auch wenn er findet, das sei absolut überflüssig. Und ich will, dass er ein Vogelhäuschen kauft – auch wenn er findet, das sei ebenfalls absolut überflüssig. Und ich will einen Mistelzweig haben, den ich in die Tür zwischen Flur und Stube hängen will. Dann könnten wir unter dem Mistelzweig stehen, uns frohe Weihnachten wünschen und uns einen Weihnachtskuss geben – aber auch hier beharrt er darauf, das sei absolut überflüssig.«

Nun hörte Frau Löffelchen, dass ihr Mann seinen Rucksack auf dem Küchenboden absetzte, und da kam sie in Fahrt.

Flink wie eine Maus rutschte sie am Bettpfosten hinab – über die Türschwelle

– den Rucksack hinauf und – wupps! in die vordere Tasche des Rucksacks. Und dort saß sie nun.

Der Mann nahm den Rucksack auf den Rücken und fuhr mit dem Tretschlitten vom Hof. Frau Löffelchen saß in der Tasche und sprach mit sich selbst, aber sie sprach sehr leise, damit es der Mann nicht hörte.

»Du lieber Himmel, wie sieht es hübsch aus hier in der Siedlung«, sagte sie. »So viele hübsche Häuser und vor jedem eine Weihnachtsgarbe! Und Vogelbretter vor den Fenstern und über den Türen bestimmt auch Mistelzweige. Ja, ja, nur Geduld, bei mir wird es bald genauso hübsch sein!«

Der Marktplatz war voller Menschen, Jung und Alt. Alle wollten Weihnachtseinkäufe machen, und es gab genügend Waren, zwischen denen man wählen konnte. An einem langen Tisch stand »Kari vom Berge« und verkaufte Weihnachtsgarben, und als Frau Löffelchens Mann am Tisch vorbeiging, sprang Frau Löffelchen aus der Tasche des Rucksacks und kroch pfeilschnell in die schönste Garbe hinein. »Willst du mir nicht eine schöne Weihnachtsgarbe abkaufen?«, fragte Kari freundlich.

»Aber nein!«, sagte der Mann schlechtgelaunt.

»Aber ja!«, kam es aus der größten Weihnachtsgarbe. »Wenn du nicht sofort diese Weihnachtsgarbe kaufst, dann zeige ich mich, und dann sehen alle, dass du mit Frau Löffelchen verheiratet bist.«

Nun hatte es der Mann auf einmal eilig, denn nichts auf der Welt fürchtete er so sehr wie das Gerede der Leute.

»Aber was sage ich denn da«, sagte der Mann. »Selbstverständlich möchte ich eine Weihnachtsgarbe haben, die große dort«, sagte er und zeigte auf die Garbe, in der er noch gerade eben einen Rockzipfel seiner Frau erspähen konnte.

»Ja, aber nun musst du dich erst einmal hinten anstellen«, sagte Kari.

Da bekam es der Mann mit der Angst zu tun. Er fürchtete, es könnte jemandem einfallen, genau diese Weihnachtsgarbe zu kaufen, und begann zu drängeln, sodass es in der Schlange Ärger gab.

Niemand bemerkte, wie Frau Löffelchen rasch von den Weihnachtsgarben hinüber zum Vogelbrett-Mann eilte. Es war der Tischler Andersen, der die

Bretter und Vogelhäuschen verkaufte. Die Häuser hatte er so gezimmert, dass sie genauso aussahen wie richtige Häuser – mit Türen und Fenstern, durch die die Vögel hinein- und herausfliegen konnten.

Frau Löffelchen schlüpfte in das allerfeinste Haus. Es hatte sogar Gardinen an den Fenstern. Sie stellte sich ans Fenster und sah zu, wie ihr Mann die schönste Weihnachtsgarbe kaufte. Er war ganz rot im Gesicht, als er die Garbe in den Rucksack stopfte. Dann warf er sich den Rucksack auf den Rücken und wendete den Tretschlitten. Nun wollte er nicht länger bleiben. Genau in dem Augenblick jedoch, als er am Tisch mit den Vogelhäuschen vorbeikam, sagte jemand: »Sieh nur, mein Mann, möchtest du nicht ein Vogelhäuschen kaufen, bevor du nach Hause gehst?«

Der Mann bremste jäh und war verwirrt. Er dachte ja, Frau Löffelchen sei im Rucksack in der Weihnachtsgarbe.

»Ich möchte das Haus dort kaufen«, sagte er und zeigte auf das Haus, in dessen Fenster Frau Löffelchen saß.

»Stell dich hinten an«, sagte Tischler Andersen. Und dann musste sich der Mann wieder in die Schlange stellen.

Als sich der Mann ganz hinten angestellt hatte, sprang Frau Löffelchen aus dem Fenster und lief über den langen Tisch. Ganz weit hinten stand Frau Glücklich und verkaufte Misteln. Und nun kletterte Frau Löffelchen in den schönsten Kranz.

Nach einer Weile kam der Mann vorbei. Er war ganz sicher, dass Frau Löffelchen im Vogelhäuschen saß.

»Mein Herr«, sagte Frau Glücklich und spitzte die Lippen zu einem Kuss. »Sind Sie romantisch? Dann habe ich hier Mistelkränze für Sie. Möchten Sie einen Kranz?«

»Nein!«, schrie der Mann, aber da hörte er eine feine Stimme, die sang: »Ich schaukele auf den Zweigen in ausgelass'nem Tanz und singe mein kleines Liedchen in einem Mistelkranz.«

Jetzt packte den Mann die pure Verzweiflung.

»Ich möchte den Kranz dort kaufen«, sagte er und zeigte auf den Kranz, in dem sich Frau Löffelchen versteckte. Und dann passte er sehr darauf auf,

dass sie nicht noch einmal davonlief. Er hielt den Mistelzweig und den Geldbeutel und Frau Löffelchen gut fest, während er bezahlte.
Da sagte Frau Glücklich: »Warten Sie einen Augenblick, mein Herr. Sie sind nämlich mein hundertster Kunde und bekommen eine kleine Überraschung. – Einen Luftballon! Bitte sehr!«
»Vielen Dank«, sagte Frau Löffelchen. Bevor der Mann wusste, wie ihm geschah, hatte sie nach der Schnur gegriffen. Und dann schwebte Frau Löffelchen höher, immer höher, und sang: »Nun aufwärts, froh den Blick gewandt!«
Der Ballon schwebte über den Marktplatz und die Marktbuden, über die Baumwipfel, weiter und immer weiter in den Wald hinein. Und um Frau Löffelchen herum flatterten Elstern und Krähen und Dompfaffe und Goldammern und Spatzen! »Frau Löffelchen, wo bist du gewesen? Warum fliegst du mit einem Ballon in der Luft?«
Frau Löffelchen erzählte ihnen alles, und die Vögel freuten sich sehr, als sie hörten, dass sie nicht nur ein Vogelhäuschen, sondern auch eine Weihnachtsgarbe bekommen sollten.
»Aber bei einer Sache müsst ihr mir helfen«, sagte Frau Löffelchen. »Hängt euch an die Schnur und zieht daran, damit der Ballon bei mir zu Hause am Schuppen landet.«
Aber ja, das wollten sie gerne tun. Sie hängten sich an die

Schnur, sodass sie aussahen wie hübsche Krepppapierschleifen am Schwanz eines Drachens. Als sie am Schuppen ankamen, landete der Ballon, und genau in diesem Augenblick wurde Frau Löffelchen wieder groß. Sie winkte dem Vogelschwarm zu, klopfte sich den Schnee ab und ging ins Haus.

In der Abenddämmerung kam ihr Mann nach Hause. Oh, wie war er verzweifelt und außer sich, weil seine Frau verschwunden war! Im Flur stellte er den Rucksack ab und holte die Weihnachtsgarbe und das Vogelhäuschen heraus. Die Weihnachtsgarbe setzte er auf eine Stange und das Häuschen vors Fenster. Als er zurückkam, sah er, dass der Mistelkranz weg war.

»Ja, jetzt habe ich meine Frau verloren, da ist der Kranz nun auch egal«, sagte er und öffnete die Tür zur Stube.

Dort hing der Mistelkranz in der Tür, und darunter stand Frau Löffelchen, groß und lieb und mit offenen Armen. Sie schlang ihrem Mann die Arme um den Hals, und schon machte es SCHMATZ!

Frau Löffelchen macht Weihnachtsgeschenke

Es war der 23. Dezember. Frau Löffelchen wanderte in der Stube umher und trällerte und sang. Sie freute sich, weil sie mit allen Weihnachtsvorbereitungen fertig war: Sie hatte das Schwein geschlachtet und Würste gemacht, nun wollte sie sich eine gute Tasse Kaffee kochen, sich hinsetzen und ein bisschen ausruhen.

»Oh, wie gut, dass bald Weihnachten ist«, sagte Frau Löffelchen, »denn dann sind alle fröhlich, besonders die Kinder. Das ist das Beste daran – dass es die Kinder gut haben.« Frau Löffelchen war nämlich auch fast wieder zu einem Kind geworden, nachdem sie hin und wieder so klein wurde wie ein Teelöffel.

Als Frau Löffelchen mit ihren Gedanken so weit gekommen war und sich Kaffee einschenken wollte, klopfte es an die Tür.

»Herein«, sagte Frau Löffelchen. Und dann kam ein kleines Mädchen herein, dünn und blass.

»Oh, mein armes, kleines Mädchen! Wo wohnst du denn? Ich habe dich noch nie gesehen«, sagte Frau Löffelchen.

»Ich wohne in der kleinen Hütte am Waldrand«, sagte das Mädchen, »und nun gehe ich von Haus zu Haus und schaue nach, ob irgendjemand Weihnachtsschmuck vom letzten Jahr wegwirft. Das machen viele, wenn sie den Weihnachtsbaum geschmückt haben – dann schmeißen sie altes Lametta und kleine Papierfähnchen in den Müll. Und das sammle ich. Hast du Weihnachtsbaumschmuck, den du nicht mehr brauchst?«

»Ja, ganz bestimmt«, sagte Frau Löffelchen, ging auf den Dachboden und holte den Pappkarton mit dem Weihnachtsbaumschmuck.

»Oh nein, oh nein, so viele schöne Sachen«, lachte das Mädchen. »Kann ich das alles haben?«

»Natürlich«, sagte Frau Löffelchen. »Und du sollst noch mehr bekommen. Morgen bringe ich dir eine große Puppe.«

»Das glaube ich nicht«, sagte das Mädchen.

»Warum nicht?«

»Du hast doch bestimmt gar keine Puppe.«

»Na, ich werde eben eine Puppe kaufen«, sagte Frau Löffelchen. »Und dann komme ich mit der Puppe morgen Nachmittag zu dir, denn abends muss ich zu Hause sein.«

»Wie schön, dass du morgen Nachmittag kommst«, sagte das Mädchen, »denn da bin ich allein zu Hause. Mama und Papa sind beide bei der Arbeit und kommen erst nach Hause, wenn die Kirchenglocken geläutet haben.« Dann ging das Mädchen nach Hause, und Frau Löffelchen ging in den Laden und kaufte eine Puppe.

Aber als Frau Löffelchen am Tag darauf erwachte, war sie wieder so klein wie ein Teelöffel. Da wurde Frau Löffelchen ein bisschen böse. »Du meine Güte«, sagte sie, »und das gerade heute – wo ich doch mit der Puppe zu dem kleinen Mädchen gehen wollte. Aber ich werde es schon schaffen.« Dann zog sie sich an und wollte mit der Puppe losziehen. Doch die Puppe war viel zu schwer – Frau Löffelchen gelang es nicht einmal, sie hochzuheben.

»Na, dann muss ich wohl ohne Puppe gehen«, dachte Frau Löffelchen und ging nach draußen. Es hatte die ganze Nacht geschneit, und als Frau Löffelchen in den Schneehaufen trat, verschwand sie beinahe ganz. Die Katze, die unter der Außentreppe saß, sah, dass sich unter dem Schnee etwas rührte. Sie dachte, es sei eine Schneemaus, und warf sich auf Frau Löffelchen.

»Willst du dich wohl benehmen?«, schrie Frau Löffelchen. »Erkennst du mich nicht? Ich bin es, klein wie ein Teelöffel!«

»Entschuldige«, sagte die Katze und wollte weggehen.

»Nein, warte einen Augenblick«, sagte Frau Löffelchen. »Du kannst mich eigentlich auf deinem Rücken hinunter zur Hauptstraße tragen.«

Dagegen hatte die Katze nichts. Sie legte sich hin, und Frau Löffelchen kletterte hinauf.

Als sie zum Hauptweg kamen, blieb die Katze stehen.

»Hörst du etwas?«, fragte Frau Löffelchen.

»Ja, ich glaube, ich höre den Schneepflug«, sagte die Katze, »und da müssen wir von der Straße weg. Sonst ertrinken wir im Schnee!«

»Ich gehe nicht von der Straße weg«, sagte Frau Löffelchen. Sie setzte sich mitten auf die Straße und wartete darauf, dass der Schneepflug kam. Dann sprang sie flink auf dessen Schnute. Dort saß sie, hielt sich gut fest und schüttelte sich vor Lachen.

»Hier kommt Frau Löffelchen und räumt den Weg«, rief sie.

Als der Schneepflug die Hütte am Waldrand fast erreicht hatte, kletterte Frau Löffelchen auf der einen Seite des Schneepflugs heraus, und – eins, zwei, drei – sprang sie hinaus in die Schneefontäne, wurde über den Zaun geschleudert und fiel auf die Türschwelle. Dort bürstete sie sich den Schnee ab.

Das kleine Mädchen kam heraus. Sie hatte im Fenster gestanden und gespannt auf die neue Puppe gewartet. Nun nahm sie Frau Löffelchen vorsichtig in die Hand.

»Ist das eine Puppe, die man aufziehen muss?«, fragte das Mädchen.

»Aber nein«, sagte Frau Löffelchen. »Das ist eine Frau, die sich selbst aufziehen kann. Bürste mir mal den Schnee ab, dann gehen wir hinein.«

»Bist du die Frau, die so klein werden kann wie ein Teelöffel?«, fragte das Mädchen.

»Genau die bin ich«, sagte Frau Löffelchen. »Hast du schon von mir gehört?«

»Ich glaube, ich habe mal von dir geträumt«, sagte das Mädchen. »Wo hast du denn meine Puppe?«, fragte es, als sie im Haus waren.

»Die ist daheim. Du musst mitkommen und sie dir selbst holen, sie war zu schwer für mich«, sagte Frau Löffelchen.

»Du solltest etwas zu essen bekommen, wenn du zu Besuch bist«, sagte das Mädchen. »Möchtest du einen Schmalzkringel haben?«
»Ja, gerne«, sagte Frau Löffelchen, nahm den Schmalzkringel und steckte ihren Kopf hindurch.
Oh, wie das Mädchen lachte! »Ich habe vergessen, dass du so klein bist«, sagte das Mädchen, »ich schneide ihn dir zum Essen in kleine Stücke.« Und dann holte das Mädchen einen Fingerhut und füllte ihn mit Saft und Wasser.

»Jetzt kannst du trinken«, sagte das Mädchen.

»Vielen Dank«, sagte Frau Löffelchen.

Und dann spielten sie alle möglichen seltsamen Spiele. Das Mädchen nahm Frau Löffelchen auf den Schoß und spielte »Hoppe, hoppe, Reiter« und »Zeigt her, eure Füße«, und dann spielten sie Verstecken, aber da war es dem Mädchen beinahe nicht möglich, Frau Löffelchen wiederzufinden – sie versteckte sich an so vielen merkwürdigen Stellen.

Schließlich zog sich das Mädchen den Mantel über, steckte Frau Löffelchen in die Tasche, und dann gingen sie zum Löffelchenhaus und holten die große, schöne Puppe.

»Tausend Dank für die Puppe«, sagte das kleine Mädchen, »aber noch lieber hätte ich dich zum Spielen.«

»Du kommst einfach mal wieder zu mir«, sagte Frau Löffelchen. »Plötzlich bin ich wieder so klein wie ein Teelöffel, und dann ist es gut, ein bisschen Hilfe im Haushalt zu haben. Und danach spielen wir.«

Und nun ist das Mädchen immer mal wieder bei Frau Löffelchen. Sie ist mittlerweile gesund und groß gewachsen. Sie und Frau Löffelchen reden oft von dem Tag, als Frau Löffelchen auf dem Schneepflug saß und das Mädchen eine Puppe bekam.

Frau Löffelchen
im Märchenwald

Rings um das Haus, in dem Frau Löffelchen wohnt, ist ein alter Zaun mit einem Gatter, und wenn du das Gatter öffnest, stehst du auf einmal mitten im Märchenwald.
Ja, es ist wohl nur ein kleines Wäldchen, sagt Frau Löffelchen. Dort stehen ein paar Birken, und im Frühling ist es rings um die Birkenstämme weiß von Buschwindröschen.
Und dann gibt es dort einen großen moosbewachsenen Stein, und rund um den Stein wachsen Leberblümchen auf einem kleinen Hügel. Ein kleiner Bach plätschert und gluckert über schöne Steine, und ein paar kleine Frösche gibt es dort bestimmt auch.
Und dann sind da viele Wege, die von Ameisen angelegt wurden, und weiter hinten stehen große und kleine Fichten und winken mit roten Zapfen. Dahinter hat es keinen Wert weiterzugehen, denn jetzt treffen wir auf einen neuen Zaun, und das ist der Zaun von Per Raffgeier Reichmann, und hinter diesem Zaun gibt es keinen Märchenwald.
Ja, nun weißt du, wie es im Sommer im Märchenwald von Frau Löffelchen ist.

Im Winter ist es dort still und weiß – über allem liegt dann tiefer Schnee. Einen Tag vor Weihnachten wollte Frau Löffelchen einen Weihnachtsbaum besorgen. Sie hatte sich ein schönes kleines Bäumchen ausgeguckt und ihren Mann einige Tage lang darum gebeten, in den Wald zu gehen und das kleine Bäumchen zu schlagen, doch dazu kam es nie. Er war immer so

beschäftigt, der Mann von Frau Löffelchen. Tagsüber musste er zur Arbeit, und wenn er nach Hause kam, musste Holz gehackt werden.
Da machte sich Frau Löffelchen selbst auf den Weg und stapfte in den Wald. Aber es war ein bisschen glatt unter dem Schnee, deshalb suchte sie sich einen langen Stecken und benutzte ihn als Wanderstab.

Die Axt trug sie unter dem Arm, und als sie die kleine Fichte erreicht hatte, trampelte sie in den Schnee rund um die Fichte einen Ring, um sie abhauen zu können.

Und genau in diesem Augenblick wurde sie so klein wie ein Teelöffel!

»Jetzt ist es gut, dass ich meinen Stock habe«, sagte Frau Löffelchen, »damit muss ich nun, so gut es geht, vorwärtskommen. Es ist ja nicht das erste Mal, dass ich klein bin, und bisher habe ich mich immer gut durchgeschlagen. Man darf nur nicht den Mut verlieren«, sagte sie.

»Ganz genau«, sagte eine feine Stimme neben ihr, und als sich Frau Löffelchen umsah, fiel ihr Blick auf einen kleinen Jungen, der in einem Schneehaufen stand.

»Was in aller Welt«, sagte Frau Löffelchen, »was bist denn du für ein kleiner Kerl?«

»Ach, nun nimmst du mich aber auf den Arm«, sagte der kleine Junge, »beeil dich, und komm jetzt. Wir hatten solche Angst, der große Troll habe dich mitgenommen. Alle sitzen da und weinen. Also komm schon.«

»Ja, ja«, dachte Frau Löffelchen, »dann gehe ich eben mit – vielleicht erklärt sich dann alles.«

Der kleine Junge kroch vor ihr in den Schneetunnel, Frau Löffelchen hinterher. Kurze Zeit später klopfte der Junge an eine Tür.

»Herein – uhuuuu!«, sagte jemand. Frau Löffelchen und der Junge betraten eine Stube, die mit Gold- und Silberlametta weihnachtlich geschmückt war. Ringsum an den Wänden saßen kleine, seltsame Leute. Alle waren fein angezogen, aber sie weinten, dass einem das Herz brach.

»Hört auf zu weinen«, jubelte der kleine Junge. »Ich habe sie wiedergefunden!«

»Oh, wie gut, kleiner Häwelmann«, sagten die anderen, »nun können wir die Kerzen anzünden und Weihnachten feiern.«

Dann wurde es hell.

Und da begannen sie wieder zu weinen.

»Oh, du hast dich geirrt, kleiner Häwelmann«, sagten sie und jammerten, und der kleine Junge, den sie Häwelmann nannten, sah Frau Löffelchen mit großen Augen an, und dann warf er sich auf den Boden, strampelte mit den Beinen und begann ebenfalls zu weinen.

»Nein, nun will ich aber bald mal eine Erklärung haben!«, sagte Frau Löffelchen und stieß ihren Stock auf den Boden.

»Du musst wirklich entschuldigen«, sagte ein kleiner alter Mann, »das hier ist wirklich nicht leicht zu verstehen. Aber nun werde ich es dir erklären …«

»Oh nein, lass mich erklären«, sagte ein junges frisches Mädchen mit einer großen Schürze und einem Holzlöffel in der einen Hand. »Du erkennst uns gerade nicht, aber als du klein warst, konntest du uns gut. Wir alle haben in alten Märchen und Liedern gelebt. Ich heiße Gretel-Pastetel, und der kleine alte Mann da, das ist der Bi-Ba-Butzemann. Und auf dem Schemel dort sitzt der spannenlange Hansel. Tja, und dann ist da noch der kleine Häwelmann, der dich gefunden hat und dachte, du seist Frau Holle.«

»Ja, weißt du«, sagte der Häwelmann, »weißt du, du sahst genauso aus wie Frau Holle, und die ist verschwunden. Wir waren draußen und wollten dem Mond Frohe Weihnachten wünschen, und dann kam ein großer Troll, und wir schlüpften in den Tunnel hinein, aber Frau Holle stolperte im Schnee, und dann nahm der Troll sie und steckte sie in seine große Tasche. Und hier wird kein Weihnachten werden, wenn wir nicht Frau Holle wiederbekommen. Oh, arme Frau Holle. Sie ist doch so klein.«

»Ich finde, ihr seid alle klein«, sagte Frau Löffelchen.

»Wir werden klein, wenn keiner an uns glaubt«, sagte der spannenlange Hansel. »Bald sind wir bestimmt nicht viel größer als ein Mäusedreck.«

»Ja, aber ICH glaube an euch«, sagte Frau Löffelchen, »und wenn euer Glaube genauso stark ist wie meiner, dann werden wir den Troll bald finden. Kommt, wir gehen los.«

»Ich glaube, das hat keinen Zweck«, sagte der Bi-Ba-Butzemann.

»Natürlich hat es das«, sagte Frau Löffelchen. Dann gingen sie los, aber sie seufzten und jammerten, und Frau Löffelchen hörte die ganze Zeit ihr Flüstern: »Das hat doch keinen Zweck.«

»Seid still«, sagte Frau Löffelchen. »Dann werdet ihr gleich eine Frau sehen, deren Glaube noch in Ordnung ist.«

»Aber was ist mit der großen Schneewehe da?«, sagte der kleine Häwelmann, als sie draußen standen. »Wir schaffen es nicht, darüber zu klettern.«
»Wir schaffen es, ganz oben auf die Schneewehe zu klettern«, sagte Frau Löffelchen, und das schafften sie. Und dann sagte Frau Löffelchen: »Schneewehe! Ich glaube, dass du der Bär aus Schneeweißchen und Rosenrot bist, der über Berge und durch Täler geht und uns helfen kann, Frau Holle zu finden.«

»Oh, ist da wirklich jemand, der an mich glaubt?«, brummte es in der Schneewehe, und dann erhob sich die Wehe auf ihre vier Beine und WAR der Bär aus Schneeweißchen und Rosenrot!

»Begleite uns zum gefährlichen Troll, der Frau Holle mitgenommen hat!« Und tatsächlich setzte sich der Bär in Bewegung und ging durch den Wald.

»Siehst du den Lichtschein im Fenster?«, fragte Frau Löffelchen schließlich, als sie eine Weile gegangen waren.

»Ja«, sagte der Bär.

»Drück das Gatter mit deiner Schnauze auf«, sagte Frau Löffelchen. Die anderen sagten nichts, sie hatten genug damit zu tun, sich im Schneetreiben an den Zottelhaaren des Bären festzuhalten.

»Nun leg dich schön vor die Tür, und warte, bis ich wieder herauskomme«, sagte Frau Löffelchen und rutschte vom Bärenrücken herunter. Und genau in diesem Augenblick wurde sie so groß wie die allermeisten Frauen. Dann ging sie hinein. Dort saß ihr Mann und weinte mindestens genauso laut wie die im Märchenhaus.

Auf dem Tisch stand ein kleines Puppenbett, das Frau Löffelchen zu Weihnachten verschenken wollte, und im Bett lag FRAU HOLLE! Neben dem Bett standen Medizinfläschchen und Lakritzpastillen.

»Nein, also, jetzt frage ich dich aber: Worüber weinst du denn nur?«, sagte Frau Löffelchen und stemmte ihre Hände in die Seiten.

»Oh, bist du da, bist du wirklich da? Oh nein, oh nein, ich hatte solche Angst, dass du so klein wie ein Teelöffel geworden und im Wald eingeschlafen warst. Aber – aber – wer ist dann diese kleine Frau, die ich mitgenommen habe?«

»Ach, das ist bestimmt eine Puppe, die jemand verloren hat«, sagte Frau Löffelchen, nahm Frau Holle auf ihren Schoß und begann, Medizin wegzuwischen und Pastillen aufzusammeln.

Dann ging sie auf den Flur hinaus. Doch der Mann, der große Angst hatte, dass sie wieder verschwinden würde, folgte ihr und hielt sie am Schürzenband fest.

»Warum legst du die Puppe denn in die Schneewehe?«, fragte der Mann.

»Komm, jetzt kriegst du was zu essen«, sagte Frau Löffelchen und gab ihrem Mann keine Antwort.

»Zuerst muss ich doch die Schneewehe wegräumen«, sagte der Mann. »Obwohl – ich kann auch zuerst einen kleinen Bissen essen. Die Schneewehe läuft ja nicht weg.«

Aber als der Mann gegessen hatte und nach draußen ging, um sich um die Schneewehe zu kümmern ... da ...? Ja, du weißt es bestimmt ...

Da war die Schneewehe verschwunden.

Frau Löffelchen und die Weihnachtsgrütze

Ob Frau Löffelchen an Wichtel glaubt? Grundgütiger Himmel, liebe Leute – Frau Löffelchen ist ein moderner Mensch und lebt in einer aufgeklärten Zeit! Nun fragt doch nicht so dumm! Warum Frau Löffelchen am Weihnachtstag dann so viel Grütze kocht? Ja, was weiß denn ich – vielleicht hat sie keinen kleineren Topf, in dem sie sie kochen könnte. Und dann soll ja auch der Mann um zwei Uhr Grütze bekommen, und selbst isst sie auch gerne Grütze – und die Katze erst! Die Katze nicht zu vergessen, die darf heute am Weihnachtstag auch ein bisschen abhaben, sollte ich meinen!

Trotzdem bleibt noch eine Menge Grütze übrig, sagst du? Also gut, dann versuche ich mal, dir zu erklären, wie das alles zusammenhängt, dann ist ein für alle Mal Schluss mit diesem Geschwätz! Frau Löffelchen hält etwas auf Traditionen, wenn du es absolut wissen willst. Und es ist eine schöne Tradition, am Weihnachtsabend für die Wichtel eine Schüssel voll Grütze mit einem ordentlichen Klecks Butter in die Scheune zu stellen. Es gibt da etwas, das heißt »Bewahrung alter Bräuche und Sitten«, und genau das tat Frau Löffelchen,

als sie an einem dämmrigen Weihnachtsabend, bevor die Kirchenglocken die Feiertage und das Fest einläuteten, über den Hof tappte. Und als sie auf dem Heuboden anlangte, stellte sie die Schüssel mit der Grütze ab und drehte sich um, um wieder ins Haus zu gehen … Aber genau in diesem Augenblick wurde Frau Löffelchen so klein wie ein Teelöffel. – PLOPP! machte es in der Grütze, und da lag Frau Löffelchen und strampelte mit Armen und Beinen.

»Tja, nun kann ich wohl behaupten, dass auch bei mir ausnahmsweise alles in Butter ist«, sagte Frau Löffelchen und grinste. Denn sie hat nun einmal solch eine gesegnete gute Laune, diese Frau Löffelchen. Nachdem sie es allerdings dreimal knapp über den Rand geschafft hatte und dreimal wieder in die Schüssel zurückgerutscht war, war von dieser guten Laune nicht mehr viel übrig. Sie wurde fuchsteufelswild – sie ist nicht umsonst Frau Löffelchen! Und wie sie aussah! Bluse und Rock waren mit Grütze und Butter beschmiert.

Aber nun hörte sie drüben in einer Ecke Trippelschritte, und ein paar wunderliche Geschöpfe mit roten Zipfelmützen tauchten auf. Frau Löffelchen hockte sich rasch mitten in die Schüssel.

»Denkt nur, dass jemand auch in diesem Jahr an uns gedacht hat«, hörte man die Geschöpfe rings um die Schüssel sagen, in der Frau Löffelchen lag, und nach einer Weile begannen sie zu essen. Jeder hatte seinen eigenen Löffel dabei, und Frau Löffelchen hatte alle Hände voll zu tun, einem nach dem anderen auszuweichen. Doch nun kam der Löffel vom alten Wichtelvater, und der war groß. Frau Löffelchen war verloren. Sie saß auf dem Löffel, hielt sich krampfhaft daran fest und sah mit Schrecken, wie der Wichtelvater seinen Schlund öffnete und etwas hineinwerfen wollte.

»Iss mich nicht!«, rief Frau Löffelchen.

»Was in aller Welt ist das denn Seltsames?«, fragte die Wichtelmutter. »Man könnte beinahe glauben, das sei Frau Löffelchen!«

»Genau die bin ich«, rief Frau Löffelchen.

»Was für ein Unsinn«, schnaufte der Wichtelvater. »Frau Löffelchen gibt es nicht in Wirklichkeit. Das ist bloß eine Märchenfigur. An so etwas glauben wir doch nicht – wir sind schließlich aufgeklärte Wichtel!«

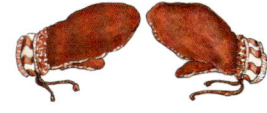

»Wenn ihr nicht an mich glaubt, dann wüsste ich nicht, warum ich an euch glauben sollte!«, sagte Frau Löffelchen und warf dem Wichtelvater einen Klumpen Grütze mitten auf die Nase.

Nun wurde der Wichtelvater ernst.

»Du musst wohl an uns glauben«, sagte er. »Du siehst uns schließlich mit eigenen Augen – dann musst du doch glauben, was du siehst.«

»Ihr seht mich doch auch«, sagte Frau Löffelchen. Und dann begann sie zu weinen. Der Wichtelvater und die anderen Wichtel saßen da und betrachteten sie eine Weile, aber zuletzt begannen auch sie zu weinen.

»Ich kann nicht begreifen, wie sich die Zeiten geändert haben«, schluchzte Frau Löffelchen. »Früher durfte man doch an so allerhand glauben, aber nun reden die Leute nur noch über Mondlandungen und Sputniks. Spricht man über etwas anderes, fangen sie an zu grinsen.«

Nun kam ein kleiner Wichteljunge zu Frau Löffelchen und strich ihr über den klebrigen Kopf.

»Ich dlaub an dich, Frau Löffelchen, ich bin nämlich noch so tlein. Ich tann noch viele Jahre an dich dlauben …«

»Ach ja, wir glauben wohl alle an Frau Löffelchen, wenn es darauf ankommt«, seufzte der Wichtelvater und sah zu Boden.

»So geht es mir auch«, sagte Frau Löffelchen und sah hinauf zur Decke. »Es ist schon ein paar Jahre her, da habe ich wieder angefangen, an Wichtel zu glauben. Dazwischen gab es eine Zeit, in der ich damit aufgehört hatte. Aber da wurde es so kalt um mich her – ich wurde so einsam …«

»Ja, aber dann tönnen wir doch alle demeinsam an uns dlauben!«, sang der kleine Junge und tanzte auf dem Heuballen Polka.

»Ach, hätten wir nur so viel Mut, dass wir auch dazu stehen könnten«, sagte die Wichtelmutter und strich ihre Schürze glatt.

»JETZT weiß ich, was wir machen«, sagte Frau Löffelchen. »Ich glaube an Wichtel, und die Wichtel glauben an mich, aber wenn uns irgendwelche klugen Wesen danach fragen, dann antworten wir nicht. Wir fangen bloß an zu lachen!«

»Ja, DAS machen wir!«, sagte der Wichtelvater. »Doch nun ist es wohl am

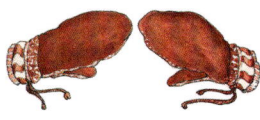

besten, wenn wir uns für die Grütze bedanken und die Wichtel in der Nachbarscheune besuchen gehen. Du wirst bestimmt bald wieder groß werden, Frau Löffelchen, und dann möchtest du bestimmt allein sein.«

»Oh ja«, sagte Frau Löffelchen. Dann verschwanden die Wichtel, und Frau Löffelchen wurde wieder groß und ging in die Stube. Dort saß der Mann und las »Weihnachten in der Hedemark«. Nun hob er den Blick.

»Grundgütiger Himmel! Wo bist du denn nur gewesen, Frau Löffelchen?«, fragte er. »Man könnte fast meinen, du wärest mit der Weihnachtsgrütze für die Wichtel auf dem Heuboden gewesen und wärest in die Schüssel hineingefallen!«

»Ha, ha, ha«, lachte Frau Löffelchen, dass die Wände wackelten.

Und »Ha, ha, ha!« hörte man es aus der Nachbarscheune.

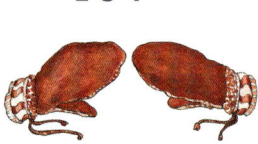

Frau Löffelchen
feiert Silvester

Jeden, absolut jeden Silvesterabend sagt Frau Löffelchen: »Dieses Jahr werde ich mir das Feuerwerk ansehen und den Kirchenglocken zuhören, wenn sie das neue Jahr einläuten.«
Und genau das sagt auch ihr Mann.
Dann machen sie sich fein, und Frau Löffelchen deckt den Tisch mit der feinsten Tischdecke und dem schönsten Service, und dann essen sie Rinderbraten mit Preiselbeermarmelade und zum Nachtisch Moltebeercreme. Danach setzen sie sich in ihre Sessel und blättern in irgendwelchen Weihnachtszeitschriften, und die Uhr macht tikk, takk, tikk, takk … Nach einer Weile wird Frau Löffelchen müde und setzt Kaffee auf. Dann trinken sie Kaffee und essen Weihnachtskekse. Der Mann geht von einem Fenster zum anderen und sieht zu dem Berghang hinauf, von wo aus sie Raketen hochschießen.
Die Uhr geht und geht, und wenn es zwölf schlägt und die Raketen wunderschöne Bögen und Lichtstreifen in die Luft malen und der Küster am Seil zieht, damit die Kirchenglocken das neue Jahr einläuten … dann – ja, dann schlafen Frau Löffelchen und ihr Mann.

So war es viele Jahre lang, und deshalb hatten sie in diesem Jahr beschlossen, sie könnten ebenso gut früh ins Bett gehen. Und als sie sowohl das Essen als auch den Kaffee hinter sich hatten, gähnte Frau Löffelchen dreimal und stand auf, um ins Bett zu gehen. Aber an der Tür saß die Katze.

»Na, Katze, willst du raus in die Kälte?«, fragte Frau Löffelchen. »Bitte schön.«

Der Mann war schon zu Bett gegangen. Frau Löffelchen ging hinaus auf die Vortreppe, um zu sehen, ob der Mond einen Hof hatte. Und plötzlich wurde sie so klein wie ein Teelöffel.

»Was sind denn das für Zustände?«, sagte Frau Löffelchen und kullerte in den Schnee.

»Ja, nun hast du aber Glück«, sagte die Katze. »Jetzt darfst du bei etwas dabei sein, was noch kein Mensch zuvor erlebt hat. Setz dich auf meinen Rücken, dann geht's sofort los.«

»Was ist das denn für ein Unsinn?«, sagte Frau Löffelchen. »Es ist doch so kalt. Und wo wollen wir überhaupt hin?«

»Das verrate ich nicht«, sagte die Katze, »das ist ein Geheimnis.«

»Dann los!«, sagte Frau Löffelchen und hüpfte auf den Rücken der Katze.

Die Katze sprang davon, dass der Schnee nur so spritzte, und Frau Löffelchen klammerte sich fest.

Im Wald knackte es überall. Das waren die Elche, die in großen Rudeln herbeikamen. In den Baumwipfeln hüpften die Eichhörnchen, und zwischen den Fichten rauschte es von all den Auerhähnen. Die Eulen schrien u-huu, die Füchse heulten und die Hasen schlugen Haken und hüpften im Kreis. Immer weiter ging es, und alle hatten den gleichen Weg. Schließlich blieben alle vor einer steilen Felswand stehen. Sie holten Luft, scharrten mit den Hufen und dem Geweih. Die Vögel putzten ihr Gefieder. Dann wurde es still.

»Was in aller Welt und aller Herren Länder geht hier vor?«, wisperte Frau Löffelchen.

»Pst«, machte die Katze. »Das hier ist ernst.«

Alle standen still. Dann hörte Frau Löffelchen, dass jemand schnarchte.

»Nein, das ist kein Scherz«, sagte die Katze. »Weißt du, wir sind hier bei

der Höhle des Königs höchstpersönlich, dem Bären. Er schläft den ganzen Winter über. Aber in jedem Winter gibt es eine Nacht, da dreht er sich auf die andere Seite. Und heute Nacht ist es so weit.«

»Und was passiert, wenn er sich nicht umdreht?«, fragte Frau Löffelchen.

»Frag nicht so dumm«, jammerte die Katze. »Wenn sich der Bär heute Nacht nicht auf die andere Seite dreht, dann ist er im Frühling, wenn er aufwacht, so wütend und schlecht gelaunt, dass es für die Schafe und Ziegen im Sommer auf der Alm nicht leicht werden wird.«

»Was für ein Unglück«, sagte Frau Löffelchen. »Wir wollen hoffen, dass er sich umdreht.«

»Letztes Jahr wäre es beinahe schiefgegangen. Er beginnt, alt zu werden«, sagte der große Elchbulle.

»Hast du nichts anderes zu sagen, dann halte den Mund«, sagte die Elchkuh.

»Seid endlich still!«, fauchte die Katze. »Wenn uns nur ein paar ungewohnte Geräusche einfallen würden. Es hat keinen Zweck zu heulen und zu kreischen – er wacht trotzdem nicht auf.«

»Ich habe eine Idee«, sagte Frau Löffelchen und klatschte in die Hände. »Du, Katze, hast du den Karton gesehen, der in der Scheune liegt? Kannst du den holen?«

»Ich kann doch wohl nicht den großen Karton im Schnee hinter mir herziehen«, sagte die Katze.

»Ich komme mit«, sagte der Elch. »Dann kannst du den Karton zwischen mein Geweih stellen.«

»Ich kann ihn nicht hochheben«, sagte die Katze.

»Ich komme mit«, sagte die Eule. »Ich heben den Karton mit meinem Schnabel hoch und stelle ihn dem Elch zwischen das Geweih.«

»Dann mal los«, sagte Frau Löffelchen. Die Tiere liefen davon, und es dauerte nicht lange, bis sie mit dem Karton zurückkamen.

Es war nämlich so, dass Frau Löffelchen jedes Jahr ein paar Feuerwerksraketen eingekauft hatte, aber da sie Jahr für Jahr am Silvesterabend vor zwölf Uhr eingeschlafen war, hatte sie sie nie gebraucht. Und jedes Jahr wurden es mehr Raketen.

Nun biss die Eule die Schnur durch, mit der der Karton zugebunden war. Frau Löffelchen bat Nüsschen, das Eichhörnchen, sie auf den Rücken zu nehmen, wenn sie das Signal gab. Zum Glück hatte sie eine Streichholzschachtel in der Schürzentasche, aber weil die Schachtel auch klein geworden war, musste sie wohl alle Streichhölzer auf einmal anzünden.
Dann bat sie die Tiere, in den Wald zu gehen. Sie selbst hüpfte auf Nüsschens Rücken, zündete die Streichhölzer an und warf sie in den Karton mit dem Feuerwerk.
»Schnell, hoch in den Baum!«, rief sie Nüsschen zu, und er sprang am Stamm der höchsten Tanne hoch.
Und dann krachte es!
Funken sprühten, Sterne drehten sich im Kreis – es war, als hätten tausend leuchtende Buntstifte begonnen, den Himmel zu bemalen.
Und der König? Er gähnte, dass es knackte, drehte sich auf die andere Seite … und schlief wieder ein.

Frau Löffelchen
und der Dreikönigstag

Nun war Weihnachten vorbei.
In allen Häusern der Siedlung hatten Weihnachtsfeiern stattgefunden, die Menschen hatten sich so oft »Fröhliche Weihnachten« gewünscht und »Danke, gleichfalls« erwidert, dass sie beinahe vergessen hatten, dass man auch etwas anderes sagen konnte! Sie waren so oft rund um den Weihnachtsbaum gegangen, dass sie, sobald sie in der Schlange standen und auf das Auto des Fischhändlers warteten, sich an den Händen fassten, im Kreis herumgingen und sangen: »Nun ist wieder Weihnachten!« Und lösten sich Schneelawinen von den Dächern, sodass es krachte und donnerte, riefen sie »Hurra!« und dachten, das sei ein Feuerwerk. Und so standen sie unter den Dächern und wünschten einander ein »Frohes neues Jahr«, bis eine neue Schneelawine kam – genau dort, wo sie sich befanden. Da schüttelten sie die Köpfe, pulten sich den Schnee aus den Ohren und sagten zu sich selbst: »Was ist denn nur los mit uns, was reden wir denn da? Weihnachten ist doch vorbei! Nun müssen wir uns beeilen und Birkenzweige ins Haus holen, damit sie ausschlagen, und auf den Frühling warten!«

Und dann ging jeder nach Hause und machte nach dem großen Weihnachtsfest sauber. Sie kochten Labskaus aus dem, was vom Weihnachtsbraten übrig war, und alle Hunde in der Siedlung rannten umher mit großen Knochen im Maul und kläfften und balgten sich, sodass man sein eigenes Wort nicht verstand. Die Leute nahmen die Keksdosen von den Regalen, schütteten die übrig gebliebenen Kekse in eine Dose zusammen und spülten die restlichen Dosen aus. Und sie schmückten die Weihnachtsbäume ab und warfen sie aus den Fenstern, sodass in der ganzen Siedlung Weihnachtsbäume mit der Spitze nach unten in den Schneewehen steckten und auf den Wagen warteten, der sie hinunter zum Abfallplatz bringen sollte.

Genau so war es auch bei Frau Löffelchen. Na ja, vielleicht nicht *ganz* genau so, denn Frau Löffelchen mochte so gern um den Weihnachtsbaum gehen und Weihnachtsspiele spielen, dass sie beschloss, noch ein *letztes* Mal Weihnachten zu feiern, und zwar am Dreikönigstag. Ihr Mann war nicht zu Hause – ich weiß nicht, wo er war; bestimmt stand er frierend an irgendeinem Hang und sah beim Skispringen zu.

Frau Löffelchen war also beschäftigt – sie kochte wunderbaren Labskaus, am Weihnachtsbaum brannten die Kerzen, und an den Zweigen hingen alle Kekse, die von der Weihnachtsbäckerei übrig geblieben waren. Und alle Körbchen am Baum waren so voll mit Korinthen und Nüssen, dass sie beinahe rissen.

Aus der kleinen Hütte am Waldrand kam ein kleines Mädchen. Oh, sie ging so fein und vorsichtig und hatte die eine Hand in die Tasche gesteckt. Als sie die Hauptstraße erreicht hatte, traf sie einen kleinen Jungen. Er hatte rote Wangen und blanke Augen, sprang und hüpfte und sah sehr fröhlich aus – aber er sagte nichts. Er folgte dem Mädchen nur weiter die Straße entlang. Als sie das Haus von Frau Löffelchen fast erreicht hatten, stand da ein großer Junge versteckt hinter der Scheunenwand. Er wartete, bis das Mädchen

und der kleine Junge vorbeigegangen waren, dann schlenderte er hinterher, pfiff vor sich hin und sah aus, als wüsste er nicht recht, wohin er wollte.

Am Küchenfenster stand Frau Löffelchen und sah die drei kommen. Nun war es so, dass keiner von ihnen wusste, dass Frau Löffelchen klein wie ein Teelöffel werden konnte. Frau Löffelchen hatte sich diese Kinder einfach ausgeguckt – nicht, weil sie netter waren als andere Kinder, sondern weil ihr aufgefallen war, dass diese drei auf fast keiner Weihnachtsfeier dabei gewesen waren. Es war also höchste Zeit, dass sie auch einmal um den Baum gehen und hei und hopsa singen durften, dachte Frau Löffelchen.

Dann klopfte es an der Tür. Frau Löffelchen öffnete sie. Das Mädchen knickste und sagte »Frohes neues Jahr!« Sie hängte den Mantel auf, nahm etwas aus der Manteltasche heraus und verbarg es in ihrer Hand. Der kleine Junge verbeugte sich nur – er sagte nichts und öffnete kein einziges Mal den Mund. Und der große Junge stand nur da, pfiff vor sich hin und blickte sich um, als hätte er Angst, irgendjemand sähe, wie er zusammen mit kleinen Kindern zu einer Weihnachtsfeier ging.

Frau Löffelchen bat sie, schon einmal hereinzukommen. Sie selbst ging ins Schlafzimmer, um ihren Haarknoten ein wenig herzurichten.

Und plötzlich wurde Frau Löffelchen so klein wie ein Teelöffel!

»Oh nein, oh nein«, sagte Frau Löffelchen, »was soll ich denn jetzt machen? Es soll doch nicht die ganze Siedlung wissen, dass ich so klein werde wie ein Teelöffel!«

In diesem Augenblick öffnete jemand die Tür und schlüpfte ins Schlafzimmer, und das war das kleine Mädchen. Still ging sie zum Spiegel und band sich eine Perlenkette um. Die hatte sie in der Manteltasche versteckt gehabt. Aber wie auch immer es sich dann zutrug, jedenfalls war das Mädchen zu eifrig: Sie zog an der Kette, sodass diese riss und alle Perlen auf dem Boden herumrollten. Sie rollten unter das Bett und unter die Kommode und überallhin. Das kleine Mädchen begann fast zu weinen.

»Oh nein, ich hatte die Perlenkette von meiner großen Schwester doch nur geliehen. Sie weiß nichts davon – was mache ich denn jetzt?«, sagte sie, kniete sich hin und lugte unter das Bett.

Und nun war sie so erstaunt, wie sie es in ihrem ganzen Leben noch nicht gewesen war. Denn unter dem Bett ging eine kleine Frau umher und sammelte die Perlen auf!

»Ja, reiß nur die Augen auf«, sagte Frau Löffelchen. »Jeder kann wohl ein Geheimnis haben – egal ob er klein ist oder groß. Dein Geheimnis ist, dass du ohne Erlaubnis eine Perlenkette ausgeliehen hast, und mein Geheimnis ist, dass ich manchmal so klein werde wie ein Teelöffel. Wenn es dir recht ist, dann sammele ich die Perlen ein, und du erzählst nicht weiter, dass du Frau Löffelchen gesehen hast! Fang!«, sagte Frau Löffelchen und rollte die Perlen über den Boden. Schließlich wurde sie so eifrig, dass sie mit den Perlen Fußball spielte und so tat, als sei das Mädchen der Torwart!

Als alle Perlen aufgesammelt waren, wollte das Mädchen in die Stube gehen. In der Tür traf sie auf den kleinen Jungen, der den Mund fest zusammenpresste. Und nun war es der Junge, der zum Spiegel hinging. Dort öffnete er den Mund, und Frau Löffelchen sah, dass er einen losen Zahn hatte mit einem Faden dran. Er versuchte, den Zahn behutsam herauszuziehen, aber er zog nicht fest genug. Frau Löffelchen stand am Bettpfosten und sah zu. Plötzlich machte es »Peng!«. Das war Frau Löffelchen, die aus Versehen auf eine Knallerbse getreten war, die noch von Silvester herumlag. Der Junge erschreckte sich so sehr, dass er zusammenzuckte, und sowohl der Faden als auch der Zahn flogen weit über den Boden und landeten unter dem Bett. Der Junge war ganz unglücklich. »Oh nein, nun habe ich meinen Zahn verloren«, sagte er und bekam Tränen in die Augen. Aber dann fiel sein Blick auf den Faden. Er kniete sich hin und zog daran, doch der Faden saß fest. Endlich schaffte er es, den Faden und den Zahn hervorzuziehen – und nicht nur die! Am Zahn hing Frau Löffelchen und zog in die andere Richtung! Der Junge war so eifrig darauf bedacht, seinen Zahn zu bekommen, dass er es nicht merkwürdig fand, dass Frau Löffelchen so klein war.

»Gib mir den Zahn«, sagte er. »Er gehört mir! Ich durfte heute eigentlich nicht hierherkommen – erst, wenn ich mich getraut hätte, den Zahn herauszuziehen. Ich habe einfach gesagt, dass ich das getan habe, und dann habe ich den Mund zusammengekniffen und bin losgegangen.«

»Ach so«, sagte Frau Löffelchen. »Weißt du, was? Wir beide treffen eine kleine Abmachung. Du findest es offenbar nicht merkwürdig, dass ich so klein bin wie ein Teelöffel.«

»Doch, nun sehe ich es … Du bist Frau Löffelchen!«, flüsterte der Junge.

»Sprich nicht davon. Das ist sozusagen *mein* kleines Geheimnis«, sagte Frau Löffelchen, »und wenn *du* nicht erwähnst, dass du mich so klein wie einen Teelöffel gesehen hast, dann werde *ich* nicht erwähnen, dass du dich nicht getraut hast, den Zahn zu ziehen. Nun ist er draußen, und das ist die Hauptsache. Aber wir sagen nichts – weder du noch ich. Versprichst du mir das?«

»Ja«, sagte der Junge. »Die großen Jungen haben mich so lange schon mit dem Zahn aufgezogen, dass ich mit allem einverstanden bin.«

»Dann geh jetzt schnell in die Stube, ich komme gleich. Es dauert meist nicht so lange, setz dich hin und warte. Ich komme nach, sobald ich wieder groß bin.«

Der Junge ging hinaus. Aber nun kam der große Junge ins Schlafzimmer. Er wollte sich nur seine Haare kämmen, stand vor dem Spiegel und sang ein Weihnachtslied. Er sang so schön und hatte eine so wunderbare Stimme, dass Frau Löffelchen verstohlen hinter dem Bettpfosten hervorkam und zum Spiegel ging. Da erhaschte der Junge einen Blick auf sie! Und schon war Schluss mit dem Singen.

»Frau Löffelchen!«, sagte er und ließ den Kamm auf den Boden fallen, sodass Frau Löffelchen einen großen Satz zur Seite machen musste, um ihn nicht auf den Kopf zu bekommen. »Bist du das?«

»Ja«, sagte Frau Löffelchen. »Du singst so schön, dass mir die Tränen kommen. Sing weiter!«

»Nie im Leben!«, sagte der Junge. »Und du darfst niemals erwähnen, dass du mich singen gehört hast. Denn in der Schule singe ich nicht – nur für mich.«

»Na gut«, sagte Frau Löffelchen. »Dann musst du auch verschweigen, dass du mich so klein wie einen Teelöffel gesehen hast. Geh jetzt in die Stube, dann komme ich gleich.«

Da ging der Junge, und als er die Schlafzimmertür hinter sich geschlossen hatte, wurde Frau Löffelchen wieder groß. Sie richtete ihren Haarknoten, ging in die Stube und hieß alle willkommen. Das Mädchen saß da mit seiner Perlenkette, der kleine Junge hatte seinen Mund geöffnet und versuchte zu pfeifen, und der große Junge summte ein Weihnachtslied.

Alle drei saßen da und versuchten, nicht zu lachen. Keiner traute sich, Frau Löffelchen anzusehen, denn sie wussten, dass sie dann sofort laut losprusten würden, und Frau Löffelchen selbst saß da und sah zu Boden. Doch dann wollten alle vier sich Blicke zuwerfen, ohne dass die anderen es sahen ... und dann sahen sie einander gleichzeitig an ... und dann begannen sie zu lachen!

Und sie lachten und lachten und lachten, aber sie sagten nichts. Sie sprangen einfach von ihren Stühlen hoch, gingen um den Baum herum und sangen:

> Weihnachten kommt herein
> mit weihnachtlichem Schein.
> Mama und Papa, Groß und Klein,
> alle sollen fröhlich sein.
> Mensch und Vieh, ich und du,
> wir tanzen und tanzen immerzu.
> Doch wenn der Dreikönigstag ist aus,
> verlässt auch Weihnachten das Haus.

Frau Löffelchen
auf dem Basar

rau Löffelchen backte gerade Pfefferkuchen, als es an die Tür klopfte.

»Herein«, sagte Frau Löffelchen. Und dann kamen drei feine Damen herein.

»Guten Tag«, sagten die Damen.

»Guten Tag«, sagte Frau Löffelchen.

»Wir gehen mit einer Spendenliste von Tür zu Tür, der Erlös ist für das Knabenorchester. Heute Abend findet nämlich ein Basar statt, und wir wollten fragen, ob Sie etwas für die Verlosung spenden wollen?«

»Ja«, sagte Frau Löffelchen, »wenn es möglich ist, Lebkuchen zu verlosen, dann habe ich hier eine ganze Schüssel.«

»Das ist sehr gut möglich«, sagten die Damen und sahen so hübsch und nett aus.

»Dann komme ich heute Abend mit den Lebkuchen«, sagte Frau Löffelchen.

»Vielen Dank«, sagten die Damen, und dann gingen sie. (Und nun kommt etwas, was ich vergessen habe zu erzählen: Auf dem Schemel neben dem Herd saß ein kleines Mädchen. Es war dasselbe Mädchen, das zu Weihnachten eine Puppe von Frau Löffelchen bekommen hatte, wenn du dich noch daran erinnerst.)

»Darf ich heute Abend mit dir zum Basar?«, fragte das Mädchen.

»Wenn du zu Hause die Erlaubnis bekommst«, sagte Frau Löffelchen und machte mehr Teig.

Das Mädchen lief nach Hause und bekam die Erlaubnis, aber als sie zurückkehrte, war es im Haus von Frau Löffelchen ganz still.

»Frau Löffelchen, Frau Löffelchen, wo bist du?«, rief das Mädchen.

»Plopp, plopp« machte es unter der blauen Schüssel, und als das Mädchen die Schüssel anhob, saß da Frau Löffelchen, war so klein wie ein Teelöffel und über und über mit Pfefferkuchenteig bedeckt.

»Palte pich punter pen Passerpahn«, sagte Frau Löffelchen.

Und das Mädchen verstand, dass das heißen sollte »Halte mich unter den Wasserhahn«. Also drehte das Mädchen sofort den Wasserhahn auf, nicht zu warm und nicht zu kalt, und dann nahm sie Frau Löffelchen vorsichtig am Rock und wusch den ganzen Teig ab.

»Herrjemine«, sagte Frau Löffelchen. »Gerade, wenn ich so viel zu tun habe, werde ich so klein wie ein Teelöffel. Nun kann ich keine Lebkuchen backen, uhuhu!«

»Vielleicht finden wir noch etwas anderes«, sagte das kleine Mädchen. »Es gibt vieles, was man auf einem Basar verlosen kann, und jetzt siehst du genauso aus wie eine kleine Puppe.«

»Dann verlosen wir *mich*«, sagte Frau Löffelchen. »Lauf schnell rauf auf den Dachboden, hol den Weihnachtsschmuck und das Krepppapier, und dann bastelst du mir ein Kleid!«

Das tat das Mädchen. Frau Löffelchen bekam eine grüne Krepppapierbluse und einen Rock mit vier Glaskugeln daran und einen feinen Hut aus Silberpapier mit einer Feder darauf und schönes lockiges Haar aus Engelswatte.

»Leg mich in die leere Seifenschachtel, dann gehen wir«, sagte Frau Löffelchen. »Aber denk dran: Ich will keine normale Puppe sein, sondern eine Aufziehpuppe – ich zwinkere dir zu, wenn du mich aufziehen sollst.«

Ich kann dir sagen: Da kam Leben in den Basar, als das Mädchen mit der Puppe kam! Alle wollten sie sehen, alle wollten sie anfassen, und das Mädchen verkaufte Lose und wartete darauf, dass Frau Löffelchen zwinkerte, damit sie sie aufziehen konnte.

Endlich zwinkerte Frau Löffelchen, und das Mädchen machte »Rrrrrrr, rrrrrr«, und da hörte es sich so an, als ziehe sie die Puppe auf.

Und dann begann Frau Löffelchen zu gehen. Gemessen und ordentlich. Kling, kling, machten die Glaskugeln, wenn sie an einem Satz Schüsseln vorbeiging, rischel, raschel, machte der Hut aus Silberpapier, wenn sie sich vor einem Ständer mit Puppenkleidung auf Kleiderbügeln hinunterbückte. Am unteren Ende des Tisches saßen die feinen Damen – dorthin wollte Frau Löffelchen.

»Ach, seht nur, die schöne Puppe«, sagte die erste Dame, die ein Tablett mit sechs Kaffeetassen vor sich stehen hatte, das sie verlosen wollte.

»Ich finde, sie sieht ein bisschen aus wie die merkwürdige Frau, die Lebkuchen verlosen wollte«, sagte die andere Dame, die ein feines Tischtuch verlosen wollte.

»Ja, tatsächlich«, sagte die dritte Dame, die eine große Torte verlosen wollte. Aber nun wurde Frau Löffelchen wütend!

Sie stolzierte direkt durch die Torte, sodass die Sahne hochspritzte, dann auf das Tischtuch, das große Marmeladeflecken abbekam, von dort auf das Tablett mit den Kaffeetassen, wo sie einen kleinen Springtanz vollführte, sodass alle Tassen umkippten und kaputtgingen.

»Jetzt wollen sie dich verlosen«, sagte das Mädchen und war kurz davor zu weinen.

»Stoppt die Puppe, stoppt die Puppe!«, riefen die Frauen.

»Verlost die Puppe, verlost die Puppe, wir wollen sehen, wer sie gewinnt!«, riefen alle anderen.

Das Mädchen dachte gar nicht daran. Sie nahm Frau Löffelchen rasch an sich und legte sie in die Seifenschachtel.

»Nun fangt schon an«, sagte Frau Löffelchen und stieß mit dem einen Bein in die Luft, um eine Erdbeere von der Torte loszuwerden, die dort festklebte.

»Die Aufziehpuppe hat gewonnen ... – das Los mit der Nummer 254!«, sagte der Mann, der am Basartisch stand.

Aber niemand hatte das Los mit der Nummer 254.

»Dann ziehen wir noch einmal«, sagte der Mann.

»Wartet«, sagte das Mädchen, denn sie hatte das Los in ihrer Tasche vergessen. Und darauf stand 254!

»Die Puppe gehört dir«, sagte der Mann.

»Vielen Dank«, sagte das Mädchen.

Und dann beeilten sie sich, wieder nach Hause zu kommen. Sie hatten beinahe das Haus von Frau Löffelchen erreicht, da wurde Frau Löffelchen so groß wie andere Frauen.

Und dann gingen sie hinein und begrüßten den Mann von Frau Löffelchen. Er saß da und las Zeitung und hatte überhaupt nicht bemerkt, dass Frau Löffelchen fort gewesen war.

»Du bist mein Mädchen«, sagte Frau Löffelchen, als das Mädchen nach Hause gehen wollte.

»Oh nein, du bist meine Frau Löffelchen«, sagte das Mädchen. »Denn ich habe dich auf dem Basar gewonnen!«

Frau Löffelchen
im Frauenverein

Jeden Freitagabend pflegt Frau Löffelchen zum Treffen des Frauenvereins zu gehen. In diesem kleinen Verein stricken die Frauen des Ortes Strümpfe, nähen Tischtücher, trinken Kaffee und reden über alles, was man sich nur vorstellen kann.

Einmal geschah es, dass sie über die Frau sprachen, die so klein wie ein Teelöffel wurde. Niemand von ihnen wusste, wer diese Frau Löffelchen war. Sie saßen einfach da und redeten Unsinn, und wenn zum Beispiel ein Wollknäuel unter einen Stuhl rollte, dann sagte die Frau, der das Wollknäuel gehörte, vielleicht: »Ich wünschte, ich wäre so klein wie ein Teelöffel, dann könnte ich unter den Stuhl kriechen und mein Wollknäuel holen.« Frau Löffelchen sagte nichts, und keine der Frauen wusste, dass sie Frau Löffelchen war. Sie dachten, Frau Löffelchen sei nur eine Figur aus einem Märchen.

Auf einem kleinen Tisch standen immer ein paar Sachen, die sie verlosten, um ein bisschen Geld in die Kasse zu bekommen: Kaffeesiebe, Seifenstücke, eine Tüte Eier und solche Dinge.

An einem Freitagabend, als sie so dasaßen und es gemütlich hatten, soll-

ten die Gewinne verlost werden. Es waren besonders sechs gestrickte Eierwärmer in Form kleiner Püppchen, die alle gerne gewinnen wollten.

»Zieh du eine Nummer, dann sehe ich in meinem Buch nach!«, sagte die Frau, die am Basartischchen saß, zu einer der anderen Frauen. Und die Frau zog eine Nummer, und die Frau am Basartisch las: »Gewonnen hat ›Die Frau, die so klein wird wie ein Teelöffel‹!«

Da lachten sie alle, bis auf Frau Löffelchen, denn sie dachten, irgendjemand habe das aus Spaß geschrieben. »Wir ziehen noch einmal«, sagte die Basartischfrau.

»Oh nein, wartet einen Moment«, sagte eine dicke Frau an der Tür. »Ich bin Frau Löffelchen.«

»Ist das wirklich wahr?«, fragten die anderen.

»Natürlich ist das wahr«, sagte die dicke Frau.

Frau Löffelchen sagte nichts. Sie tat so, als habe sie überhaupt nichts gehört.

»Oh, erzähl mal!«, sagten die Frauen, und die dicke Frau begann zu erzählen. Sie erzählte, wie sie einmal die Pfanne dazu überredet hatte, einen Pfannkuchen in der Luft zu drehen, und alle Frauen saßen mit offenem Mund da und gafften. »Komm doch, und hör auch zu«, sagten sie zu Frau Löffelchen. »Ich höre hier auf meinem Platz ganz gut«, sagte Frau Löffelchen und wurde immer wütender. Da hatte sie nun monatelang niemandem erzählt, dass sie Frau Löffelchen war, und nun kam da eine dicke Frau und flunkerte, dass es eine Schande war.

»Ich wünschte wirklich, ich könnte diesen Lügen, die du uns da servierst, ein Ende setzen«, dachte sie.

Und plötzlich war sie so klein wie ein Teelöffel!

Keine der anderen Frauen bemerkte etwas. Sie saßen nur da und ließen sich erzählen, wie Frau Löffelchen in einer Untertasse herumgeschippert war.

»Oh, das muss Spaß machen, in einer Untertasse zu schippern«, sagten sie.

»Ja, das kann sich keiner vorstellen, wie viel Spaß das gemacht hat«, sagte die dicke Frau.

Frau Löffelchen krabbelte schnell vom einen Stuhl zum anderen, denn die Stühle standen so dicht, dass sie nicht auf dem Boden gehen musste, und

bald war sie hinter dem Rücken der dicken Frau. Neben ihr lag ein Tischtuch mit einer Nadel darin. Frau Löffelchen zog und zerrte, bis sie die Nadel herausbekam, und piekste der dicken Frau damit in den Rücken.

»Au«, machte die dicke Frau.

»Warum sagst du au? Erzähl weiter, erzähl davon, wie du einmal als Aufziehpuppe auf einem Basar warst!«, sagten die anderen.

»Ja, aber wartet einen Augenblick«, sagte die Frau. »Ich muss mich mal eben am Rücken kratzen, ich glaube fast, hier gibt es Flöhe.«

»Flöhe? Na, nun ist aber gut«, sagte die Frau, der das Haus gehörte.

»Es hat mich auf jeden Fall irgendetwas gestochen. Ja, ihr könnt mir glauben, als Aufziehpuppe hatte ich Spaß. Ich habe so wild getanzt, dass die Kaffeetassen umgefallen sind! Au!!« Das war wieder Frau Löffelchen mit der Nadel. Und nun legte die dicke Frau ihre Hand auf den Rücken, um zu fühlen, was das war, aber da schlüpfte Frau Löffelchen unter ihre Bluse.

»Hilfe! Hier müssen auch Mäuse sein!«, schrie die dicke Frau.

»Nein, nun ist aber wirklich gut«, sagte die Frau, der das Haus gehörte. »Zuerst sagst du, es seien Flöhe, dann sagst du, es sind Mäuse. Hier hat es noch nie Flöhe oder Mäuse gegeben.«

»Aber hier krabbelt etwas unter meiner Bluse«, schrie die dicke Frau.

»Jetzt fangt doch nicht an zu streiten«, sagten die anderen Frauen. »Erzähl mehr. Erzähl, wie du einmal Krähenkönigin warst!«

»Oh ja. Ihr könnt mir glauben, das war aufregend! Und was für ein Spaß, als die Krähen mich wieder nach Hause getragen haben! *Au! Aua!!*«

»Was ist denn jetzt schon wieder?«, fragte die Frau, der das Haus gehörte.

»Ach, mir ist bestimmt eine Laus ins Haar gekrabbelt!«, sagte die dicke Frau, denn Frau Löffelchen war hinten in ihren Haarknoten gekrochen und kniff so fest sie konnte mit Daumen und Zeigefinger.

Nun wurde die Frau, der das Haus gehörte, ernsthaft böse. Sie schlug mit der Hand auf den Tisch und meinte, die dicke Frau solle endlich ruhig sein. Da gewahrten sie einen seltsamen Geruch, der aus der Küche kam. Die Frau, der das Haus gehörte, beeilte sich, um nachzusehen. Als sie wieder hereinkam, weinte sie und sagte: »Der Kaffeekessel, es war der Kaffeekessel. Jetzt haben wir hier gesessen und der dummen Frau zugehört und nicht gemerkt, dass der Kaffee übergekocht ist. Nun haben wir keinen Kaffee.«

Und das fanden die anderen Frauen sehr traurig. Ihre Gesichter wurden ganz ernst, und auch sie begannen beinahe zu weinen.

Aber die dicke Frau warf den Kopf in den Nacken und lachte! Denn nun war Frau Löffelchen ihr in den Nacken gekrochen und hatte begonnen, sie zu kitzeln. Die anderen Frauen sahen sie streng an. »Findest du das etwa nicht traurig, du?«, fragten sie.

»Doch, natürlich ist das traurig«, lachte die dicke Frau. »Ha, ha, ich finde das so traurig. Von uns allen bin ich doch diejenige, die Kaffee besonders gern mag, ha, ha, ha!«

»Ach, nun wird uns alles klar«, sagten sie. »Du bist gar nicht Frau Löffelchen – du bindest uns einen Bären auf!« Und dann standen sie alle auf und schubsten die Frau auf den Boden. Als die Frau hinfiel, beeilte sich Frau Löffelchen, kroch zur Tür und versteckte sich hinter dem Kehrblech.

»Raus!«, rief die Frau, der das Haus gehörte, und öffnete die Tür weit, um die dicke Frau hinauszujagen, und da lief Frau Löffelchen rasch über die Türschwelle und hinaus in den Flur. Dort lag die Katze.

»Katze, Katze, schnell, hilf mir!«, sagte Frau Löffelchen und krabbelte auf den Rücken der Katze. Und die Katze sprang davon, schnell wie der Blitz.

Die anderen Frauen stritten und schlugen sich unterdessen weiter, und die dicke Frau musste zugeben, dass sie nicht Frau Löffelchen war. Sie schluchzte und weinte, zog ihren Mantel an und ging nach Hause.

An der Biegung beim Tannendickicht sah sie plötzlich vor sich auf dem Weg eine Frau.

»Warte!«, sagte die dicke Frau, als sie sah, wer das war.

Frau Löffelchen wartete, denn nun war sie wieder groß.

»Ja, ist das Treffen denn schon zu Ende?«, fragte Frau Löffelchen.

»Ja«, sagte die dicke Frau und schniefte.

»Aber warum weinst du denn? Du hast doch so schöne Eierwärmer gewonnen.«

»Ich will keine Eierwärmer haben.«

»Kann ich sie dann vielleicht haben?«

»Ja, nimm sie nur.«

»Vielen Dank!«, sagte Frau Löffelchen, die manchmal so klein wird wie ein Teelöffel.

Frau Löffelchen und der Elch

Der Brunnen von Frau Löffelchen hatte im Winter kaum Wasser. Aus dem Wasserhahn in der Küche kam ein Rinnsal, das immer dünner wurde, immer dünner, und eines Tages machte es nur noch tropf, tropf, tropf, blubb – – – und dann war der Brunnen leer.

»Ja, ja«, dachte Frau Löffelchen. »Es ist nicht das erste Mal, dass ich ohne Wasser bin. Das ist keine große Sache, wenn man nur zwei starke Arme und einen großen Wassereimer hat und wie ich zudem noch das Glück, einen weiteren Brunnen unten am Feld zu haben, der nie leer ist – da gibt es keinen Grund zu klagen.« Darauf zog sie sich die alte Jacke ihres Mannes und ein Paar großer Fausthandschuhe über und ging in den Holzschuppen, um die Axt zu holen. Dann marschierte sie den Hang zum Brunnen hinunter, denn der Brunnen auf dem Feld befand sich am Waldrand – tief unten in einer Senke direkt am Gatter.

Nun wollte sie ein Loch ins Eis hacken. Zuerst fegte sie den Schnee weg, und dann legte sie mit der Axt los. Das Eis spritzte, die Axt hackte, und Frau Löffelchen sah weder nach rechts noch nach links. Die Axt machte solch

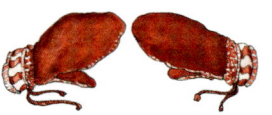

einen Krach, dass sie das Knacken der Zweige auf der anderen Seite des Gatters nicht hörte. Dort tauchte ein großer Elch mit einem riesigen Geweih auf. Er atmete schwer und ließ Frau Löffelchen nicht aus den Augen. Er sah ziemlich bärbeißig aus, und auf einmal setzte er über das Gatter und stieß Frau Löffelchen mit dem Geweih zu Boden, sodass sie wie ein Knäuel in den Schneehaufen hineinkullerte.

»Was in aller Welt!«, schrie Frau Löffelchen und berappelte sich, aber da war der Elch bereits wieder über das Gatter gesprungen und stand auf der anderen Seite. Frau Löffelchen hatte den Elch kaum gesehen, da nahm sie die Beine in die Hand, und schon ging's den Hang hinauf und ins Haus hinein, sodass die Tür knallte.

Sie ging in die Küche und sah durchs Fenster den Hang hinunter zum Brunnen. Ja, da stand der Elch am Gatter.

»Oh, warte nur, du«, dachte Frau Löffelchen, »dich werde ich schon noch erschrecken.« Und dann zog sie ein großes, hässliches Regencape und einen alten scheußlichen Hut über. In der Hand hielt sie einen großen Stock, und so ging sie wieder hinaus und schlich sich hinter die Hausecke. Der Elch zupfte kleine Zweige von den Tannen und fraß. Er wirkte ganz ruhig.

»Hui, hui!«, schrie da Frau Löffelchen und rannte den Hang hinunter, sodass das Regencape wie zwei große Flügel abstand.

Der Elch wandte den Kopf. Als er Frau Löffelchen sah, nahm er das Gatter mit einem Satz und stürmte direkt auf sie zu. Und nun sah er noch wütender aus als beim ersten Mal. Frau Löffelchen machte auf dem Absatz kehrt und hastete zurück ins Haus.

»Was mache ich denn bloß?«, dachte Frau Löffelchen. »Wenn ich abwaschen und Kartoffeln aufsetzen will, brauche ich Wasser. Und ein kleiner Schluck Kaffee zu vorgerückter Stunde wäre auch nicht verkehrt. Vielleicht sollte ich die Hose von meinem Mann anziehen, sein altes Gewehr herunterholen und so tun, als würde ich auf das garstige Ungetüm zielen?«

Das tat Frau Löffelchen, aber das war das Dümmste, was sie tun konnte. Sie war nicht einmal halb den Hang zum Brunnen hinuntergekommen, da kam der Elch bereits auf seinen langen Beinen herangestürmt. Frau Löffelchen

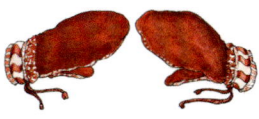

schmiss das Gewehr vor der Tür fort und schaffte es gerade noch, selbst hineinzukommen. Als der Elch sah, dass Frau Löffelchen hineinging, drehte er sich um und zottelte wieder hinunter. Aber nun setzte er nicht über das Gatter, sondern stellte sich direkt neben das Brunnenloch.

»Na, dann muss ich eben den Eimer nehmen, ihn mit Schnee füllen und den Schnee schmelzen – so kann ich auch Wasser gewinnen«, sagte Frau Löffel-

chen. »Denn es nützt offenbar nichts, dich zu erschrecken – weder damit, groß und hässlich zu sein, noch groß und gefährlich.«

Also nahm sie den Eimer und verließ das Haus. Aber gerade, als sie den Eimer etwas kippte, um ihn mit Schnee zu füllen, wurde Frau Löffelchen so klein wie ein Teelöffel. Es geschah sehr schnell. Und wie auch immer es vor sich gegangen sein mochte: Jedenfalls kullerte Frau Löffelchen in den

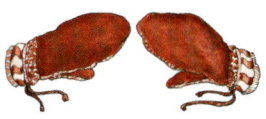

Eimer hinein. Und der Eimer begann, den Hang hinunterzukullern. Bergab ging es, dass es nur so sauste. Der Eimer schepperte, und Frau Löffelchen sah Sonnen und Sterne. Direkt am Brunnenloch befand sich eine Senke – beinahe wie eine Skisprungschanze mit Rampe –, und dort machte der Eimer einen Satz hoch in die Luft. »Wenn ich unten aufkomme, ist es wohl aus mit mir!«, dachte Frau Löffelchen. Aber sie kam nicht auf – es war, als bliebe der Eimer hoch oben in der Luft hängen und flöge schließlich weiter, über das Gatter und hinein in den Wald. Hätte Frau Löffelchen nachgedacht, so hätte sie gewiss begriffen, dass es der Elch war, der den Eimer auf sein Geweih genommen hatte, aber es ist nicht so leicht, seine Gedanken zu sammeln, wenn man in einem Wassereimer zwischen Himmel und Erde schwebt.

Schließlich verhakte sich der Henkel des Eimers in einen Ast, und dort blieb der Eimer hängen. Der Elch stürmte weiter. Und Frau Löffelchen lag im Eimer und seufzte, atmete tief durch und begriff nichts. Plötzlich machte jemand *schmatz, schmatz* und kam den Baumstamm herunter. Das war Nüsschen.

»Tag!«, sagte er. »Na, wenn das mal nicht Frau Löffelchen ist, die hier herumläuft!«

»Oh, *laufen* tue ich nun eigentlich nicht«, sagte Frau Löffelchen. »Aber ich wurde umsonst mitgenommen – wer auch immer mich da verfrachtet hat.«

»Das war der Großelch«, sagte Nüsschen. »Ich hab ihn kommen sehen und zum ersten Mal erlebt, dass der Kerl Angst hat! Er ist solch ein Angeber und so gemein, und immer will er raufen. Je größer seine Gegner sind, desto verbissener stößt er zu. Aber jetzt sieht es ganz so aus, als hättest du ihm einen ordentlichen Schreck versetzt.«

»Tja, das ist ja gut«, sagte Frau Löffelchen. »Wenn ich nun auch noch wüsste, wie ich nach Hause kommen soll, dann …«

Doch das sollte sie sehr bald erfahren, denn nun spürte sie, wie sie wieder groß zu werden begann, und dann brach der Ast, und Frau Löffelchen plumpste zu Boden. Darauf hängte sie sich den Eimer über den Arm und ging nach Hause. Als sie das Gatter erreichte, dachte sie sich, sie könne

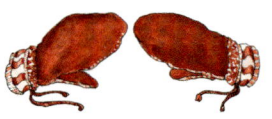

ebenso gut gleich Wasser holen, und machte noch schnell einen Abstecher zum Brunnen.

Und als sie sich umdrehte und zum Wald hinüberblickte, stand da der Elch. Aber nun hatte Frau Löffelchen keine Angst mehr. Sie klapperte nur ein kleines bisschen mit dem Henkel, und da schüttelte der Elch den Kopf und brach sich hastig wieder einen Weg zurück in den Wald.

Danach konnte Frau Löffelchen in Frieden Wasser holen. Denn so ist es häufig: Derjenige, der vor dem Großen keine Angst hat, hat oft Todesangst vor dem Kleinen.

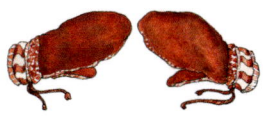

Frau Löffelchen
fährt Skilanglauf

as meiste von dem, was Frau Löffelchen in ihrem Leben mitgemacht hat, hast du schon gehört. Doch nun sollst du erfahren, wie es war, als Frau Löffelchen an einem Skilanglauf-Rennen teilnahm.

Also, irgendwann im Winter vor einem Jahr wollte der Mann von Frau Löffelchen an einem Skilanglauf teilnehmen. Er war in früherer Zeit einmal ein ziemlich guter Skiläufer gewesen, und nun sollte im Ort ein Wettrennen stattfinden, und da sagte der Mann: »Ich werde mich auf jeden Fall anmelden – in diesem Winter fühle ich mich in viel besserer Form als in den Jahren zuvor.«

»Ja, tu das«, sagte Frau Löffelchen. »Und wenn du einen Preis gewinnst, dann backe ich zum Nachmittagskaffee einen Napfkuchen.«

Der Mann meldete sich also an, und als der Sonntag kam, stand er mit einem weißen winddichten Skianzug und einer blauen Zipfelmütze in der Küche. Die Skier wollte er erst am Start wachsen.

»Na, dann mach's mal gut«, sagte Frau Löffelchen. Sie fettete die Kuchenform ein und schaltete den Backofen auf Ober- und Unterhitze ein.

»Du auch«, sagte der Mann und ging.

Und genau in dem Augenblick, als er hinter der Kurve verschwunden war, fiel Frau Löffelchens Blick auf das Skiwachs, das im Flur auf der Kiste mit dem Feuerholz stand.

»Was für ein Wirrkopf!«, sagte Frau Löffelchen. »Nun muss ich mich beeilen und mit dem Wachs hinter ihm herlaufen, sonst läuft er heute eher rückwärts als vorwärts, und dann wird es nichts mit einem Pokal hier im Haus!«

Frau Löffelchen warf sich das Tuch über und lief den Weg entlang. Das Feld, von wo aus gestartet werden sollte, war proppevoll mit Menschen. Sie ging umher und schaute sich suchend um, aber alle waren beinahe gleich gekleidet – die meisten trugen einen weißen Skianzug und blaue Zipfelmützen. Da fiel ihr Blick auf ein Paar Skistöcke, die im Schnee steckten. Über dem einen Stock hing eine blaue Zipfelmütze, auf deren Innenseite mit rotem Faden H.B. gestickt war.

»Das muss ja wohl die Mütze meines Mannes sein«, dachte Frau Löffelchen, »er heißt Hans Brubærjet, und ich selbst habe mit einem roten Faden diese Buchstaben aufgestickt. Ich lege ihm das Skiwachs in seine Mütze, dann findet er es dort. Ich muss jetzt wieder nach Hause.«

Frau Löffelchen nahm die Mütze vom Skistock, beugte sich ein wenig vor, um das Wachs hineinzutun – und genau in diesem Augenblick wurde Frau Löffelchen so klein wie ein Teelöffel. Sie kullerte in die Mütze, während das Wachs in den Schnee kullerte.

»Ja, ja, es ist gar nichts passiert«, dachte Frau Löffelchen. »Wenn er kommt und mich sieht, bitte ich ihn einfach, mich neben der Loipe abzusetzen. Dann werde ich schon irgendwann wieder groß werden.« Als sie das gedacht hatte, kam plötzlich eine riesige Hand, riss die Mütze an sich, setzte sie auf einen Kopf und band sie unter dem Kinn zu. Frau Löffelchen versank tief in dickem Haar.

»Ja, ja, am besten sage ich nichts, bevor wir in der Loipe sind«, dachte Frau Löffelchen, denn sie wusste, dass es ihrem Mann nicht recht war, wenn die Leute mitbekamen, dass sie klein wie ein Teelöffel wurde.

»Startnummer sechsundvierzig!«, sagte der Startgeneral. »Auf die Plätze, fertig, los!« Und dann lief Nummer sechsundvierzig los, und das war jemand mit schnellen Skiern.

»Er hat sich bestimmt von anderen Wachs geliehen«, dachte Frau Löffelchen, »aber du meine Güte – er fliegt ja schier!«

»Du darfst dich nicht zu früh verausgaben!«, rief Frau Löffelchen unter der Mütze.

Da lief er etwas langsamer.

»Du weißt doch bestimmt, wer unter deiner Mütze liegt?«, fragte Frau Löffelchen. »Du hattest dein Wachs vergessen, da bin ich damit hinter dir hergeflitzt.«

Nun lief er noch langsamer – ja, er blieb fast stehen, und Frau Löffelchen begriff, dass er sich umdrehte und dachte, jemand wäre hinter ihm und würde rufen.

»Du Dummkopf«, sagte Frau Löffelchen. »Ich bin es doch – so klein wie ein Teelöffel. Setz mich zu Hause beim Zaun ab, die Loipe führt direkt daran vorbei.«

Jetzt blieb er ganz stehen.

»Aber nun lauf doch!«, schrie Frau Löffelchen. »Du lässt ja alle an dir vorbei!«

»Ist es … Ist es wahr, dass du Frau Löffelchen bist?«, fragte er.

»Ja, aber das weißt du doch«, lachte Frau Löffelchen.

»Bin *ich* mit *dir* verheiratet? Du … *Du* wirst immer so klein wie ein Teelöffel?«

»Ja, natürlich bin ich das – aber nun musst du dich beeilen«, sagte Frau Löffelchen.

»Nein«, sagte der Mann, »jetzt will ich nicht mehr langlaufen.«

»So ein Unsinn«, schrie Frau Löffelchen. »Du sollst langlaufen! Los! Ich habe einen Kuchen in den Ofen gestellt, bevor ich gegangen bin, und wenn der schwarz wird, dann gnade dir Gott!« Der Mann bewegte sich nicht.

»Willst du vielleicht, dass ich aus deiner Mütze springe, damit alle mich sehen?«, rief Frau Löffelchen. »Ich kann jederzeit wieder groß werden, und dann reißt deine Mütze entzwei und alle können sehen, wer mit Frau Löffelchen verheiratet ist. Jetzt lauf! Wenn ich wieder groß werde, spüre ich das zehn Minuten vorher – du musst dich sputen!«

Ich kann dir sagen: Die Skier sausten nur so durch die Loipe, und einen solchen Stockeinsatz hast du noch nicht gesehen! »Aus dem Weg! Aus dem

Weg!«, schrie er. Als er zur Suppenstation kam, nahm Frau Löffelchen den leckeren Geruch wahr, und weil sie ihrem Mann eine warme Suppe gönnte, sagte sie: »Deine Position ist gut, du kannst gerne eine Pause machen.« Daraufhin hörte Frau Löffelchen, wie ihr Mann anhielt. Um ihn herum standen viele Leute.

»Deine Chancen stehen gut«, sagten sie. »Viel Glück! Aber du wirkst so verschreckt – glaubst du, im Endspurt brichst du ein?«

»Oh nein, ich nicht – aber meine Mütze! Ich habe solche Angst um meine Mütze«, sagte der Mann.

»Du liegst gut in der Zeit«, sagten die Leute am Verpflegungspunkt.

»Nun musst du aber wieder zusehen, dass du Strecke machst«, sagte Frau Löffelchen unter der Mütze.

»Was war das denn?«, fragten die Leute am Verpflegungspunkt.

»Ach, das war wohl irgendein Lautsprecher«, sagte die Frau, die die Suppe auffüllte.

»Ja, da hast du, ohne es zu wissen, etwas Wahres gesagt«, sagte Frau Löffelchen unter der Mütze. »Los, komm, lieber Mann, weiter geht's.«

Und die Skier zischten, und die Stöcke stießen in den Schnee, und nach einer Weile hörte Frau Löffelchen Lärm und Spektakel und Hurrarufe.

»Wie geht es dir?«, fragte der Mann weinerlich. »Kannst du wenigstens noch zwei Minuten lang klein bleiben? Dann könnte ich die Mütze unter die Tanne werfen, bevor wir ins Ziel kommen.«

»Ja klar, natürlich«, sagte Frau Löffelchen. Und dann fuhren die Skier den letzten steilen Abhang hinunter. Die Schleife öffnete sich, die Mütze wurde in die Luft geworfen und landete unter der Tanne. Und nachdem Frau Löffelchen viele Purzelbäume geschlagen hatte, wurde sie wieder groß und ging nach Hause. Aber an den Hurrarufen hörte sie, dass ihr Mann einen Pokal bekommen würde.

Als Frau Löffelchen nach Hause kam, nahm sie den Kuchen aus dem Ofen (er war nur ein bisschen verbrannt, und das Verbrannte bekam die Katze), schlug Sahne und kochte Kaffee.

Und dann kam der Mann nach Hause. Ohne Pokal.

»Ich hatte mein Skiwachs vergessen«, sagte er, »und da konnte ich ebenso gut das ganze Rennen ausfallen lassen. Ich habe aber zugeschaut. Du hättest heute Håkon Brensven sehen sollen – so schnell ist er noch nie geflogen, jedenfalls nicht, soweit ich mich erinnern kann. Aber er wirkte ganz und gar verwirrt, als er ins Ziel kam. Er redete nur von seiner Frau und seiner Mütze. Und er beruhigte sich erst, als er zu Hause angerufen und sich vergewissert hatte, dass seine Frau zu Hause saß und im Radio Langlauf hörte.« Da begann Frau Löffelchen zu kichern. Und wenn sie jetzt wegen irgendetwas traurig ist, dann muss sie nur daran denken, wie sie beim Langlauf mitgemacht hat – und schon muss sie lachen!

Frau Löffelchen und der Backtrog

Der Ort, in dem Frau Löffelchen wohnte, war tagsüber gerade voller Leben und Radau. Ein paar Schulkinder verbrachten dort gemeinsam ihre Winterferien, und nun feuerten sie sich an und schrien und johlten und lachten, während sie auf Skiern den steilsten Hang hinunterfuhren.

Eines Tages, als Frau Löffelchen gerade Brot backte, sah sie einen Jungen, der unten auf dem Weg bedächtig und vorsichtig Ski lief. Armer Junge, dachte Frau Löffelchen, öffnete das Fenster und lud den Jungen zu einer Scheibe frischem Brot mit Ziegenkäse ein. Sie selbst trank eine Tasse Kaffee.

»Na? Warum fährst du denn nicht mit den anderen Kindern da oben Ski?«, fragte Frau Löffelchen.

»Mir tut das Bein weh«, sagte der Junge.

»Aha«, sagte Frau Löffelchen. »Aber als ich dich eben hereingebeten habe, konntest du mit dem Bein doch gut laufen?«

»Und außerdem bin ich so erkältet«, sagte der Junge.

»Das hört sich gar nicht danach an«, sagte Frau Löffelchen.

»Meine Skier sind kaputt«, sagte der Junge und wurde rot. »Und übrigens brauche ich auf deine Fragen gar nicht zu antworten. Du bohrst und fragst und bist genauso gemein wie die anderen Kinder. Und gleich sagst du bestimmt dasselbe wie sie!«

»Was sagen die Kinder denn?«, fragte Frau Löffelchen.

»Die sagen, dass ich mich nicht traue«, sagte der Junge. »Die ärgern mich, weil ich Angst habe, den großen Hang hinunterzufahren, und sie sagen, dass ich vor dem Elch Angst habe und anderen Unsinn.«

»Na, das sage ich jedenfalls nicht«, sagte Frau Löffelchen.

»Glaubst du denn nicht, dass ich Angst habe?«, fragte der Junge.

»Doch«, sagte Frau Löffelchen, »aber ich weiß selbst, wie schlimm es ist, Angst zu haben. Ich würde mich also niemals deswegen über jemanden lustig machen. Als ich klein war, wagte ich nicht einmal, den kleinsten Hang hinunterzufahren. Aber schließlich ist mir etwas eingefallen, und damit habe ich mich dann getröstet.«

»Und was war das?«, fragte der Junge. Er war nun ganz eifrig.

»Tja, ich weiß gar nicht, ob ich mich traue, das zu erzählen«, sagte Frau Löffelchen. »Schließlich nahm ich den Backtrog meiner Mutter, ging hoch zum Waldrand und rodelte damit hinunter, und um ehrlich zu sein: Dazu hätte ich wahrhaftig auch heute noch Lust.«

»Oh, das hört sich lustig an!«, sagte der Junge.

Frau Löffelchen dachte nach. Dann sagte sie: »Wenn es nach mir ginge, dann träfen wir uns hier morgen früh, wenn die Eiskruste noch fest ist. Ich nehme zwei Backtröge mit, und dann rodeln wir.«

»Oh ja«, sagte der Junge. »Aber wenn uns jemand sieht?«

»Wir müssen natürlich so früh aufstehen, dass noch kein anderer auf ist«, sagte Frau Löffelchen.

Sehr, sehr früh am nächsten Morgen, als der Schnee oben am Waldrand noch harschig war, gingen Frau Löffelchen und der Junge den Hang hinauf. Der Junge sah sich ständig um.

»Hast du vor irgendetwas Angst?«, fragte Frau Löffelchen.

»Ja, ich glaube, ich habe heute Nacht im Schlaf gesprochen. Jedenfalls

habe ich geträumt, dass wir im Backtrog rodeln, und die anderen Jungen in unserem Zimmer haben erzählt, ich hätte gesagt, ich würde heute schon früh rausgehen – noch bevor sie sich angezogen haben.«

»Ach, egal«, sagte Frau Löffelchen. »Die schlafen alle tief und fest.«

»Na, das hoffen wir mal«, sagte der Junge. »Sonst werden sie mich den Rest der Woche damit ärgern, dass ich zusammen mit einer alten Frau in einem Backtrog gerodelt bin.«

»Ja, ja, nun denk nicht mehr daran. Jetzt sind wir oben am Waldrand und wollen hinunterrodeln«, sagte Frau Löffelchen.

»Ja«, sagte der Junge. »Ich will zuerst!«

Und damit setzte er sich in den Backtrog und rodelte los.

Er sauste los, dass der Schnee nur so stob, und musste die Augen schließen, denn er drehte sich immerzu, hin und wieder her, aber es war ein riesiger Spaß.

Ein riesiger Spaß ... Bis er unten angekommen war, die Augen öffnete und sah, dass alle Kinder um ihn herum standen und über das ganze Gesicht grinsten.

»Was für ein mutiger Backtrog-Fahrer!«, rief einer.

»Da war doch noch jemand – mit einem Trog unter dem Arm. Sah aus wie eine alte Frau!«, rief ein anderer.

»Ja, wartet ab, gleich kommt ›der Jemand‹ bestimmt, dann sehen wir, wer das ist. Es ist wohl jemand, der genauso mutig ist wie du, was?«

Oben auf dem Hang stand Frau Löffelchen und wusste nicht, was sie tun sollte. Ihr tat der Junge so fürchterlich leid, dass sie sich auf den Trog fallen ließ ...

... und dann wurde sie so klein wie ein Teelöffel!

»Du große Güte und ach du lieber Himmel«, sagte Frau Löffelchen.

»Aber ist das nicht Frau Löffelchen?«, sagte da jemand hinter ihr. Und da stand der Großelch höchstpersönlich!

»Oh nein, oh nein, bist du etwa hier unterwegs?«, fragte Frau Löffelchen.

»Ja, ich wollte dir dafür danken, dass du mir während der Elchjagd im Herbst einen Gefallen getan hast«, sagte der Elch.

»Wahrhaftig – jetzt hast du die Gelegenheit dazu«, sagte Frau Löffelchen. »Setz dich in den Backtrog, und rodel den Hang hinunter, dann werden auch andere für dieses und jenes ihr bisschen Lohn abbekommen«, sagte Frau Löffelchen. Sie dachte dabei an die Kinder, die den Jungen mit seiner Angst vor Elchen gehänselt hatten.

»Das würde ich für keinen anderen machen als für dich«, sagte der Elch und setzte sein knochiges Hinterteil in den Trog. »Soll ich losfahren?«

»Warte«, sagte Frau Löffelchen. »Ich will auch mit.« Sie setzte sich zwischen das Geweih, und los ging's!

Unten am Hang stand der Junge und war so unglücklich, dass er beinahe weinte. Als er den Lärm oben am Waldrand hörte, wollte er nur noch weglaufen, damit er nicht noch mehr von den anderen geärgert würde, wenn Frau Löffelchen im Trog herunterfuhr.

UND DANN KAM DER ELCH HERUNTERGESAUST!

Die Kinder waren so verwirrt, dass sie nicht einmal schrien – sie standen wie angewurzelt da und sahen den Elch in wahnwitziger Fahrt näherkommen. Kurz bevor er unten ankam, warf er sich zur Seite und schwankte wieder in den Wald hinein.

Der Junge stand da und glotzte, aber dann spürte er, wie sich ein Arm um seine Schulter legte.

»Ja, nun habt ihr ja gesehen, mit wem der Junge gerodelt ist!«, sagte Frau Löffelchen. Sie war vom Geweih gesprungen, als der Elch abbog, und war nun genauso groß wie normale Frauen.

Und am Tag danach liefen alle Kinder in der Siedlung umher, liehen sich Backtröge aus und rodelten am Waldrand!

Frau Löffelchen
und der Frühjahrsputz

s war ein wunderschöner sonniger Tag Anfang März. Die Sonne schien auf den weißen Schnee und vergoldete die Stämme der Kiefern am Waldrand. Alles trat scharf und klar hervor, sogar die alten Hauswände bei Frau Löffelchen sahen aus wie gehämmertes Zinn. Und die Fensterscheiben sahen aus wie …

Tja, verzeih mir, aber sie sahen genauso aus, wie ungeputzte Fenster nun einmal aussehen.

»Ach, du meine Güte«, sagte Frau Löffelchen. »Ich wusste natürlich, dass es bald an der Zeit ist, mit dem Frühjahrsputz zu beginnen, aber dass die Sonne so plötzlich über mich kommen würde – damit hatte ich nicht gerechnet. Jetzt ist es wohl am besten, sofort mit dem Putzen und Scheuern und Reinemachen anzufangen.«

»Summ … summ …« machte es in der Ecke beim Ofen, und dann kroch eine große, schläfrige Fliege hervor. Und nun stand Frau Löffelchens Mundwerk nicht mehr still!

»Oh, du Miststück, nun legst du bestimmt im ganzen Haus massenhaft Eier, sodass es den ganzen Sommer über an meinen Fenstern vor Fliegen nur so kriecht und krabbelt. Aber nicht mit mir! Ich krieg dich schon!«

Frau Löffelchen holte die Fliegenklatsche. Sie hob sie hoch, um die Fliege so platt wie einen Pfannkuchen zu machen, und genau in diesem Augenblick … wurde Frau Löffelchen so klein wie ein Teelöffel!

»Ach, herrje und grundgütiger Himmel«, sagte Frau Löffelchen, während sie über den Boden kullerte. »Aber warte nur, ich werde dich schon noch überlisten!«

»Immer mit der Ruhe, das erledige ich schon«, sagte eine Stimme. Als Frau Löffelchen aufblickte, hing da eine Spinne an einem Faden in der Ecke, in der sie sich ein großes, schönes Netz gesponnen hatte.

»Ach, jetzt hast du mich beinahe erschreckt«, sagte Frau Löffelchen. »Pfui, wie hässlich du bist, wenn man dich aus der Nähe anguckt. So groß und eklig. Als ich groß war, fand ich dich nicht so schrecklich!«

»Na, na«, sagte die Spinne. »Ich für meinen Teil finde, du siehst richtig süß aus, wenn du so klein bist wie ein Teelöffel. Wie du nun mal aussiehst, wenn du groß bist, darüber will ich lieber schweigen. Wie du aber vielleicht gehört hast, habe ich dir gerade meine Hilfe angeboten, die fette Fliege zu fangen?«

»Ja, das habe ich wohl gehört«, sagte Frau Löffelchen, »aber darauf kannst du warten, bis du schwarz wirst. Die arme Fliege kann doch nichts dafür, dass sie eine Fliege ist, und dir soll es erspart bleiben, sie ins Netz zu bekommen! Wenn ich nicht so klein wäre, dann würde ich …«

»Immer mit der Ruhe, das erledige ich schon«, sagte eine neue Stimme, und da saß eine kleine Maus hinter dem Schrank.

»Und an was genau hattest du da gedacht, du, meine Kleine, mhm?«, fragte Frau Löffelchen und konnte sich ein Lachen kaum verkneifen.

»Hier im Haus sollte man vielleicht etwas vorsichtiger damit sein, von groß oder klein zu reden«, sagte die Maus. »Aber wenn du möchtest, dann kann ich auf den Schrank klettern und das Netz wie nichts in Stücke reißen. Für mich ist das ein Kinderspiel!«

»Ja, das glaube ich gern«, sagte Frau Löffelchen, »aber für die Spinne ist das

kein Kinderspiel – ihr Lebensraum und ihr tägliches Brot hängen an dem dünnen Faden, den man ihr als Fanggerät mitgegeben hat.«

»Ja, ja, alte Frauen sind um Worte nicht verlegen«, kicherte die Maus. »Doch wenn darin nun für die Spinne der Sinn des Lebens besteht, dann besteht *mein* Sinn des Lebens wohl darin, dass der Deckel von deinem Marmeladentopf auf den Boden gefallen ist, hihihi!«

»Nein, nun ist es aber genug!«, rief Frau Löffelchen. »Der Deckel ist ganz und gar nicht auf den Boden gefallen – du hast ihn runtergeschubst. Oh, ich krieg dich, du, du …«

»Immer mit der Ruhe, das erledige ich schon«, sagte eine neue Stimme. Das war die Katze, die vor dem Fenster auf dem Vogelbrett saß.

»Nein, nein, nein!«, rief Frau Löffelchen. »Kommst du nun auch noch! Lass die Maus in Frieden, sie hat dir nichts getan. Und wenn du die Maus auch nur anrührst, dann werde ich dich …«

»Immer mit der Ruhe, das erledige ich schon«, sagte eine Stimme, und da kam ein großer Hund und wollte mit einem Satz auf das Vogelbrett springen.

Und genau in diesem Augenblick wurde Frau Löffelchen wieder groß. Sie nahm einen großen Knochen, der auf dem Schrank lag, und warf ihn über den verharschten Schnee, sodass der Hund abließ und die Katzenjagd aufgab.

Dann dachte Frau Löffelchen nach.

»Ja, ja, ja«, seufzte sie. »Es ist furchtbar, daran zu denken, dass es immer jemanden gibt, der größer und stärker ist – jemanden, der nur darauf wartet, einem Würmchen, das zufällig etwas kleiner ist als er selbst, den Garaus zu machen. Wenn es nur nicht so mühsam wäre, mit meinem alten Scheuereimer zu hantieren … und wenn ich nicht so viel Gicht in meinem Knie hätte, dann würde ich mit dem Frühjahrsputz beginnen, aber nun habe ich viel mehr Lust, den …«

»Immer mit der Ruhe, das erledige ich schon!!«, sagte eine Stimme hinter ihrem Rücken.

»Hilfe!«, schrie Frau Löffelchen und warf die Arme in die Luft.

Sie drehte sich um.

Und dann schlang sie ihre Arme um den, der hinter ihr stand. Denn das war ihr Mann, der ein paar Tage freibekommen hatte, damit sie den Frühjahrsputz zusammen machen konnten.

Frau Löffelchen und die Schneeschmelze

Eines Tages, als Frau Löffelchen beim Förster gewesen war und dort beim Frühjahrsputz geholfen hatte, beschloss sie auf dem Heimweg, die Abkürzung hinter dem Schulhaus zu nehmen. Es war so ein wunderschöner Tag mit herrlichem Frühlingswetter. Von den Dächern tropfte es, und der Schnee schmolz und schwand beinahe von Stunde zu Stunde.

»Ja, wenn dieses Frühlingswetter noch eine Weile anhält, dann dauert es nicht mehr lange, bis wir Kartoff…«

ACH DU SCHRECK UND HERRJEMINEH!

»…eln setzen können«, beendete Frau Löffelchen den Satz und sah sich um. Sie war wieder geschrumpft und saß hinter einem alten Geräteschuppen auf dem Schulhof. Da hörte sie plötzlich ein fürchterliches Krakeelen.

»Pause!«, dachte Frau Löffelchen. »Was mache ich denn jetzt? Zum Glück wird wohl keines der Schulkinder hierher in den Schatten kommen – die wollen bestimmt dort sein, wo es warm und sonnig ist. Ich lasse es einfach eine Weile lang ruhig angehen – es wird wohl auch dieses Mal vorübergehen.«

Doch da hörte sie plötzlich vorsichtige Schritte, die sich dem Schuppen näherten. Rasch sah sich Frau Löffelchen nach einem Versteck um, aber die Zeit war knapp. Nun waren die Schritte direkt hinter der Hausecke. Frau Löffelchen nahm Anlauf, sprang ab und bohrte sich in einen schmutzigen Schneeklumpen, der noch unter der Regenrinne lag.

Es war ein kleiner Junge, der da kam. Er ging zögernd und langsam und blieb neben Frau Löffelchens Schneehaufen stehen. Dort seufzte er und holte sein Pausenbrot hervor. Dann begann er, seine Schuhspitze in den Schnee zu stoßen – und verschluckte sich beinahe!

»Ach, du meine Güte!«, flüsterte er.

»Ja, da sagst du was«, sagte Frau Löffelchen, »aber wenn du noch mehr sagst, dann bekommst du es mit mir zu tun!«

»Bist du es, die da spricht?«, fragte der Junge und setzte sich in die Hocke.

»Nein, weit gefehlt«, sagte Frau Löffelchen. »Es handelt sich um eine Tonbandaufnahme.«

»Wer bist du?«

»Tja, wenn ich sagen würde, ich sei Alexander der Große, würdest du mir wahrscheinlich nicht glauben«, sagte Frau Löffelchen und verdrehte die Augen.

Nun musste der Junge lachen.

»Aber warum liegst du hier?«, fragte er.

»Du weißt doch: Was sich unter dem Schnee verbirgt, kommt hoch, wenn er schmilzt«, sagte Frau Löffelchen.

»Ja, das weiß ich«, sagte der Junge. »Und deshalb gehe ich in der Pause hinter den Schuppen.«

»Du isst doch wohl nicht, was du unter dem Schnee findest?«, rief Frau Löffelchen.

»Nein, natürlich nicht, aber die Schule ist so schlimm – ich habe keine Freunde, mit denen ich die Pause verbringen könnte, deshalb komme ich jeden Tag hierher und sehe zu, ob ich einen kleinen Trost finde.«

»Und was für eine Art Trost ist das?«, fragte Frau Löffelchen.

»Oh, das kann alles Mögliche sein«, sagte der Junge. »An einem Tag habe

ich hier einen Bleistift gefunden, den ich meiner kleinen Schwester zu Hause mitgebracht habe, und gestern habe ich einen Milchzahn wiedergefunden, den ich im letzten Herbst verloren habe, als ich hier nach einer Schlägerei gestanden und geweint habe.«

»Und heute hast du mich gefunden!«, sagte Frau Löffelchen. »Du bist schon ein kleiner Glückspilz, mein Junge!«

»Darf ich dich in der Hand halten?«, fragte der Junge andächtig.

»Natürlich darfst du das«, sagte Frau Löffelchen. »Komm mir mit deiner Hand entgegen, damit ich darauf klettern kann.« Dann kletterte Frau Löffelchen auf die Hand des Jungen. Dort setzte sie sich und strich ihr Kleid glatt.

»Du hast ein schönes Kleid an«, sagte der Junge. »Wärest du ein Marienkäfer, dann hätte ich jetzt drei Wünsche frei.«

»Probier es aus«, sagte Frau Löffelchen.

»Ja, dann wünsche ich mir als Allererstes einen neuen Zeichenblock«, sagte der Junge. »Wir haben in der letzten Stunde Zeichnen, und gestern hat meine kleine Schwester auf meinen Block gemalt und gekritzelt, und ich traue mich nicht, nach einem neuen zu fragen.«

»Und der zweite Wunsch?«, fragte Frau Löffelchen.

»Ja, und dann wünsche ich mir, genug Geld zu haben, um meiner kleinen Schwester die schöne Schlafpuppe zu kaufen. Sie hat heute Geburtstag.«

»Und noch ein Wunsch«, sagte Frau Löffelchen.

»Ja, und dann wünsche ich mir ... dann wünsche ich mir ... Weißt du, manchmal denke ich so furchtbar langsam – ich würde gerne wissen, wer du bist. Ich weiß, dass ich es eigentlich wissen müsste, aber obwohl ich angestrengt nachdenke, komme ich einfach nicht darauf.«

»Darüber musst du nicht traurig sein«, lachte Frau Löffelchen. »Und nun musst du mich wieder in den Schnee setzen, denn ich glaube, gleich ist die Pause zu Ende.«

Kaum hatte sie das gesagt, klingelte die Schulglocke. Rasch verschwand der Junge um die Ecke, und kaum war er weg, wurde Frau Löffelchen genauso groß wie normale Frauen. Jetzt hatte sie es aber eilig. Zuerst rannte sie nach Hause, und dann ging's weiter zum Spielzeugladen.

In der nächsten Pause lief der Junge schnell wieder hinter den Schuppen. Und machte große Augen!

Denn dort lagen zwei Pakete. Auf dem einen stand: Wunsch Nr. 1. Rasch öffnete es der Junge.

»Ein Zeichenblock!«, rief er.

Auf dem anderen stand: Wunsch Nr. 2.

Der Junge packte es aus.

»Eine Schlafpuppe!«, rief er.

Dann stand er da und dachte nach. Da raschelte es hinter der anderen Ecke und eine Frau kam hervor – eine normale Frau mit gestreiftem Rock. Sie sah ihn an und lächelte.

»FRAU LÖFFELCHEN!«, rief der Junge.

Frau Löffelchen zwinkerte mit dem einen Auge und legte den Finger auf den Mund. Dann drehte sie sich um und ging Richtung Waldrand.

Der Junge stand noch lange da und sah ihr nach, bis sie zwischen den Bäumen verschwunden war.

Frau Löffelchen
und der versteckte Schatz

ach Weihnachten, an einem schönen, sonnigen Wintertag, stand Frau Löffelchen in der Küche und schälte Kartoffeln. Die Katze lag unter dem Ofen.
»Miau!«, sagte die Katze.
»Miau, miau«, sagte Frau Löffelchen.
»Miau!«, sagte die Katze noch einmal.

»Die Katze lag unter dem Ofen
Und klagte von großer Not.
Oh, mein Kopf, der tut so weh,
ich glaub, das wird mein Tod!«,

sang Frau Löffelchen. Das war ein altes Lied, das Frau Löffelchen gelernt hatte, als sie ein kleines Mädchen gewesen war. »Ach so – liegst du unter dem Ofen und klagst von großer Not, mein Kätzchen?«, sagte Frau Löffelchen und lachte.
»Miau!«, sagte die Katze und sah Frau Löffelchen traurig an.

Da hörte Frau Löffelchen auf, Kartoffeln zu schälen, trocknete ihre Hände ab und hockte sich neben die Katze.

»Du willst mir bestimmt etwas erzählen, du«, sagte Frau Löffelchen.

Die Katze antwortete nicht, aber sie blickte Frau Löffelchen so lang und unglücklich an, dass Frau Löffelchen beinahe anfing zu weinen.

»Ich weiß schon, was du willst«, sagte Frau Löffelchen. »Ich habe schon bemerkt, wie du tagsüber hier im Haus umherstreifst und mich anguckst, aber in dieser Sache kann ich nichts tun, weißt du. Es kommt, wenn es kommt. Und wenn ich groß bin, kann ich nun einmal die Katzensprache nicht, und dann verstehe ich nicht, was du mir sagen willst.«

Frau Löffelchen seufzte tief und stand wieder auf. Sie schälte die Kartoffeln fertig und wusch sie in einem Topf, den sie auf die Kochplatte setzte. Dann

tat sie Salz in das Kartoffelwasser und deckte den Tisch für den Mann, der um ein Uhr sein Mittagessen haben sollte.

In diesem Moment schlug die Uhr halb eins.

»Miau!«, sagte die Katze. Sie war zur Tür gegangen und wollte hinaus.

»Ach, du willst nach draußen?«, fragte Frau Löffelchen und öffnete die Tür. Die Katze ging hinaus.

Frau Löffelchen ging ihr hinterher und schloss die Tür hinter sich, denn sie hatte gesehen, dass der Reisigbesen in den Schnee gefallen war.

Und genau in diesem Augenblick wurde Frau Löffelchen so klein wie ein Teelöffel!

»Jetzt wurde es aber auch Zeit«, sagte die Katze. »Ich habe so viele Tage gewartet und gewartet, und heute ist der letzte Tag. Setz dich auf meinen Rücken, dann geht es sofort los.«

Frau Löffelchen sprang hinauf, und die Katze lief los, dass der Schnee nur so stob.

»Halte dich gut fest«, sagte die Katze, »denn gleich kommt der Baum am Hang, in dem die Elstern tratschen und ratschen. Und nun darfst du kein Wort mehr sagen.«

Und dann lief die Katze den kleinen Hang am Schuppen hinunter, wo Frau Löffelchen immer den Kübel mit Küchenabfällen und Kaffeesatz ausleerte. Oben in der Birke am Hang saßen viele Elstern.

»Seht, die Katze, seht, die Katze – lasst uns spotten, lasst uns foppen!«, krächzten die Elstern. »Woll'n wir schnappen, woll'n wir schnappen, nach dem Schwanz, nach dem Schwanz?«

Die Katze ging einfach vorbei, und Frau Löffelchen saß stramm und aufrecht da und sagte kein einziges Wort.

»Ja, das ist noch mal gutgegangen«, sagte die Katze, als sie den Fuß des Hangs erreicht hatten. »Aber gleich kommen wir zum Jungen-Wurf-Berg, und dort kriegt man leicht einen Schneeball in den Nacken. Wenn du bemerkst, dass irgendjemand einen Schneeball knetet, dann halte dich gut fest!«

Und dann lief die Katze die kleine Senke zum Briefkasten hinunter.

Dort spielten all die kleinen Jungen, denen Frau Löffelchen immer Schmalzkringel schenkte.

»Hier droht keine Gefahr«, dachte Frau Löffelchen. Doch da hörte sie einen der Jungen sagen: »Da kommt die Mistkatze. Rasch, lasst uns einen Schneeball kneten!«

Und Frau Löffelchen klammerte sich gut fest, denn ihr fiel ein, dass sie so klein war wie ein Teelöffel. Die Katze stob pfeilschnell den Jungen-Wurf-Berg hinunter und stoppte erst vor einem Drahtzaun mit einem Loch darin. »Ja, nun sind wir so weit gekommen«, sagte die Katze. »Jetzt liegt nur noch eine Prüfung vor uns, und das ist die schlimmste. Wir gehen jetzt geradewegs ins Hundeland hinein. Rette sich, wer kann«, sagte die Katze. Und dann schlüpfte sie durch das Loch im Zaun zum Nachbarshund, der von Frau Löffelchen immer alle Knochen bekam.

»Hier droht keine Gefahr«, dachte Frau Löffelchen. »Der Hund ist lieb.«
Aber da kam der Hund – und er war gar nicht lieb! Er hatte ein Maul, so groß und schrecklich, dass Frau Löffelchen das rote Zahnfleisch und die weißen Zähne blitzen sah. Frau Löffelchen legte sich flach auf den Rücken der Katze, und die Katze fegte wie ein Satellit im Kreis herum und dann unter den Balken hindurch in die Nachbarscheune.

»Ich danke dir, dass du mich hierher begleitet hast«, sagte die Katze, »zum Dank dafür sollst du nun meinen Schatz erhalten. Dazu müssen wir im Dunkeln vorwärtskriechen – dann kommen wir zu dem versteckten Schatz.«
Die Katze begann zu kriechen. Frau Löffelchen saß auf ihrem Nacken und bekam immer wieder Heustaub in die Augen.
»Siehst du was?«, fragte die Katze.
»Ich finde, es wird immer dunkler«, sagte Frau Löffelchen.
»Dann sind wir auf dem richtigen Weg«, sagte die Katze. Und die Katze kroch weiter, und es wurde dunkler und dunkler.
»Siehst du jetzt etwas?«, fragte die Katze.
»Nein, nun sehe ich gar nichts mehr«, sagte Frau Löffelchen, denn nun waren ihre beiden Augen voller Staubkörnchen.
»Reib deine Augen – dann siehst du den versteckten Schatz!«, sagte die Katze.

Und Frau Löffelchen rieb und blinzelte und rieb und blinzelte, und als sie die Augen aufmachte, da funkelte es von Diamanten und glitzerte es von Smaragden und Saphiren.

»Nun hast du den versteckten Schatz gefunden – er gehört dir!«, sagte die Katze. »Aber jetzt setz dich wieder auf meinen Rücken – wir müssen nach Hause.«

Dann schlüpfte die Katze mit Frau Löffelchen auf dem Rücken zwischen den Scheunenbalken hindurch ins Freie. Und genau in dem Augenblick, als sie herauskamen, wurde Frau Löffelchen so groß, wie Frauen zu sein pflegen. Und dann ging sie am Hund vorbei, und der wedelte mit dem Schwanz, und dann ging sie an den Jungen vorbei, und die verbeugten sich und sagten Guten Tag, und dann ging sie an den Elstern vorbei, und die saßen einfach nur da und sagten keinen Ton.

Und dann beeilte sie sich, ins Haus zu kommen, denn nun war es bald eins. Eins-zwei-drei nahm sie die Kartoffeln vom Feuer. Ein paar waren unten festgekocht – die warf sie in den Abfallkübel. Und den Topf füllte sie mit kaltem Wasser und stellte ihn auf die Veranda.

Dann tat sie die Kartoffeln in eine blaue Schüssel, stellte Salzheringe mit Zwiebeln dazu, und dann kam der Mann herein – auf den Schlag genau um ein Uhr.

»Es riecht hier nach verbrannten Kartoffeln«, sagte er und war mürrisch wie ein Troll.

»Was für ein Unsinn«, sagte Frau Löffelchen. »Mir ist eine Kartoffelschale auf die heiße Platte gefallen, als ich das Mittagessen aufsetzen wollte, aber nun habe ich gelüftet – du kannst also ganz in Frieden essen.«

»Willst du denn nicht essen?«, fragte der Mann.

»Nein, ich mache einen kleinen Spaziergang«, sagte Frau Löffelchen.

Und dann ging Frau Löffelchen und holte den versteckten Schatz.

Und das waren vier schwarze Kätzchen.

Frau Löffelchen und ihr Mann

Jetzt hast du schon viele Abenteuer von Frau Löffelchen gehört, aber über ihren Mann hast du noch fast gar nichts gehört. Er kommt immer erst am Ende des Abenteuers dazu, wenn Frau Löffelchen wieder groß geworden ist und das Essen auf den Tisch gestellt hat. Und wenn das Essen nicht auf dem Tisch steht, dann sagt er: »Ist es hier im Haus nicht möglich, ein einziges Mal zu einer anständigen Zeit sein Essen zu bekommen?« Und wenn das Essen fertig ist, dann setzt er sich hin und isst, und da sagt er nichts. Wenn es draußen kalt ist, dann macht er Brrrrrrrr!!!, und wenn er schwitzt, dann macht er Puh!!!, und wenn Frau Löffelchen etwas getan hat, was ihm nicht gefällt, dann macht er Ähem!!! und sieht sie schief an. Und wenn er selbst etwas tun will, von dem Frau Löffelchen nichts wissen soll, dann sagt er Lalala … und läuft herum und summt vor sich hin.

Eines Tages, als er nach Hause kam, wollte er auf den Dachboden gehen. Und dort hielt Frau Löffelchen vier schwarze Kätzchen versteckt. Denn ihr Mann mochte keine Kätzchen, bevor sie nicht ein bisschen größer waren – das geht vielen so, weißt du. Als ihr Mann vom Dachboden herunterkam,

stellte er sich mitten ins Zimmer, warf Frau Löffelchen einen schiefen Blick zu und machte: »Ähem-ähem!!!« Und gleich darauf begann er vor sich hinzusummen und »Lalala« zu sagen.

Frau Löffelchen sagte nichts, aber sie holte seine alte Windjacke und begann, sie zu flicken.

»Warum flickst du jetzt meine alte Jacke?«, fragte der Mann.

»Das Wetter ist schlecht«, sagte Frau Löffelchen.

»Ich habe nicht vor rauszugehen«, sagte der Mann.

»Mach, wie du willst«, sagte Frau Löffelchen. »Ich werde hier jedenfalls sitzen bleiben.«

»Tja, vielleicht mache ich doch einen kleinen Spaziergang«, sagte der Mann.

»Ja, das habe ich mir schon gedacht«, sagte Frau Löffelchen. Und dann ging der Mann auf den Dachboden. Dort nahm er einen Sack und steckte alle vier Katzenjungen hinein. Aber als er die Treppe hinunterging, kam ihm in den Sinn, dass er seine Windjacke anziehen sollte. Er setzte den Sack auf der Treppe ab und holte seine Windjacke. Die hing in der Küche über einem Stuhl.

»Ja, dann mache ich mal einen kleinen Spaziergang«, rief er in die Stube, in der er Frau Löffelchen vermutete. Niemand antwortete. Doch weil die Haustür noch offen stand und er den Sack noch nicht zugebunden hatte, wollte er sich nicht lange mit Rufen aufhalten. Er nahm den Sack auf den Rücken und ging los. Das Wetter war fürchterlich. Es stürmte und schneite, und auf der Straße standen große Pfützen.

»Du meine Güte, was für ein Wetter«, sagte der Mann zu sich selbst. »Man ertrinkt ja beinahe.«

»Ja, das ist genau das Richtige für dich, der du vier Katzenjungen ertränken willst«, kam es aus dem Sack.

Der Mann setzte den Sack ab und begann ihn aufzuschnüren, um zu sehen, was da gesprochen hatte, und – wipps! – schlüpfte ein Kätzchen heraus.

»Was mache ich denn jetzt?«, sagte der Mann und beeilte sich, den Sack wieder zuzubinden. »Das geht doch nicht, dass das Katzenjunge heute Nacht in diesem fürchterlichen Matschwetter draußen bleibt«, sagte er.

»Oh, es wird wohl nicht nasser werden als wir, die wir im Bach versenkt werden sollen«, kam es aus dem Sack.

Da setzte der Mann den Sack noch einmal ab und löste die Schnur, um zu sehen, wer gesprochen hatte, und – wipps! – schlüpfte noch ein Katzenjunges heraus in die dunkle Nacht. Der Mann band den Sack wieder zu und ging ein kleines Stück, doch dann blieb er stehen.

»Was, wenn der Fuchs kommt und die beiden Kätzchen holt, die mir weggelaufen sind!«, sagte er.

»Oh, der Fuchs ist wohl nicht schlimmer als du«, kam es aus dem Sack. Nun setzte der Mann den Sack sehr vorsichtig ab, doch genau in dem Moment, als er die Schnur aufgebunden hatte, rutschte er auf dem glatten Eis aus und … wipps! – schlüpfte das dritte Kätzchen heraus.

»Es wird immer schlimmer«, sagte der Mann.

»Und am schlimmsten wird es für mich«, kam es aus dem Sack.

»Ach, jetzt weiß ich, wer da spricht«, sagte der Mann, »du bist es, meine Frau, die so klein wie ein Teelöffel geworden ist. Du hast dich in den Sack geschmuggelt, aber ich kriege dich schon«, sagte er, öffnete den Sack und – wipps! – schlüpfte das letzte Kätzchen heraus. »Ja, lauf nur«, sagte der Mann, »ich will meine Frau zu fassen kriegen, denn es ist ihre Schuld.« Und er wühlte in dem Sack herum, aber der Sack war leer.

Nun wurde der Mann ganz bedrückt. Er schluchzte und weinte und zwischendurch rief er einmal »Miezmiezmiez«. Da kam ein kleines Mädchen des Weges.

»Sind dir Kätzchen weggelaufen? Dann komme ich mit und suche mit dir«, sagte das Mädchen.

»Ach, das wäre schön«, sagte der Mann, und gleich darauf kam ein Junge mit einer großen Taschenlampe, und auch der Junge kam mit, um nach den Kätzchen zu suchen. Zuerst fand das Mädchen ein Katzenjunges hinter einem Baumstumpf, dann fand der Junge zwei Kätzchen, die im Schnee feststeckten, und zum Schluss fanden der Junge und das Mädchen gemeinsam das letzte Kätzchen. Und der Mann stand auf dem Weg mit geöffnetem Sack und steckte die Kätzchen hinein.

»Ja, dann – danke für eure Hilfe«, sagte er zum Jungen und zum Mädchen. »Wenn ihr so gut wäret, den Sack zu mir nach Hause zu tragen und ihn in die Küche zu stellen, dann wäre das nett«, sagte er.

Das wollten der Junge und das Mädchen gerne tun. Und dann ging der Mann umher und suchte seine Frau – eine Stunde, zwei Stunden. Er lockte und schluchzte, und schließlich war er kurz davor, Rotz und Wasser zu heulen, doch da ging er nach Hause. »Ich suche morgen weiter«, dachte er. Aber als er nach Hause kam, war Frau Löffelchen in der Küche zugange und verzierte eine Torte mit Ananas, und unter dem Ofen lag in einem großen Spankorb die Katzenmutter mit vier Jungen.

»Bist du nach Hause gekommen?«, sagte der Mann.

»Ich?«, fragte Frau Löffelchen. »Ich war die ganze Zeit zu Hause!«

»Aber was war es denn dann, was im Sack gesprochen hat?«, fragte der Mann.

»Geliebtes Kind hat viele Namen«, sagte Frau Löffelchen. »Früher haben wir es schlechtes Gewissen genannt.« Darauf ging sie zu ihrem Mann, gab ihm einen ordentlichen Schmatzer auf die Wange und sagte, er könne so viel Torte essen, wie er wollte. Und den Rest bekämen die Katzen.

Frau Löffelchen und die abergläubische Frau

Die Straße, die von Frau Löffelchens Haus zuerst nach rechts, dann nach links und dann geradeaus geht, führt zu einem anderen Haus. Und in diesem wohnt eine Frau, die sehr abergläubisch ist. Wenn es in ihrer rechten Hand juckt, sagt sie, dass sie bald Geld bekommt, und juckt es in ihrer linken Hand, bekommt sie einen Brief. Juckt das linke Auge, wird sie bald weinen, juckt das rechte Auge, wird sie lachen. Wenn ihr beim Essen der Löffel aus der Hand fällt, glaubt sie, dass eine Dame zu Besuch kommt, lässt sie ein Messer fallen, kommt ein Mann.

Und dann ist da noch etwas: Die abergläubische Frau neigt dazu, die Ableger von Blumen zu stehlen, sobald sie ein Haus betritt. Das ist ja eigentlich nicht weiter schlimm, aber es passiert, dass in allen Häusern die Blumen welken, weil diese Frau zu viele Ableger gestohlen hat. Sie glaubt felsenfest, dass Blumen, die sie gestohlen und nicht geschenkt bekommen hat, Glück bringen.

Eines Tages kam sie zu Frau Löffelchen. Oh, wie hübsch und fein sie sich auf den Stuhl setzte! Dann begann sie, über alles Mögliche zu sprechen, während sie sich auf dem Fensterbrett umschaute.

»Ja, guck du nur«, sagte Frau Löffelchen bei sich. »Ich kenne dich und weiß, wonach du Ausschau hältst. Du willst Ableger von meiner schönen Geranie haben, doch das wird dir nicht gelingen!«

Aber es sollte ihr doch gelingen, denn plötzlich klopfte es an die Tür, und da musste Frau Löffelchen wohl oder übel hingehen und aufmachen. Draußen stand ein Mann.

»Wohnt hier jemand mit Namen Abeltoft-Antonsen?«, fragte er.

»Im Leben nicht«, sagte Frau Löffelchen. »Hier hat noch nie ein Abeltoft-Antonsen gewohnt. Fragen Sie bei der Post nach, ich muss sofort wieder ins Haus.«

Doch es war zu spät: Als Frau Löffelchen die Tür schließen wollte, wurde sie so klein wie ein Teelöffel!

Sie streckte ihren Hals so weit vor, wie sie konnte, um in die Stube hineinzusehen, und – ganz richtig: Da stand die abergläubische Frau und wühlte in den Blumentöpfen.

»Ja, ja, man fragt sich, ob du das, was du da tust, nicht bald bereuen wirst«, sagte Frau Löffelchen, schwang ihre Beine über die Schwelle der Haustür und ging hinaus auf den Hof.

Dort trippelte eine Bachstelze umher und suchte nach Nahrung.

»Oh, Bachstelze, Bachstelze«, sagte Frau Löffelchen. »Hilfst du *mir*, so helfe ich *dir*. Du sollst so viele Krumen bekommen, wie du möchtest, wenn du dich auf die Vordertreppe stellst – mit der Brust zur Tür.«

»Ja, das kann ich wohl machen«, sagte die Bachstelze.

Da kam die abergläubische Frau heraus. Sie sah sich um. Wahrscheinlich fragte sie sich, wo Frau Löffelchen abgeblieben war. Vorsichtig hielt sie ihre Hand über die Tasche in ihrem Kleid. Darin befand sich wohl der Ableger. Da fiel ihr Blick auf die Bachstelze auf der Treppe.

»Oh nein, oh nein, nun habe ich der Bachstelze genau auf die Brust gesehen – das bedeutet ein ganzes Jahr lang Unglück«, jammerte die Frau und ging den Weg hinunter.

Über ihrem Kopf flatterte die Bachstelze mit Frau Löffelchen auf dem Rücken.

»Kennst du eine schwarze Katze?«, fragte Frau Löffelchen, während sie sich am Hals der Bachstelze festklammerte.

»Sicher kenne ich eine schwarze Katze«, sagte die Bachstelze. »An der Biegung lag eben eine große schwarze Katze. Und dort liegt sie bestimmt immer noch. Aber ich möchte nicht auf der Seite des Weges landen, wo die Katze liegt.«

»Nein, nein«, sagte Frau Löffelchen. »Setz mich nur auf der anderen Seites des Weges ab, du.«

Das tat die Bachstelze und warf sich dann schnell wieder in die Luft.

Frau Löffelchen lag im Gras und wartete. Im Straßengraben auf der anderen Seite konnte sie den Schwanz der Katze sehen, der sich hin und her bewegte. Nach einer Weile hörte man *klackerdieklacker*, und da kam die abergläubische Frau. Als sie beinahe auf ihrer Höhe angelangt war, machte Frau Löffelchen: »Pieps! Pieps!«, und schon kam die schwarze Katze wie eine Kanonenkugel über den Weg geschossen.

Nun bekam es die abergläubische Frau so sehr mit der Angst zu tun, dass sie wie angewurzelt stehen blieb und schrie: »Eine schwarze Katze bedeutet drei Jahre lang Unglück!« Sie machte auf dem Absatz kehrt und stürzte geradewegs in den Wald, um den Weg abzukürzen. Als die Katze keine Bachstelze, sondern stattdessen die kleine Dame erblickte, wurde ihr Schwanz wieder ganz dünn. Frau Löffelchen warf sich auf ihren Hals, und die Katze sprang davon – in vollem Lauf, Frau Löffelchen auf dem Rücken.

»Kennst du eine Elster?«, fragte Frau Löffelchen.

»Oh ja, ich glaube schon«, sagte die Katze, »hier in der Birke wohnt ein Elsternpaar, die ziehen mich mehrmals am Tag am Schwanz. Schau, da kommen sie schon wieder!«

»Ja, dann kannst du mich einfach absetzen«, sagte Frau Löffelchen. »Besuch mich morgen in meiner Stube, dann sollst du Sahne bekommen!«

Die Katze tat, was Frau Löffelchen gesagt hatte, und eins-zwei-drei saß Frau Löffelchen auf dem Rücken der Elster.

»Liebe Elster-mit-dem-Schwanz-in-der-Luft, hast du einen Schlüsselbund in deinem Nest?«

»Nein, dort haben wir nur Spiegelscherben«, sagte die Elster.

»Das Beste ist gerade gut genug«, sagte Frau Löffelchen. »Wenn du ins Nest fliegst, sie holst und sie auf die Vordertreppe der abergläubischen Frau legst, dann schenke ich dir das Ringelschwänzchen, wenn wir Weihnachten das Schwein schlachten!«

Oh ja, du verstehst wohl, dass die Elster das gerne haben wollte, und eins-zwei-drei lagen vier Spiegelscherben auf der Vordertreppe.

Als die abergläubische Frau nach Hause kam und die Spiegelscherben sah, ließ sie sich auf den Stufen nieder und weinte.

»Ach, ich Arme, ein zerbrochener Spiegel – das bedeutet sieben Jahre Unglück«, sagte sie.

Aber nun war Frau Löffelchen wieder groß geworden und kam um die Hausecke – behutsam und liebenswürdig.

»Ja, aber – sitzt du hier und weinst?«, fragte Frau Löffelchen.

»Oh ja, denn auf mich wartet nur Unglück«, sagte die Frau. Und dann erzählte sie von der Bachstelze und der Katze und den Spiegelscherben, und zum Schluss zog sie das Taschentuch aus der Tasche ihres Kleides, und dort lag der Geranienableger.

»Hier, bitte«, sagte sie zu Frau Löffelchen. »Ich habe ihn von deiner Geranie stibitzt, aber nun kannst du ihn zurückhaben. Ich werde in dieser Welt wohl keine Blumen mehr brauchen können.«

»Ach, natürlich wirst du sie brauchen können«, sagte Frau Löffelchen. »Jetzt denken wir nicht mehr an diesen ganzen Unsinn. Und die Blume *schenke* ich dir. Ich bin sicher, dass sie gut gedeiht.«

Und das tat sie. Aus dem kleinen Ableger ist eine große Geranie voller roter Blüten geworden. Und das, obwohl sich die Frau nicht nur verbeugt, sondern sogar bedankt hat, als sie sie bekam. Und das ist ungefähr das Schlimmste, was abergläubische Ableger-Diebe tun können!

Frau Löffelchen
und der Kuckuck

Jedes Jahr, wenn die Birke sich mit einem hauchdünnen Schleier überzieht und die Bachstelze in den gepflügten Furchen herumtrippelt, hält der Kuckuck im Wald Einzug. Eines schönen Morgens sitzt er unter den dahinziehenden Frühlingswolken im höchsten Tannenwipfel und ruft: »Kuckuck«.

»Kuckuck«, antwortete Frau Löffelchen. Sie stand auf der Außentreppe, um die Tür abzusperren und einkaufen zu gehen. Aber sie sagte es nicht laut, denn sie ist ein bisschen abergläubisch und weiß, dass man den Kuckuck nicht ärgern soll. Dann schloss sie die Tür ab und ging in den Wald.

Während sie so dahinging, überlegte sie, aus welcher Richtung sie den Kuckuck gehört hatte. War es im Westen? Natürlich war es im Westen! »Und ›Kuckucksrufe im Westen sind – wie man weiß – die besten‹«, sang Frau Löffelchen, »was habe ich für ein Glück!« Doch plötzlich blieb sie stehen und sah ganz erschrocken aus! Und genau in diesem Augenblick wurde sie so klein wie ein Teelöffel. »Ach du lieber Himmel!«, sagte sie und saß mitten auf einem Hügel mit Buschwindröschen!

»Was ist denn jetzt schon wieder los?«, fragte eine ärgerliche Stimme. Es war Nüsschen, das Eichhörnchen, das pfeilschnell einen Baumstamm heruntergeklettert kam. »Immer, wenn du klein bist, muss ich dir helfen.«

»Oh, sei still«, sagte Frau Löffelchen. »Ich kann doch nichts dafür, dass ich so klein werde wie ein Teelöffel. Und du streifst kreuz und quer durch den ganzen Wald – es ist doch klar, dass ich dich immer zuerst treffe.«

»Also, dann erzähl schon: Was plagt dich?«, fragte Nüsschen.

»Bevor ich von zu Hause losging, hörte ich den Kuckuck«, sagte Frau Löffelchen. »Zuerst habe ich mich gefreut, denn der Ruf kam aus dem Westen, aber dann fiel mir mein Mann ein – er ist im Straßenbau, und heute sind sie oben in Nordåsen. Wenn er den Kuckuck gehört hat, dann kam es für ihn aus dem Norden, und das bedeutet eine Menge Kummer und Sorgen.«

»Was für dumme Menschengedanken«, sagte Nüsschen. »Und, wie soll ich dir jetzt helfen?«

»Nimm mich mit auf den Baumwipfel, in dem der Kuckuck sitzt, damit ich mit ihm sprechen und ihn bitten kann, noch einmal aus einer anderen Richtung zu rufen«, sagte Frau Löffelchen.

»Ja, dann beeil dich aber, ich habe anderes zu tun, als alte Teelöffelfrauen zu transportieren«, sagte Nüsschen.

»Ja, das sieht man«, sagte Frau Löffelchen. »Wisch dir den Mund ab, du hast Eier gegessen!«

»Wisch dir selbst den Mund ab«, fauchte Nüsschen. »Steig auf, oder lass es bleiben!«

Frau Löffelchen schwieg und sprang auf Nüsschens Rücken, und dann ging es von Wipfel zu Wipfel, wie so viele Male zuvor. In der höchsten Baumkrone setzte Nüsschen Frau Löffelchen ab.

»Nun magst du hier sitzen, bis der Kuckuck kommt«, sagte es.

»Willst du mich hier allein lassen?«, fragte Frau Löffelchen.

»Ja, solange ich in der Nähe bin, kommt der Kuckuck auf keinen Fall. Tschüss!«, sagte Nüsschen, und weg war es.

Und Frau Löffelchen saß im Baumwipfel und klammerte sich fest. Nach kurzer Zeit kam der Kuckuck genau dorthin, wo Frau Löffelchen saß. Er schaukelte eine Weile auf dem höchsten Tannenzweig. Als er sich anschickte zu rufen, sagte Frau Löffelchen: »Lieber Kuckuck, tust du mir einen Gefallen? Ruf Richtung Osten, damit mein Mann getröstet ist: ›Hörst du den Kuckuck im Osten, dann wirst du seinen Trost kosten.‹ Vor einer Weile hat er dich im Norden gehört.«

»Ich rufe für meine Frau, die gerade Eier legt, nicht für abergläubische alte Frauen«, sagte der Kuckuck. »Aber – na gut. Ich tu dir den Gefallen, weil ich dich mag. Wohin soll ich fliegen und rufen?«

»Flieg hinunter zum Weg und setz dich in eine Baumkrone auf der linken Seite – das sollte für ihn ein Ruf aus dem Osten sein.«

Der Kuckuck flatterte davon, und Frau Löffelchen saß im Wipfel und beobachtete, wie er sich in einer Baumkrone auf der linken Seite bequem zurechtsetzte und mit dem Rufen begann.

Ach, das ist gut, dachte Frau Löffelchen, die in der hohen Tanne saß und alles im Blick hatte.

Doch plötzlich sah sie ihren Mann auf derselben Seite aus dem Wald kommen, auf der der Kuckuck saß.

»Nein, nein, nein«, jammerte Frau Löffelchen. »Oh, nun hört er den Ruf im Süden – ›der Ruf aus dem Süden wird zu Tode betrüben‹!«

»Man wird sich um *dich* zu Tode betrüben, wenn du nicht bald vom Baum herunterkommst«, sagte Nüsschen, packte Frau Löffelchen am Rock und trug sie hinunter auf den Boden.

Dort wurde sie wieder groß. Es war also genau so, wie Nüsschen es sich gedacht hatte: keine Sekunde zu früh.

Ja, dann nahm sie ihren Korb, ging in den Laden und kaufte ein, und als sie nach Hause kam, backte sie zu Mittag Pfannkuchen mit Blaubeermarmelade, während sie umherlief, seufzte und durch das Fenster nach ihrem Mann Ausschau hielt.

Er sagte nichts, als er hereinkam, setzte sich nur, seufzte und begann zu essen. In der Stube war es still, ganz still.

»Hast du heute den Kuckuck gehört?«, fragte Frau Löffelchen nach einer Weile.

»Nein«, sagte der Mann. »Wenn wir an der neuen Straße arbeiten, haben wir anderes zu tun als auf den Kuckuck zu hören, und der Kuckuck hat anderes zu tun, als für uns zu rufen.«

Nun wurde Frau Löffelchen froh!

»Oh, mein lieber Mann!«, sagte sie. »Ich hatte solche Angst, du würdest ihn hören – den Ruf aus dem Süden – und dich zu Tode betrüben; stattdessen hast du gar nichts gehört. Komm, ich will dich umarmen!«

»Eieiei«, lachte der Mann, »du bist auch wirklich eine liebe kleine Frau! Ja, komm, du sollst auf meinem Schoß sitzen, und dann soll der Kuckuck rufen, von wo er will, nicht wahr?«

»Ja, das soll er«, sagte Frau Löffelchen.

»Kuckuck!«, machte es auf dem Dach. Denn dort saß der Kuckuck und rief. Aber niemand hörte es. Obwohl ein Kuckuck auf dem Dach für ein Heim das größte Glück bedeutet!

Frau Löffelchen feiert den Nationalfeiertag

Du glaubst vielleicht nicht, dass Frau Löffelchen in Festumzügen mitmarschiert? Oh, das tut sie aber doch, und zwar jedes Jahr – nämlich am 17. Mai, dem Nationalfeiertag.
Ein paar Jahre war sie tatsächlich nicht dabei, aber das war nicht ihre Schuld. Ihr Mann hatte keine Lust, sich mitten in der Woche zu waschen und frisches Zeug anzuziehen (du weißt ja: Der 17. Mai kann mitten in der Woche sein), und da wollte Frau Löffelchen auch nicht gehen. In diesem Jahr aber hatte Frau Löffelchen sich vorgenommen, dabei zu sein. Kennst du noch Gudrun und den kleinen Jungen, die sich von Frau Löffelchens Beet Kartoffeln holten? (Der kleine Junge heißt übrigens Pål, und so wollen wir ihn von nun an auch nennen, dann muss ich nicht immer drumherumreden und »der kleine Junge« schreiben – das ist so blöd! Pål heißt er, darauf haben wir uns jetzt geeinigt, ja?)
Pål und Gudrun waren jetzt oft bei Frau Löffelchen. Arne dagegen machte in der Jungenblaskapelle mit, deshalb hatte er fast nie Zeit.
»Oh ja, der 17. Mai, das wird ein großes Fest werden«, sagte Frau Löffelchen. Sie war gerade unter der Scheune und hinter dem Schweinestall gewe-

sen, um Eier einzusammeln. »Wenn das Nordmeer braust am zerklüfteten Strand!«, sang Frau Löffelchen.

»Wir sind am 17. Mai nicht dabei«, sagten Gudrun und Pål.

»Ihr seid am 17. Mai nicht dabei?«, fragte Frau Löffelchen und plumpste auf einen Schemel.

»Es macht uns keinen Spaß«, sagte Gudrun. »Ich gehe ja noch nicht zur Schule, und deshalb muss ich im Familienumzug mitlaufen – nachdem die anderen schon alle gegangen sind. Zuerst kommt die Jungenblaskapelle, dann kommt die siebte Klasse und alle anderen Klassen bis hinunter zur ersten Klasse, und dann kommt der Familienumzug, und da muss ich mitgehen. Und ich will Pål dabeihaben – sonst kann ich auch gleich zu Hause bleiben.«

»Sollen du und ich und Pål zusammen gehen?«, fragte Frau Löffelchen.

»Oh ja, das wäre schön, aber, weißt du, wenn wir zum Festplatz kommen, dann sehen wir nichts – dann müssen wir ganz hinten stehen, Pål und ich, genau wie im letzten Jahr.«

»Oh, das müsste doch zu machen sein, dass ich uns einen Weg bahne, damit wir dieses Jahr als Erste auf dem Festplatz sind«, sagte Frau Löffelchen. »Weißt du, wir gehen einfach kurz vor den anderen los und stellen uns direkt neben das Rednerpult, und da stehen wir dann. Ich lotse euch beide, dich und Pål. Das schaffen wir schon.«

»Sollen wir uns eine Stunde, bevor der Umzug beginnt, an der Wegbiegung treffen?«

»Ja, in Ordnung«, sagte Frau Löffelchen.

Dann kam der 17. Mai.

Frau Löffelchen war gerade oben auf dem Dachboden, hatte ihr feines Baumwollkleid hervorgeholt, ihre Schuhe geputzt und sich einen richtig schönen Haarknoten geflochten. Aber genau in dem Moment, als Frau Löffelchen vom Dachboden wieder nach unten gehen wollte, wurde sie so klein wie ein Teelöffel!

»Du meine Güte und ach du lieber Himmel«, sagte Frau Löffelchen. Sie saß im Fensterrahmen und sah, dass Gudrun und Pål Hand in Hand den Weg hinuntergingen und zu ihrem Haus herüberblickten.

»Bist du schon wieder klein geworden?«, fragte jemand draußen vor dem Fenster. Und da saß eine kleine Bachstelze und guckte aus ihrem Nest heraus.

»Tja, sieht ganz danach aus«, sagte Frau Löffelchen. »Kannst du mir vielleicht helfen?«

»Aber ja«, sagte die Bachstelze. »Hinauf mit dir auf meinen Rücken, dann flattere ich zum Kiosk, wo der 17.-Mai-Umzug beginnt.«

»Fein«, sagte Frau Löffelchen. »Aber was machen wir mit Gudrun und Pål?«

»Ach, die kommen schon zurecht. Du kannst ihnen ja zuwinken, wenn wir an der Wegbiegung an ihnen vorbeifliegen – dann verstehen sie schon, was passiert ist.«

Und das tat Frau Löffelchen. Gudrun und Pål standen ganz unglücklich an der Biegung und warteten. Da kam die Bachstelze und flog direkt an Gudruns Ohr vorbei. Und auf dem Rücken der Bachstelze saß Frau Löffelchen und rief: »Stellt euch in den Zug!«

Gudrun verstand sofort, aber der kleine Pål sagte: »Sprechtartoffel flie't in der Luft. Auf Vodel.«

Gudrun und Pål stellten sich in den Zug, doch wie im Jahr zuvor kamen sie ganz hinten im »Familienzug« zu stehen und wurden zwischen Kinderwagen und Autos geschubst und gequetscht.

Die Bachstelze schaffte es nicht länger, Frau Löffelchen zu tragen – sie ließ sie einfach ganz hinten in den Zug fallen. Frau Löffelchen plumpste genau in den Nacken einer Dame, die dort stand. Dann setzte sich der Zug in Bewegung.

»Hilfe, irgendein Tier sitzt auf mir«, schrie die Dame und stürzte nach vorne zu Oberlehrer Jakobsen, der gerade »Wir wandern mit mutigem Sinn« sang. Er hatte eine Studentenmütze auf dem Kopf, und Frau Löffelchen klammerte sich an die lange Schnur und die Troddel und schlenkerte im Takt hin und her.

»Oh, aber mein lieber Mann, was hängt da an deiner Troddel?«, sagte Frau Jakobsen, »ich glaube, das muss ein Riesenkartoffelkäfer sein!«

»Immer mit der Ruhe«, sagte Herr Jakobsen und schüttelte die Troddel, sodass Frau Löffelchen im Zug weit nach vorne geworfen wurde und auf dem größten Horn im Jungenorchester landete, als sie gerade »Wer recht in Freuden wandern will, der geh' der Sonn' entgegen« spielten. Aus dem Horn kam so furchtbar viel Wind, dass Frau Löffelchen dachte: »Da ist der Wald so kirchenstill, kein Lüftchen mag sich regen«.

Aber dann sah sie, wer das größte Horn hatte, und das war Arne!

Und der Marsch ging weiter, immer weiter, und dann kamen sie zum Festplatz. Da hopste Frau Löffelchen von Arnes Horn herunter und direkt vor das Mikrofon auf dem Rednerpult. Und nun war ja Frau Löffelchen so klein, dass niemand sie sehen konnte.

»Hallo, hallo«, rief Frau Löffelchen. »Macht Platz für die, die ganz hinten stehen – für ein kleines Mädchen und einen kleinen Jungen. Die sollen nämlich eine Belohnung bekommen, wenn die Rede zu Ende ist. Macht Platz! Seid so gut, macht Platz.«

Und die Leute machten Platz, und dann kam Gudrun und führte Pål ganz nach vorne, vor alle anderen Menschen.

»Danke, danke«, kam es aus dem Mikrofon. »Nun singen wir ›Geh aus, mein Herz, und suche Freud'‹«, und das taten die Leute. Und als sie zu der Strophe kamen »Die Lerche schwingt sich in die Luft«, spürte der kleine Pål, dass ihn jemand an die Hand nahm. Und Gudrun spürte dasselbe.

»Bist du endlich wieder groß geworden?«, flüsterte Gudrun. »Ich wusste natürlich, dass du es warst, aber du sollst dich nicht über die schönen Lieder lustig machen.«

»Ich habe mich über überhaupt gar nichts lustig gemacht«, sagte Frau Löffelchen. »Ich habe dafür gesorgt, dass ihr beide, du und Pål, direkt vor dem Rednerpult steht. Der 17. Mai ist für Kinder *und* Erwachsene.«

»Aber die Belohnung?«, flüsterte Gudrun. »Hast du das einfach nur so gesagt?«

»Aber nein«, sagte Frau Löffelchen. »Wenn wir nach Hause kommen, rühren wir uns Zuckereier – aus zehn Eiern!«

Frau Löffelchen macht eine Ausfahrt

Eines Tages, irgendwann im Frühsommer, stand Frau Löffelchen in der Küche und schälte Zwiebeln. Bald seufzte sie ein bisschen, bald schniefte sie – so wie Frauen es während einer solchen Arbeit eben tun. Und ständig musste sie mit dem Handrücken über die Augen fahren.

Da platzte ihr Mann in die Stube herein – den Hut schief auf dem Kopf, den Bart gezwirbelt. Er breitete die Arme aus und sagte: »Ich muss dir etwas Schönes zu erzählen!«

»Was du nicht sagst!«, meinte Frau Löffelchen. »Na, dann hast du sicher Neuigkeiten über irgendwelche Haustiere?«

Sie fand, es war so einsam geworden, nachdem in den Ställen keine Tiere mehr lebten.

»Oh nein, es ist etwas viel Schöneres. Einmal musst du noch raten«, sagte der Mann. »Haustiere!«, wiederholte er und schnaubte in seinen Bart. »Haustiere zu haben ist altmodisch. Es lohnt sich nicht, und man kommt nicht weg, wenn man früh und spät für Tiere zu sorgen hat.«

»Mir hat es immer Spaß gemacht, für Tiere zu sorgen«, sagte Frau Löffel-

chen. »Wenn man keine Lust hat, aus dem Haus zu gehen, kann man gut die Tiere vorschieben – damit man nicht irgendwohin muss, wo man nicht hin will«, sagte sie und wischte mit dem Handrücken eine Träne weg. »Uff, diese Zwiebel«, sagte sie und schniefte.

»Du bist viel zu altmodisch, du. Es tut nämlich gut, in Bewegung zu bleiben – man soll nicht sein ganzes Leben lang am selben Fleck festgewachsen sein«, sagte er.

Aber da lachte Frau Löffelchen.

»Hast du ›in Bewegung bleiben‹ gesagt? Wenn man in deiner alten Schrottkiste sitzt, dann ist es mit der Bewegung wohl nicht so weit her. Und ›am selben Fleck festgewachsen‹ bist du doch wohl – so wie du von früh bis spät den Kopf unter die Motorhaube steckst«, sagte sie.

»Das ist mein Hobby«, sagte der Mann. »Alle aufgeklärten Menschen haben Hobbys. Freizeitprobleme und Hobbys gehören in unsere Zeit.«

Du verstehst: Der Mann von Frau Löffelchen hatte im Frühling ein altes Auto gekauft, und nun war er schwer beschäftigt und kurbelte und schraubte und lackierte, was das Zeug hielt. Er hatte gehört, dass es im Nachbardorf eine Rallye geben würde, und das war der Grund, warum er eine Campingtour machen wollte. Er wollte versuchen, einen Pokal zu gewinnen. Wenn er in anderen Häusern war, stand dort immer ein Pokal auf dem Stubentisch, den der Herr des Hauses in diesem oder jenem Wettbewerb gewonnen hatte – das fand der Mann ziemlich ärgerlich. Ja, auch im Haus von Frau Löffelchen gab es einen Pokal, doch der stand versteckt hinter dem Zeitungsständer. Den Pokal hatte Frau Löffelchen bekommen, als sie Stallmagd gewesen war, denn sie war so tüchtig darin, Kühe zu versorgen.

Frau Löffelchen wusste um seinen Kummer, obwohl er nie mit ihr darüber gesprochen hatte. Und plötzlich tat Frau Löffelchen ihr Mann, der keinen Pokal hatte, leid. Sie trocknete die Hände an ihrer Schürze ab und warf die Zwiebel in den Kübel für die Essensreste.

»Die Zwiebel!«, sagte der Mann.

»Ach, die habe ich nur geschält, weil ich nichts anderes zu tun hatte«, sagte Frau Löffelchen und begann, einen Waffelteig anzurühren.

Der Mann ging hinaus und kroch unter die Motorhaube, und Frau Löffelchen begann, Waffeln zu backen. Dabei sang sie das Holterdiepolter-Lied:

Ja, nun soll mein Mann es so haben, wie er mag:
eine Fahrt mit dem Auto am helllichten Tag.
Die Bremsen quietschen, und der Reifen rattert,
aber schnurzpiepegal: wenn nur der Motor knattert.
Oh, rumpeldiepumpel und holterdiepolter,
nun geht's auf Campingtour – für mich eine Folter.
Er quengelt und nörgelt, also bin ich dabei,
und nun rumpeln und humpeln wir an allem vorbei.

Ich backe Waffeln, so knusprig und fein,
Kaffee und Sahne – auch die müssen sein.
Soße von gestern und Milchreis von heut' –
Es soll ja nicht zugeh'n wie bei armen Leut'!
Oh, rumpeldiepumpel und holterdiepolter,
nun geht's auf Campingtour – für mich eine Folter.
Der Motor ist startklar, also bin ich dabei,
und nun rumpeln und humpeln wir an allem vorbei.

Wir fahren vom Hof, und das ist nicht schwer:
Die Tiere sind weg und der Stall, der ist leer.
Die Katze ist fort, der Hund ist verschwunden,
nun geht es los – wir dreh'n unsere Runden.
Oh, rumpeldiepumpel und holterdiepolter,
wir sind auf Campingtour – für mich eine Folter.
Knäckebrot, Zucker und Milch sind dabei,
und nun rumpeln und humpeln wir an allem vorbei.

Ja, so sang Frau Löffelchen. Es war nicht gerade ein schönes Lied, aber es ist nicht so leicht, gleichzeitig Waffeln zu backen und Lieder zu dichten, und

es ist auch nicht gesagt, dass andere Leute es besser könnten als Frau Löffelchen. – Nun packte sie alles zusammen, was sie in ihrem Lied aufgeführt hatte, und trug es hinaus zum Auto.

»Wir wollen uns doch wohl nicht mit all dem Essen abschleppen?«, sagte der Mann.

»Das Essen kommt mit«, sagte Frau Löffelchen und quetschte sich auf den Rücksitz.

»Wir können Softeis kaufen«, sagte der Mann. »In der Hitze ist Softeis viel besser.«

»Oh, ob es jeden Tag so warm wird, ist wohl alles andere als sicher«, sagte Frau Löffelchen.

»Dann kaufen wir Hotdogs. Hotdogs und Kätschupp«, meinte der Mann und schnipste mit den Fingern. »Snackbar und Cafeteria«, sagte er und fühlte sich sehr europäisch.

Aber nun warf ihm Frau Löffelchen einen strengen Blick zu: »DAS ESSEN KOMMT MIT«, sagte sie.

»Ach so«, sagte der Mann.

Und dann setzte er sich ins Auto. Doch bevor er den Motor startete, kam ihm plötzlich etwas in den Sinn …

»Du … äh … du wirst auf unserem Ausflug doch wohl nicht klein wie ein Teelöffel, oder?«

Nichts fürchtete der Mann so sehr, als dass irgendjemand herausfand, dass seine Frau von Zeit zu Zeit so klein wie ein Teelöffel war.

»Fahr nur los«, sagte Frau Löffelchen und machte es sich auf dem Rücksitz bequem. »Du weißt doch, dass ich auf diese Dinge keinen Einfluss habe. Es kommt, wenn es kommt, aber ich wäre ja nicht zum ersten Mal klein wie ein Teelöffel. Bisher habe ich mich immer irgendwie zurechtgefunden, und das wird beim nächsten Mal wohl genauso sein.«

Ja, dann fuhren sie also los. Anfangs ging es über Rumpeldiepumpel und über Holterdiepolter, aber bald waren sie auf der schönen Asphaltstraße, und auf der ließ es sich gut fahren. Nach einer Weile begann der Mann zu singen:

Wasser fahren,
Holz fahren
und Stämme über das Hochland!
Es ist beschwerlich mit all diesen Waren,
ich hab keine Lust auf diesen Aufwand!

   Schließlich kaufte ich ein Auto (ich überlegte lang),
   ich wollte eins mit Stil, einen Motor mit Klang
   (auf keinen Fall leis'!).
   Nun habe ich, was ich will,
   und meine Frau bekommt ein Softeis!

Ich hab im Auto auch eine Uhr,
die macht so seltsam Ticktack.
Und obwohl ich bremse, fährt es stur,
und außerdem immer im Zickzack.
Ja, an diesem Auto kann man sich laben –
aber Frau Löffelchen möchte lieber Tiere haben.
Ich fahre weiter, gewinne einen Preis,
und meine Frau bekommt ein Softeis!

   Ein Auto zu haben ist herrlich!
   Der Weg übers Hochland unbeschwerlich!
   Ich fahre jeden, der gefahren werden mag,
   ich fahre meine Frau – wenn sie will, jeden Tag.
   Da ist ein Kiosk an der Brücke!
   Und davor – Gott sei's gedankt! – eine Parklücke!
   Ich steige aus, hol den Geldbeutel 'raus,
   bezahl jeden Preis –
   und meine Frau bekommt ihr Softeis!

Und dann fuhr der Mann über die Brücke und hielt am Kiosk an. Dort stand ein Mädchen in Tracht und goldenen Schuhen und verkaufte Softeis. Der Mann wollte sich bei seiner Frau ordentlich einschmeicheln, damit sie wieder lieb war, und deshalb verlangte er eine doppelte Portion. Es wurde ein wirklich großes Eis, und als der Mann damit zum Auto balancieren wollte, hörte er etwas im Gras zischen und rascheln.

»Huch«, sagte er und ließ das Softeis fallen. Also musste er zurückgehen und ein neues kaufen. Aber als er an dem ersten Softeis vorbeiging, sah er, wie sich das Eis bewegte, und ließ auch das zweite Eis fallen. Er war sich nämlich sicher, dass es eine Natter war. Nun musste er also noch mehr Eis kaufen, doch jetzt stand eine lange Schlange vor dem Kiosk, und der Mann musste sich ganz hinten anstellen.

Und die zwei Softeis im Gras? Ja, die krochen vorwärts, und weißt du, was sich unter dem Softeis verbarg? Frau Löffelchen? Ja, genau! Sie war aus dem Auto ausgestiegen, um sich ein bisschen zu strecken, und dann passierte das, was immer passiert. Plötzlich war sie so klein wie ein Teelöffel. *Sie* hatte so gezischt, als der Mann mit dem ersten Softeis kam, denn beinahe wäre er auf sie getreten. Und kaum hatte sie sich so weit befreit, dass sie atmen konnte, ließ ihr Mann ein weiteres Softeis auf das erste fallen. Da wurde Frau Löffelchen ziemlich verzagt – sie schaffte es nicht, sich aus eigener Kraft herauszuwühlen.

Aber nach einer kleinen Weile merkte sie, dass das Eis weniger wurde, und bald konnte sie den Kopf herausstrecken und Luft holen.

»Ah, das war gut«, sagte Frau Löffelchen.

»Ja, das finde ich auch …«, sagte jemand neben ihr, und da stand ein kleines Kätzchen und schleckte sich die Barthaare.

»Oh, wie hübsch du bist, du kleines Kätzchen«, sagte Frau Löffelchen.

»Ja«, sagte das Kätzchen. »Du dagegen bist nicht besonders hübsch, wenn ich die Wahrheit sagen soll, aber du schmeckst sehr gut. Bist du innen auch mit Softeis gefüllt? Kann man dich ganz aufessen?«

»Nein, nun reiß dich aber zusammen!«, rief Frau Löffelchen. »Mit Softeis gefüllt, ich glaub's ja wohl! Oh nein, ich bin eine ganz normale Frau, von

Zeit zu Zeit werde ich jedoch so klein wie ein Teelöffel. Du darfst mich gerne sauberlecken – nur zu, bediene dich! Haha, damit habe ich nicht gerechnet, als ich mich heute Morgen ins Auto gesetzt habe: dass ich noch so eine Katzenwäsche bekommen würde.«

»Fährst du Auto?«, fragte das Kätzchen.

»Na ja, mein Mann fährt«, sagte Frau Löffelchen. »Wo wohnst du denn, mein Kätzchen?«

»Ach, ich wohne nirgendwo«, sagte das Kätzchen. »Es gab hier im Frühsommer ein paar Feriengäste. Die Kinder haben mich hinter einem Holzstapel gefunden und sagten, ich solle ihr Kätzchen sein. Sie mochten mich so gern. Sie haben mich im Puppenwagen umhergefahren und mich in einem Korb getragen, wenn sie einkaufen gegangen sind. Da habe ich übrigens zum ersten Mal Softeis probiert. Oh, ich war so froh, dass ich bei so lieben Leuten wohnen durfte. Wenn ich abends nicht hereinkam, suchten sie nach mir und lockten mich zu sich. Miezmiez, sagten sie. Doch nun sind sie wieder in die Stadt zurückgefahren. Ich dachte, ich dürfte mit, aber sie stiegen

einfach ins Auto und fuhren weg. Ich war zu groß geworden, sagten sie. Ich war nicht mehr so süß, aber dafür, dass man groß wird, kann doch wohl niemand etwas?«

»Aber nein«, sagte Frau Löffelchen und dachte an sich selbst. »Du wohnst also nirgendwo?«

»Nein, so ist es wohl«, sagte das Kätzchen. »Niemand lockt mich zu sich und sagt Miezmiez. Ich habe den ganzen Tag noch nichts zu essen gehabt, bevor ich bei dir Softeis essen durfte.« Es machte seine Zunge klein und spitz und schleckte Frau Löffelchens Ohr aus, um auch den letzten Tropfen zu erhaschen.

»Ja, dann ist es ja noch besser, dass ich heute klein geworden bin«, sagte Frau Löffelchen. »Solchen Leuten wie dieser Familie dürfte es nicht erlaubt sein, sich Tiere anzuschaffen!« Sie guckte böse, als sie das sagte. »Tiere sind kein lustiges Spielzeug, das Kinder wegwerfen können, sobald die Tiere nicht mehr klein und süß sind. Und dass sie dich allein gelassen haben – das ist fast das Schlimmste. Wo sollst du denn im Winter hin, du? Während diese Stadtleute gut und warm in der Stadt sitzen und genug zu essen und zu trinken haben, sollst du hier umherwandern und weder das eine noch das andere bekommen?«

Das Kätzchen saß da und blickte Frau Löffelchen an, und dann sagte es: »Kann ich nicht bei dir bleiben und dein Kätzchen sein? Du liebst doch Tiere und verstehst ihre Sprache.«

»Tja« sagte Frau Löffelchen. »Nun ist es leider so, dass mein Mann Tiere NICHT so sehr liebt, und die Sprache der Tiere verstehe ich nur, wenn ich so klein bin wie ein Teelöffel.«

»Bist du noch lange klein?«, fragte das Kätzchen.

»Ich weiß nicht«, sagte Frau Löffelchen.

»Werde ich Angst haben, wenn du groß bist?«

»Oh nein, das glaube ich nicht. Aber wenn es dir gelänge, mich auf dem Rücken zu dem alten Auto zu tragen, das dort steht, dann kann es sein, dass ich bald wieder groß werde.«

»Ich werd's versuchen«, sagte das Kätzchen. »Steig auf.«

Doch als Frau Löffelchen oben auf dem Katzenrücken saß, konnte das Kätzchen keinen einzigen Schritt gehen.

»Nein, du bist doch zu schwer«, sagte es. »Vielleicht kann ich dich stattdessen am Rock packen und wegschleifen?«

»Pack mich, wo du willst«, sagte Frau Löffelchen. »Die Zeit läuft. Los!«

Und das Kätzchen packte Frau Löffelchen am Rock und begann zu ziehen. Es versuchte, vorsichtig zu ziehen, damit Frau Löffelchen nicht an den Eisstielen und Strohhalmen hängen blieb, die am Wegesrand lagen.

»Tut es weh, wenn ich dich ziehe?«, fragte das Kätzchen.

»Aber nein«, sagte Frau Löffelchen. »Ich habe eine schöne Aussicht auf den hohen Himmel und die dahinziehenden Wolken.«

Nun wollen wir hören, wie es dem Mann erging, als er in der Schlange stand und noch mehr Softeis kaufen wollte. Es dauerte eine Ewigkeit, doch schließlich kam er dran. Dieses Mal kaufte er ein dreifaches Softeis. Als er zum Auto zurückging, war er schon ein bisschen beunruhigt, ob Frau Löffelchen böse werden würde.

Dann bemerkte er jedoch, dass das andere Eis verschwunden war, und da kam ihm ein Gedanke: »Ist es möglich, dass ... es kann doch wohl nicht sein ... oh nein, wenn nun meine Frau so klein wie ein Teelöffel geworden ist! Nicht auszudenken, wenn ich meine Frau in Softeis ertränkt hätte! Oh, meine liebe Frau, was soll ich nur tun, wenn du mich verlassen hast? Ich muss mich beeilen und im Auto nachsehen.« Und dann beeilte er sich und öffnete die hintere Tür.

Dort saß Frau Löffelchen und war genauso groß wie andere Frauen.

»Oh, JETZT bin ich aber froh!«, sagte der Mann. »Ich hatte solche Angst, du seist so klein geworden wie ein Teelöffel.«

»Nun rede doch nicht immer so viel davon«, sagte Frau Löffelchen. »Gib mir das Eis«, sagte sie und tat es in den Korb.

»Aber du kannst das Eis doch nicht in den Korb legen«, sagte der Mann.

»Kümmere dich nicht darum«, sagte Frau Löffelchen. »Denk lieber an die Rallye, die du mitmachen willst.«

»Ich glaube, ich pfeif auf die Rallye«, sagte der Mann. »Als ich in der Softeis-

schlange stand, hörte ich, wie jemand sagte, etwas außerhalb des Ortes fände ein Geländelauf statt. Vielleicht fahren wir lieber dorthin.«

»Ja, das hört sich gut an.«

Und dann fuhren sie los. Das Auto und der Mann und Frau Löffelchen und das Kätzchen.

Als sie eine Weile gefahren waren, bremste der Mann und hielt an.

»Hast du was gehört?«, fragte er Frau Löffelchen.

Nein, Frau Löffelchen hatte nichts gehört.

Dann fuhren sie wieder ein Stück. Und wieder hielt der Mann an.

»Hast du jetzt etwas gehört?«, fragte er.

Nein, Frau Löffelchen hatte immer noch nichts gehört.

Dann fuhren sie noch ein Stück.

Da machte der Mann eine Vollbremsung.

»Ja, aber JETZT musst du es doch auch gehört haben!«, sagte er. »Es war, als hätte eine Katze miaut.«

»Da ist bestimmt etwas mit den Bremsen«, sagte Frau Löffelchen.

»Ja, ich werde mal aussteigen und nachsehen«, sagte der Mann und stieg aus. Frau Löffelchen blieb im Auto sitzen, den Katzenkorb auf dem Schoß.

»Findest du den Fehler?«, fragte sie, als eine Weile vergangen war. Es musste immer erst eine Weile vergehen, bevor sie fragte – das hatte sie gelernt, seit ihr Mann das Auto gekauft hatte.

»Gleich«, sagte der Mann. Und das bedeutete, es würde lange dauern.

»Vielleicht ist der Motor heißgelaufen, und wir sollten Wasser holen?«, fragte Frau Löffelchen.

»Ja, das habe ich auch schon gedacht«, sagte der Mann. Er holte einen hellgrünen Eimer hervor und trottete los, auf einen Bauernhof zu, der auf einer Anhöhe lag.

Frau Löffelchen blieb sitzen und wartete, doch dann stieg sie aus und ließ das Kätzchen seine Pfoten ausstrecken. Es war so lieb und schnurrte so fein, als es an ihrem Rock entlangstrich.

»Du kannst schnurren – der Motor nicht«, sagte Frau Löffelchen. »Aber nun musst du wieder ins Auto. Ich gehe zum Bauernhof hoch. Vielleicht treffe ich dort jemanden, mit dem ich reden kann.«

Als sie auf dem Hofplatz ankam, war da ein Schweinekoben, und in dem Koben lag eine große Schweinemutter mit vielen Schweinchen um sich herum. Die ließen es sich in der Sonnenwärme richtig gutgehen. Es war genau Mittagszeit, und die Schweinchen schnauften und pufften einander und bekamen ihre Milch. Frau Löffelchen wollte sich gerade über den Koben beugen und die Mutter streicheln, als sie so klein wurde wie ein Teelöffel! Ach und ach – sie überschlug sich und kullerte in einen Brennnesselhaufen an der Außenseite des Kobens.

»Hast du dir wehgetan?«, fragte jemand neben ihr.

»Oh nein, ich schaff das schon«, sagte Frau Löffelchen. »Ich bin es gewohnt, mir selbst zu helfen. Es ist nicht das erste Mal, dass ich einen Stoß abbekomme. Aber solltest du nicht im Koben sein, du, zusammen mit deinen Geschwistern?«

»Nein«, sagte das Schweinchen. »Das soll ich wohl nicht. Ich bin ein kleiner Kümmerling, und der Bauer hat gesagt, wenn mich jemand haben will, können sie mich mitnehmen. Mama hat sowieso nicht genug Milch für uns alle.«

Das Schweinchen seufzte und sah Frau Löffelchen unter traurigen weißen Wimpern an.

»Will dich denn niemand haben?«, fragte Frau Löffelchen.

»Es gab viele, die mich angesehen haben, aber dann haben sie nur den Kopf geschüttelt und sind wieder gegangen«, sagte das Schweinchen.

»Dumme Leute«, sagte Frau Löffelchen. »Und du bekommst nichts zu essen? Warum ziehen sie dich denn nicht mit der Flasche auf? Das muss doch heute genauso funktionieren wie früher? Oh, zu meiner Zeit habe ich viele kleine Schweine mit der Flasche großgezogen. Wenn ich nur schon wieder groß wäre, dann könntest du mit mir kommen. Du könntest in einem Kasten unter dem Ofen wohnen. Weißt du, ich bin manchmal groß und manchmal klein, je nachdem, wie es gerade passt. Wenn ich es nur schaffte, bis zur Vordertreppe zu kommen, wo der Plastikeimer steht, dann könnte ich mich

hinter der Wand verstecken und dort warten, bis ich wieder groß geworden bin. Und dann könnte ich fragen, ob ich dich mitnehmen darf.«

»Ich bin so schlapp und hungrig, dass ich dich nicht auf den Rücken nehmen kann«, sagte das Schweinchen.

»Dann zieh Frau Löffelchen doch am Rock«, sagte jemand neben Frau Löffelchen. Dort stand das Kätzchen und lächelte mit grünen Streifen in den Augen.

»Wie bist du aus dem Korb herausgekommen?«, fragte Frau Löffelchen.

»Du hattest vergessen, den Deckel zuzumachen«, sagte das Kätzchen. »Aber nun müssen wir uns um andere Dinge kümmern. Komm schon, ich ziehe dich zu den Stufen und zum Eimer.«

»Ja, du, du ziehst und zerrst«, lachte Frau Löffelchen. »Das ist gut – solange du nicht Kilometergeld verlangst. Na dann – halt dich 'ran! Hoch mit dem Ringelschwänzchen, mein kleines Schwein, gleich komme ich und hole dich!«

Es war für das kleine Kätzchen ziemlich schwer, Frau Löffelchen zur Tür zu ziehen, denn es ging bergauf, aber es ließ nicht nach, bis Frau Löffelchen neben dem Eimer stand. Der Mann war drinnen in der Küche und redete

über Motoren und Autos. Als er herauskam, sah er Frau Löffelchen nicht. Er sah nicht einmal den Eimer. Er latschte achtlos daran vorbei, sodass der Eimer umfiel, und – kullerdiebuller – lag Frau Löffelchen darin.

»Das habe ich ja schon immer gesagt«, sagte der Mann. »Wenn man sich erst einmal ein Auto angeschafft hat, fällt einem das Gehen schwer. Ich habe natürlich auch besonderes Glück gehabt. Es ist wirklich ein ganz besonders schönes Auto. Na ja, nicht gerade von außen, aber innen drin. Und der Motor – ja, einen solchen Motor gibt's kein zweites Mal, da kannst du Gift drauf nehmen.« Während er redete, stand der Bauer auf der Außentreppe und kam nicht zu Wort.

»Über den Auspufftopf will ich gar nicht erst sprechen«, sagte der Mann und begann, über den Auspufftopf zu sprechen, während er den Eimer unter die Pumpe stellte und zu pumpen anfing. Es ging ziemlich langsam, denn er plapperte und plauderte die ganze Zeit. Aber das war nur gut, denn so konnte Frau Löffelchen, als der Eimer immer voller wurde, sich auf ihrem Rock oben halten und Wasser treten. Schließlich war der Eimer voll, und Frau Löffelchen krallte sich am Henkel fest.

»Wenn morgen schönes Wetter wird, dann könnte es ein herrlicher UÄÄÄÄÄÄ …«, rief er und warf den Eimer von sich. »Ich glaube wirklich, das war ein Frosch, der am Henkel hängen geblieben ist.« Er stellte den Eimer unter die Pumpe, um ihn erneut zu füllen. Nun gelang es Frau Löffelchen, sich an seinem Hosenbein festzuklammern. Sie kletterte hoch, ohne dass der Mann etwas davon bemerkte. Er stand immer noch da, pumpte und redete.

»Ja, es ist nett, mal ein bisschen mehr zu sehen als immer nur das eigene Dorf«, sagte er. »Es weitet den Horizont, und man ist so beseelt, dass man Lust hat zu singen UÄÄÄ …«, schrie er, denn Frau Löffelchen hatte den Halter des Hosenträgers erreicht und stemmte die Füße dagegen, um weiterzukommen. Dabei stieß sie dem Mann ihren nassen Schuh in die Seite. Das war der Grund, warum er schrie. Und nun wollte er nicht länger bleiben, denn die Leute vom Hof standen hinter dem Türspalt, guckten hindurch und lachten über ihn.

»Ich hole den Eimer etwas später«, sagte er. »Ich habe bestimmt ein paar Ameisen abgekriegt.« Er warf den Eimer fort, rieb sich die Seite, sodass Frau Löffelchen ins Gras fiel, und stürzte geradewegs zum Auto – und da war Frau Löffelchen verschwunden.

»Oh, meine liebe Frau, meine liebe Frau, ich wusste nicht, dass *du* an meinen Hosenträgern hängst – ach, ach, ach, nun habe ich dich wohl auf ewig verloren«, sagte er und ging wieder hoch zum Hof. Dort standen immer noch die Leute vom Hof – der Mann, die Frau und ein ganzer Haufen Kinder.

Er fand es etwas peinlich, zu fragen, ob sie seine Frau gesehen hatten, und deshalb sagte er:

»Habt ihr eine kleine Puppe gesehen?«

»Eine Puppe?«, fragte der Bauer. »Nein, ich habe keine kleine Puppe gesehen, aber ich frage meine Frau. Olufina! Hast du eine kleine Puppe gesehen?«

»Nein«, sagte Olufina. »Ich habe keine kleine Puppe gesehen, aber ich kann Karolina fragen«, sagte sie. »Karolina! Hast du eine kleine Puppe gesehen?«

»Nein«, sagte Karolina. »Ich habe keine kleine Puppe gesehen, aber ich frage Brita Stina. Brita Stina! Hast du eine kleine Puppe gesehen?«

»Nein«, sagte Brita Stina. »Ich habe keine kleine Puppe gesehen, aber ich frage Bombardina. Bombardina! Hast du eine kleine Puppe gesehen?«

»Nein«, sagte Bombardina. »Ich habe keine kleine Puppe gesehen, aber ich frage Siri Sina. Siri Sina! Hast du eine kleine Puppe gesehen?«

»Nein«, sagte Siri Sina. »Ich habe keine kleine Puppe gesehen, aber ich frage Jon.« Dann rief sie ihrem ältesten Bruder zu: »Jon! Hast du eine Puppe gesehen?«

»Nein«, sagte Jon. »Ich habe keine Puppe gesehen, aber ich frage Absalon.« Und dann rief er:

»Absalon! Hast du eine Puppe gesehen?«

»Nein«, sagte Absalon. »Ich habe keine Puppe gesehen, aber ich frage Hans. Hans! Hans! Hast du eine Puppe gesehen?«

»Nein«, sagte Hans. »Aber ich frage Frans. Frans! Hast du eine Puppe gesehen?«

»Nein«, sagte Frans. »Aber ich frage Jens. Jens! Hast du eine Puppe gesehen?«

»Nein«, sagte Jens. »Aber ich frage Menz. Menz! Hast du eine Puppe gesehen?«

»Nein«, sagte Menz.

Da sagte der Bauer zum Mann von Frau Löffelchen, der von einem Bein aufs andere trat und wartete: »Nein. Menz und Jens und Frans und Hans und Absalon und Jon und Siri Sina und Bombardina und Brita Stina und Karolina und Olufina sagen, dass sie keine kleine Puppe gesehen haben.«

»Dann werde ich wohl den Eimer mitnehmen und wieder zum Auto hinuntergehen«, sagte der Mann. Doch da war der Eimer verschwunden.

»Hat hier irgendjemand einen hellgrünen Plastikeimer gesehen?«, fragte er.

»Nein«, sagte der Bauer. »Ich habe keinen Plastikeimer gesehen, aber warte kurz, ich frage nach.« Und dann rief er:

»Olufina! Kannst du Karolina bitten, Brita Stina zu fragen, ob sie Bombardina fragen könnte, ob sie Siri Sina fragen könnte, ob sie Jon fragen könnte, ob er Absalon fragen könnte, ob er Hans fragen könnte, ob er Frans fragen könnte, ob er Jens fragen könnte, ob er Menz fragen könnte, ob er einen hellgrünen Plastikeimer gesehen hat?«

Und dann ging die Runde noch einmal von vorne los, und schließlich kam die Antwort! Der Bauer sagte wie schon zuvor, dass Olufina und Karolina und Brita Stina und Bombardina und Siri Sina und Jon und Absalon und Hans und Frans und Jens und Menz keinen hellgrünen Plastikeimer gesehen hatten.

Nun war der Mann wirklich erschrocken.

»Ach, ich Armer, ich habe meine Frau verloren«, sagte er und ließ die Mundwinkel hängen.

»Deine Frau?«, fragte der Bauer. »Ist da nicht eben gerade eine Frau den Weg hinuntergegangen?«

»Doch, DAS war eine Frau«, sagten alle im Chor.

»Hatte sie nicht einen hellgrünen Plastikeimer dabei?«, fragte der Bauer.

»Doch, SIE hatte einen hellgrünen Plastikeimer dabei«, sagten alle im Chor.

Nun beeilte sich der Mann hinunter zum Auto, und da saß Frau Löffelchen

auf dem Rücksitz mit dem Korb auf dem Schoß und einer kleinen Kiste neben sich. Der Mann atmete tief durch und war kurz davor, in Tränen auszubrechen, aber er war natürlich auch froh.

»Warst du schon wieder so klein wie ein Teelöffel?«, flüsterte er.

»Ich begreife nicht, dass du die ganze Zeit daran denkst«, sagte Frau Löffelchen. »Bring lieber das Auto zum Laufen.« Und der Mann hatte Glück: Der Motor begann zu tuckern, und das Auto fuhr los. Doch da sagte Frau Löffelchen:

»Ich glaube, es ist am besten, wenn du da vorne an der Autowerkstatt hältst. Dann hole ich währenddessen etwas aus der Apotheke.«

Der Mann tat, was Frau Löffelchen gesagt hatte. Er bekam das Auto repariert, und Frau Löffelchen kaufte einen Sauger und ein Fläschchen. Sie konnte sogar noch einen Liter Milch kaufen, bevor der Mann wiederkam.

»Warum hast du das alles eingekauft?«, fragte der Mann.

»Ach, nun frag nicht so viel«, sagte Frau Löffelchen. »Denk lieber an den Geländelauf, an dem du teilnehmen möchtest!«

»Nja … ich glaube, ich habe mich umentschieden«, sagte der Mann. »In der Autowerkstatt war jemand, der erzählte von einem Rummelplatz, wo ein Hau-den-Lukas steht. Man muss mit einem Holzhammer auf einen Klotz hauen, und dann zeigt der Kraftmesser an, wie viel Kraft du hast. Das würde ich lieber ausprobieren.«

»Ja, tu das«, sagte Frau Löffelchen.

Und dann fuhren sie weiter. Das Auto und der Mann und Frau Löffelchen und das Kätzchen und das Schweinchen.

Als sie eine Weile gefahren waren, begann der Mann, nach dem Rummelplatz Ausschau zu halten. Frau Löffelchen saß auf dem Rücksitz und sang:

> Suse, liebe Suse, was raschelt im Stroh?
> Das ist mein kleines Kätzchen, das macht mich so froh!
> Das Kätzchen hat Pfötchen
> und schleckt gerne Eis.
> Es sitzt in einem Körbchen und macht eine Reis'.

»Wie schön, dass du so guter Laune bist und ein bisschen vor dich hin trällerst«, sagte der Mann. »Die Melodie kommt mir bekannt vor, aber den Text kenne ich nicht.«
»Ach, das habe ich mir nur rasch ausgedacht, damit die Zeit schneller vergeht«, sagte Frau Löffelchen. Und dann sang sie noch eine Strophe:

> Suse, liebe Suse, was raschelt im Stroh?
> Das ist mein kleines Schweinchen, das macht mich so froh!
> Das Schweinchen hat Schwänzchen,
> ein Näschen so fein.
> Es sitzt in einem Kasten und macht sich ganz klein.

»Du bist mir wirklich eine merkwürdige Frau«, sagte der Mann. »Hast du nicht noch eine Strophe auf Lager? Ich verstehe zwar die Worte nicht, aber die Melodie ist schön.«
»Ja, hör auf die Melodie und nicht auf die Worte, dann bekommst du noch eine Strophe«, sagte Frau Löffelchen. Und dann sang sie:

> Suse, liebe Suse, was raschelt im Stroh?
> Das ist mein kleiner Ehemann, der macht mich so froh!
> Er ist zwar kein Riese,
> er ist nur recht klein.
> Doch für mich ist er genau richtig – für mich ist er fein!

Nun stieg der Mann in die Bremsen.
»DA!«, sagte er und sein Blick leuchtete.
»Was sagst du?«, fragte Frau Löffelchen.
»DA!«, sagte der Mann. »Da ist ein Plakat vom Rummelplatz. Nun werde ich bei Hau-den-Lukas einen Pokal gewinnen, wie andere Leute. Einen Zirkus gibt es auch. Und Schwertschlucker und Seiltänzerinnen.« Er ruderte mit den Armen.
»Immer mit der Ruhe«, sagte Frau Löffelchen. »Schwertschluckerei ist

nichts für dich – wenn du nur eine Heringsgräte in den Hals bekommst, hustest und räusperst du dich ja schon, als gelte es das Leben.«

»Oh, da gibt es noch viel mehr«, sagte der Mann. »Dressierte Tiere, die sich benehmen wie Menschen.«

»Pfui!«, sagte Frau Löffelchen. »Das wird ja immer schlimmer. Aber geh nur hin, wenn es dir Spaß macht.«

Also ging der Mann in den Zirkus, und Frau Löffelchen blieb allein zurück. Sie ging zum Eisstand, um ein bisschen Softeis für das Kätzchen und ein bisschen Milch für das Schweinchen zu kaufen. Aber in DIESEM Augenblick, genau in DIESEM Augenblick geschah das, was immer geschah: Frau Löffelchen wurde so klein wie ein Teelöffel.

Und nun bekam es Frau Löffelchen mit der Angst zu tun. Die vielen Stiefel, die hin und her liefen, waren wirklich gruselig. Schon ein paar Stiefel weniger hätten gereicht, einem einen Schrecken einzujagen, dachte Frau Löffelchen.

Auf einmal spürte sie, wie jemand sie am Rock packte und mit ihr davonsprang, sodass sie hin und her geschleudert wurde.

»Lass los, lass los!«, rief Frau Löffelchen, doch als sie merkte, wie rasend schnell es ging, entschied sie sich anders: »Nicht loslassen! Nicht loslassen!«, schrie sie.

Hinter einem großen Zelt wurde es langsamer, und Frau Löffelchen spürte, wie derjenige, der sie trug, sich nach vorne beugte und sie vorsichtig auf der Erde ablegte. Und nun sah Frau Löffelchen, dass es ein kleiner Welpe war, der sie am Rock gepackt hatte.

»Was bist du denn für einer?«, fragte sie.

»Ich bin ICH«, antwortete der Welpe.

»Ach so«, lachte Frau Löffelchen. »Ja, das hätte ich mir ja denken können, dass du du bist. Ich sehe, du bist ein Welpe. Gehörst du vielleicht zu den tüchtigen Zirkustieren, die man so dressiert hat, dass sie wie Menschen sind?«

»Oh nein, mich dressiert niemand. Ich mache, was ich will, und damit basta!«, sagte er.

»Da sind wir uns wohl ziemlich ähnlich«, sagte Frau Löffelchen. »Ich mache auch nur das, was ich will, zurzeit bin ich jedoch so klein, dass ich mich lieber nach dir richte. Du sagst, was zu tun ist. Vielleicht kann ich dir helfen, wenn ich wieder groß bin. Aber dann verstehe ich die Welpensprache nicht mehr, du musst dich also beeilen und jetzt bellen.«

Da erzählte der Welpe, dass er eigentlich zu den Zirkusleuten gehörte, aber weil er nicht lernen wollte, zu zählen und in F-Dur zu bellen, wollten sie ihn fortjagen.

»Und nun kommt das Schlimmste«, sagte der Welpe.

»Immer her damit«, sagte Frau Löffelchen.

Der Welpe saß eine Weile da und sah Frau Löffelchen traurig an. Dann fragte er:

»Bist du reinrassig?«

»Ich hatte ehrlich gesagt noch nie Zeit, darüber nachzudenken, und es kümmert mich auch nicht«, sagte sie und lachte.

Der Welpe lachte mit und wedelte mit langen, buschigen Ohren.

»Du hast einen feinen Bart, du«, sagte Frau Löffelchen.

»Das ist der Grund, warum ich nicht reinrassig bin«, sagte der Welpe.

»Reinrassig oder nicht reinrassig«, sagte Frau Löffelchen. »Nun sollst du dich an deinem Bart freuen. Denn jetzt wollen wir beide diesen ganzen Laden hier mal an der Nase herumführen.«

»Was soll ich tun?«, fragte der Welpe.

»Nimm mich vorsichtig in dein Maul – so wie eben«, sagte Frau Löffelchen. Der Welpe nahm Frau Löffelchen vorsichtig in sein Maul. Frau Löffelchen kämmte die buschigen Barthaare über ihren Rock, sodass sie unsichtbar wurde.

»Und nun springst du auf das Dach der Eisbude«, sagte sie.

Der Welpe sprang. Anfangs bemerkte niemand etwas. Die Leute sahen nur einen Welpen dort sitzen, doch dann machte die Musik eine kleine Pause, und Frau Löffelchen fing an zu singen:

> Alle Vögel sind schon da,
> schläfst du noch?
> Klein Anna, Susanna,
> wünschen dir ein frohes Jahr.
> Welch ein Singen, Musizier'n,
> Pfeifen, Zwitschern, Tirilier'n!
> Backe, backe Kuchen, der Bäcker hat gerufen
> Oh, du fröhliche, oh du selige!

So sang Frau Löffelchen, als sie dort im Bart des Welpen hing und schaukelte. Und nun wurde es voll rund um die Bude. Die Leute vom Rummelplatz mussten die Karussells anhalten, der Autoscooter fuhr im Leerlauf, die Zirkusvorstellung wurde abgebrochen. Alle wollten den talentierten Hund hören, der singen konnte.

Der Zirkusdirektor rief: »Das ist mein Welpe! Mein Welpe! Kannst du noch mehr? Kannst du bis zehn zählen?« (Nein, der Welpe blieb still sitzen.) »Zwei?« (Der Welpe sagte kein Wort.) »Drei?« (Aber nein, keine Antwort.)

»Vier? Fünf? Oh, du machst dich über uns lustig. Vier? Fünf? Sechs, sieben, acht, neun, zehn …«

»Elf, zwölf, dreizehn, vierzehn, fünfzehn, sechzehn, siebzehn, achtzehn, neunzehn, zwanzig«, sagte Frau Löffelchen hinter dem Bart.

Nun gab es ein Spektakel! Der Direktor schrie hurra, und alle drängten sich an die Wände der Bude, bis sie zusammenkrachte. Und dann lagen alle da und zappelten. Als sie endlich wieder auf die Beine kamen, war der Welpe fort. Frau Löffelchen und der Welpe waren rechtzeitig vom Dach heruntergesprungen, und nun ging es in voller Fahrt zum Auto.

Als der Mann später hinterherkam, war Frau Löffelchen gerade damit beschäftigt, etwas in eine Decke einzuwickeln.

»Oh, du hättest den tüchtigen Welpen vom Zirkus sehen sollen«, sagte der Mann. Frau Löffelchen tat so, als hätte sie nichts gehört.

»Wie ging es mit dem Hau-den-Lukas?«, fragte sie.

»Ach, ich habe mich umentschieden, als ich den tüchtigen Welpen gehört habe«, sagte der Mann. »Aber ich habe jemanden von einem Marschier-Wettbewerb reden hören. Ich glaube, ich mache lieber dort mit.«

»Tu das«, sagte Frau Löffelchen.

Dann fuhren sie weiter. Das Auto und der Mann und Frau Löffelchen und das Kätzchen und das Schweinchen und der Welpe.

Als sie eine Weile gefahren waren, hielt der Mann an.

»Ich begreife nicht, was mit dem Auto los ist«, sagte er. »Es ist so achterlastig. Ich glaube, wir machen eine kleine Pause, damit ich die hinteren Reifen aufpumpen kann. Du kannst so lange aussteigen."

Nun bekam Frau Löffelchen ein bisschen Angst. Wenn ihr Mann begann, das Auto zu untersuchen, würde er sowohl das Kätzchen als auch das Schweinchen und den Welpen finden.

»Ich glaube, ich kann nicht aus dem Auto aussteigen«, sagte sie. »Kannst du nicht mit dem Aufpumpen warten, bis wir zu einer Autowerkstatt kommen?«

»Ja, ja, dann fahren wir eben noch ein Stück«, sagte der Mann.

Aber es dauerte nicht lange, da hielt er wieder an.

»Kannst du nicht stillsitzen?«, fragte er. »Ich habe das Gefühl, du rutschst hin und her. Wenn es hinten zu eng ist, dann schmeiß doch etwas von dem ganzen Essen hinaus, das du so unbedingt mitnehmen wolltest.« (Das Essen war natürlich schon lange aufgegessen. Das Schweinchen, der Welpe und das Kätzchen hatten alles weggeputzt.)

»Hier wird nichts weggeschmissen«, sagte Frau Löffelchen. »Aber wenn du mich nicht mehr dabeihaben willst, dann kann ich ja aussteigen. Vielleicht taugt dein Auto so wenig, dass ihm schon eine Frau auf dem Rücksitz zu viel ist?«

Das war das Schlaueste, was sie sagen konnte. Es gibt nichts, wovor solche Automenschen mehr Angst haben, als dass jemand einen Fehler am Auto findet.

»Bleib da sitzen«, sagte er. »Es ist nicht nur, dass das Auto achterlastig ist – es kommen auch immer mehr seltsame Geräusche vom Rücksitz.«

»Ach ja«, seufzte Frau Löffelchen. »Es ist einfach so, dass ich hier sitze und ein bisschen vor mich hin singe. Ich weiß natürlich, dass es kein schöner Gesang ist, aber ich habe ja auch nie in einem Chor gesungen – so wie du.«

Als sie den Chor erwähnte, wurde der Mann so froh. In seiner Jugend war er ein sehr guter Sänger gewesen.

»Sing nur«, sagte er. »Nicht allen ist die Gabe des Gesangs gegeben. Zwitschere wie eine Lerche. Du kennst doch das Lied: ›Singe nur im Frühling deiner Jugend, wenn die Fjorde blauen‹.«

»Nun ja, was mich betrifft, ist die Jugend vorbei«, sagte Frau Löffelchen. »Lerchengezwitscher wird es wohl nicht werden, aber ich kann versuchen, wie eine Katze zu miauen, wie ein Schwein zu grunzen und wie ein Welpe zu bellen.«

Wie macht die Katze?
Wie macht die Katze?
»Wau, wau, wau.«
»Nöff, nöff, nöff.«
So macht die Katze nicht.

Wie macht das Schwein?
Wie macht das Schwein?
»Miau, miau, miau.«
»Wau, wau, wau.«
So macht das Schwein nicht.

Wie macht der Hund?
Wie macht der Hund?
»Miau, miau, miau.«
»Nöff, nöff, nöff.«
So macht der Hund nicht.

»Du erfindest wirklich die seltsamsten Lieder«, sagte der Mann. »Und die Melodie habe ich noch nie gehört.«

»Ich auch nicht«, sagte Frau Löffelchen, »aber da vorne ist eine Tankstelle.«

»Gut«, sagte der Mann. Er fuhr an die Tankstelle und pumpte die Reifen auf. Frau Löffelchen war ein bisschen besorgt, dass die Tiere anfangen würden zu grunzen, zu miauen und zu bellen, während das Ganze vor sich ging. Doch der Mann hatte jetzt all die seltsamen Geräusche vergessen. Er und der Tankwart redeten stattdessen von einem Angelwettbewerb, der am Nachmittag stattfinden sollte. Der Tankwart hatte eine Teilnehmerliste, in die sich der Mann eintrug. Bevor sie weiterfuhren, wurde ihm genau erklärt, wo der Fischteich lag.

Nun war alles eitel Freude und Sonnenschein. Sie fuhren in ein Wäldchen. Der Mann stellte das Auto auf einer kleinen Lichtung ab.

»Du willst wahrscheinlich nicht mitkommen und beim Angelwettbewerb zusehen?«, fragte er Frau Löffelchen.

»Ach nein, ich werde wohl lieber auf das Auto aufpassen«, sagte Frau Löffelchen. Der Mann zog los. Das Erste, was Frau Löffelchen tat, als sie allein war, war, aus dem Auto auszusteigen und sich nach einem Laden umzusehen. Sie musste ein bisschen Futter für ihre Tiere einkaufen. Bis zur Hauptstraße war es weit. Der Laden, den sie schließlich fand, war so ein altmodischer, in dem man Schirmmützen, Hering, Draht für Heureiter und Kandiszucker kaufen konnte. Es waren viele Leute im Laden, es würde also lange dauern, bis sie an der Reihe war. Sie drehte eine kleine Runde ums Haus. Hinter dem Laden befand sich ein kleiner Hühnerhof. Dort stolzierten zwölf schöne, weiße Hühner umher und scharrten im Kleisand, wäh-

rend sie Essensreste vom vorigen Tag aufpickten. Doch in einer entfernten Ecke stand ein kleines gesprenkeltes Huhn und zwinkerte mit den Augen. Es war so zerzaust und mager, dass Frau Löffelchen mit diesem armen Geschöpf Mitleid hatte.

»Sei nicht traurig«, sagte Frau Löffelchen zu dem Huhn. »Es sollte mich wundern, wenn du nicht vor Sonnenuntergang mein Huhn geworden bist.« Dann ging sie in den Laden und kaufte ein. Als sie fertig war, fragte sie den freundlichen alten Mann hinter dem Tresen, ob er das kleine gesprenkelte Huhn verkaufen würde.
»Das kleine gesprenkelte Huhn ist nichts, was man verkaufen könnte«, sagte der Mann. »Es ist nur ein Kümmerling. Es legt nicht einmal Eier und ist außerdem alt und zäh.«
»Ja«, sagte Frau Löffelchen. »Keiner kann wohl Eier legen, wenn er von früh bis spät im Hühnerhof herumgejagt wird. Und alt werden wir wohl alle irgendwann.«
Was der Mann hinter dem Tresen auch sagte – es half nichts. Je mehr er an dem Huhn auszusetzen hatte, desto eifriger wollte Frau Löffelchen das Huhn kaufen. Sie ließ nicht nach, bis das Huhn ihr gehörte. Der Mann fand einen Pappkarton mit Löchern an der Seite und setzte das Huhn hinein. Das Huhn war so ängstlich, dass es ganz still dalag. Frau Löffelchen bezahlte und ging – den Karton mit dem Huhn unter dem einen Arm, die Waren unter dem anderen. Das war ziemlich schwer, und als Frau Löffelchen ein

Stück in den Wald hineingegangen war, setze sie ihre Last ab, um die Seiten zu wechseln. Außerdem wollte sie nachsehen, wie es dem Huhn ging. Sie öffnete den Deckel einen Spaltbreit … Und IN DIESEM AUGENBLICK, genau IN DIESEM AUGENBLICK wurde Frau Löffelchen so klein wie ein Teelöffel.

Das Huhn flatterte aus dem Karton, doch Frau Löffelchen griff nach dem einen Bein und klammerte sich fest. Das Huhn versuchte zu fliegen, kam aber nicht weit. Frau Löffelchen gelang es, sich auf seinen Hals zu werfen, und dann stürzte das Huhn mit Frau Löffelchen unter eine Tanne.

»Du bist wirklich ein dummes Huhn«, sagte Frau Löffelchen.

»Ja, ich weiß …«, sagte das Huhn. »Ich habe nie etwas anderes gehört, seit ich geschlüpft bin.«

Da bereute Frau Löffelchen, was sie gesagt hatte.

»Hör nicht auf alles, was die Leute sagen«, sagte sie. »Ich hab's nicht so gemeint. Und eine alte Frau bleibt eine alte Frau – ob sie nun groß ist oder klein. Nun sollst du mit zu mir nach Hause kommen und es gut haben, mein Perlhühnchen.«

»Du bist so klein – du kannst doch wohl keine Hühner halten?«, sagte das Huhn.

»Ich bin nicht immer so klein«, sagte Frau Löffelchen. »Irgendwann werde ich plötzlich wieder groß.«

»Dann beeil dich mit dem Großwerden, denn dort kommt Reineke Fuchs!«, gackerte das Huhn. »Und er hat keine Angst!«

»Ich auch nicht!«, sagte Frau Löffelchen und guckte sich um. Da stand Reineke Fuchs und leckte sich das Maul.

»Ah, da haben wir ja einen guten Bekannten – na, promenierst du ein bisschen draußen bei dem schönen Wetter?«, fragte Frau Löffelchen.

»Ja, ich dachte, ich bekomme Appetit bei einem kleinen Spaziergang, aber nun habe ich *richtig* Glück«, lachte der Fuchs. »Denn nun bekomme ich Futter für meinen Appetit!« Er wollte sich auf das Huhn stürzen.

»Na, na«, sagte Frau Löffelchen. »Nicht so hastig, mein guter Reineke. Weißt du, ich bin gerade unterwegs, um zu einem kleinen Fest einzuladen, und da

kann ich dich ja auch gleich miteinladen«, sagte sie, »aber dann musst du dich anständig benehmen!«

»Ha«, machte der Fuchs und schnaubte. »Du willst mich hereinlegen – so, wie mich der Hahn einmal hereingelegt hat, als er mich dazu gebracht hat, zuerst meine Pfoten zu waschen. Doch das wird dir nicht gelingen!« Er legte seine Fuchskralle auf das Huhn.

»Ich will dich nicht hereinlegen!«, schrie Frau Löffelchen. »Und nun lässt du auf der Stelle das Huhn los! Du sollst ja etwas zu fressen bekommen, aber nicht auf Kosten eines alten, zähen Huhns. Jetzt trägst du erst einmal diese Waren zum Auto. Danach kommst du zurück und holst das Huhn und mich!«

»Oh nein«, sagte der Fuchs. »Wenn ich zurückkomme, seid ihr, du und das Huhn, weg. Nein, ich will jetzt sofort etwas zu essen haben.« Damit legte er die andere Pfote auf Frau Löffelchens Rocksaum.

»Ach, wie dumm du doch bist. Ich habe immer gehört, der Fuchs sei schlau, aber das ist wohl schon lange her. Nun trägst du die Waren zum Auto! Wenn du dir Sorgen darüber machst, ob das Huhn und ich verschwinden, kann mich das Huhn auf den Rücken nehmen. Dann gehen wir den ganzen Weg neben dir her«, sagte Frau Löffelchen.

Darauf ließ sich der Fuchs ein. Er nahm das Essenspaket ins Maul und ging zur Lichtung hinüber. Neben ihm ging das Huhn mit Frau Löffelchen auf dem Rücken. Beim Auto angekommen, bat Frau Löffelchen den Fuchs, die Waren auszupacken. Das Huhn flatterte auf das Autodach, um eine Plastikdecke zu holen, und legte sie ordentlich auf das Gras.

»Beginnt das Fest bald?«, fragte der Fuchs.

»Ja, gleich«, sagte Frau Löffelchen. »Ich muss noch den anderen Bescheid geben, die auch eingeladen sind.«

»Bist du da, meine Riesenkatze Kratzende Kralle?«, rief Frau Löffelchen ins Auto.

»Miau«, machte es im Auto.

»Du lieber Himmel ... Kommen noch weitere Gäste?«, fragte der Fuchs.

»Oh ja. Bis du da, mein Wildschein Schnappender Hauer?«, fragte sie.

»Nöff«, machte es im Auto.

»Grundgütiger Himmel«, sagte der Fuchs. »Sind da noch mehr?«

»Oh ja«, sagte Frau Löffelchen und rief: »Bist du da, mein kläffender Fuchshäuter?«

»Himmel Herrgott! Dieses Fest möchte ich nicht mitfeiern«, sagte der Fuchs.

»Ach doch, nun kommen nicht mehr«, sagte Frau Löffelchen. »Setz dich hin, Reineke, dann bekommst du das Huhn als Tischdame.«

Aber Reineke saß da und sah traurig aus.

»Also hast du mich doch hereingelegt, genau wie die anderen«, sagte er.

»Das habe ich nicht getan«, sagte Frau Löffelchen. »Ich habe dir etwas zu fressen versprochen, und Fressen sollst du bekommen. Nimm den Picknickkorb mit in den Wald. Darin sind Schinken und Milch. Bitte bedien dich – guten Appetit!«

Nun bekam der Fuchs wieder gute Laune. Er nahm den Korb und wollte losziehen.

»Warte kurz«, sagte Frau Löffelchen. »Da ist noch eine Sache. Den Korb muss ich wiederhaben.«

»In Ordnung«, sagte der Fuchs. »Wenn du dein Versprechen hältst, dann halte ich auch meines.« Und weg war er, bevor Frau Löffelchen sich umdrehen konnte. Und kaum hatte sie sich umgedreht …, wurde sie wieder so groß wie andere Frauen. Sie hob das Huhn hoch und setzte es in den Karton neben die anderen Tiere. Danach setzte sie sich auf das Trittbrett und wartete darauf, dass der Mann vom Angelwettbewerb zurückkommen würde.

Sie musste eine ganze Weile warten, doch endlich sah sie ihren Mann vom Waldrand kommen. Er ging langsam und wirkte niedergeschlagen, und sie begriff, wie der Angelwettbewerb gelaufen war. Als der Mann näherkam, sah sie, dass er einen Korb trug. Sie begann zu grübeln, wie der Fuchs ihren Mann dazu gebracht hatte, den Korb zu tragen.

»Na, wie war der Angelwettbewerb?«, fragte sie.

»Ach, ich habe doch nicht teilgenommen«, sagte der Mann. »Aber eines will mir nicht in den Kopf: Während ich durch den Wald hierher zurückging, kam plötzlich hinter einem kleinen Hügel dieser Korb auf mich zugerollt –

direkt auf den Trampelpfad. Ich dachte, ein paar Blaubeersammler würden mich zum Besten halten, deshalb habe ich den Korb mit einem Schuss ins Heidekraut zurückbefördert. Dann bin ich weitergegangen und musste über einen Zaun klettern, und dort hing doch tatsächlich dieser Korb über einem Pfahl. Da bin ich ein bisschen ärgerlich geworden – ich mag es nicht, wenn mich jemand zum Besten hält, ohne dass ich ihm etwas getan habe«, sagte er.

»Nein, das mag wohl niemand«, sagte Frau Löffelchen.

»Aber nun sollst du etwas noch Seltsameres hören«, sagte der Mann. »Ob du's glaubst oder nicht: Als ich durch den Bach Richtung Wäldchen waten wollte, kam der Korb mir auf dem Wasser entgegengeschwommen. Ich konnte es nicht lassen und griff nach dem Henkel, um ihn näher zu betrachten. Und weißt du was? ES WAR UNSER KORB!«

»Ja, das sehe ich«, sagte Frau Löffelchen.

»Ja, aber wie kann es angehen, dass ich hier stehe und unseren Korb in der Hand halte?«, fragte der Mann.

»Hast du das nicht gerade selbst erzählt?«, sagte Frau Löffelchen. »Nun setz dich schnell ins Auto, damit wir weiterkommen.«

Und dann fuhren sie los. Das Auto und der Mann und Frau Löffelchen und das Kätzchen und das Schweinchen und der Welpe und das Huhn.

Als sie eine Weile gefahren waren, stieg der Mann in die Bremsen.

»Was ist denn jetzt schon wieder los?«, fragte Frau Löffelchen. »Ich dachte, ich hätte ein Plakat gesehen, auf dem ›Wettbewerb‹ stand«, sagte der Mann.

»Nun musst du aber doch bald mal genug haben von dem Unsinn«, sagte Frau Löffelchen. »Und außerdem darfst du nicht so scharf bremsen – du musst auch ein bisschen an uns auf dem Rücksitz denken.«

»An uns?«, fragte der Mann. »Wer ist denn ›uns‹?«

»Das Gepäck und ich«, sagte Frau Löffelchen. Sie dachte natürlich an alle ihre Tiere. Aber das traute sie sich nicht zu sagen.

»Ja, ich werde ein bisschen vorsichtiger fahren«, sagte der Mann. Und nun fuhr er etwas langsamer. Aber da ertönte auf dem Rücksitz wieder die seltsame Melodie. Frau Löffelchen hatte nichts anderes zu tun als auf die Schnelle ein Lied zu dichten. Sie dichtete eines mit möglichst vielen Tierlauten.

Unser Auto, das ist fein,
i-a, i-a, o,
und wir passen alle rein,
i-a, i-a, o,
mit 'nem miau, miau hier
und 'nem nöff, nöff da,
mit 'nem wau, wau hier
und 'nem gack, gack da,
hier ein miau, da ein nöff,
hier ein wau, da ein gack,
überall ein miau-nöff-wau-gack …
Unser Auto, das ist fein …

Da bremste der Mann wieder. Er hatte ein neues Plakat gesehen. Dieses Mal stieg er aus und las es. Mit großen Buchstaben stand dort:

DIE SENSATION DES SOMMERS –
großer Hindernislauf kombiniert mit uralten Traditionen!

Der Hindernislauf startet heute um drei Uhr vom Bahnhofsvorplatz.
Als Erstes müssen die Teilnehmer durch das Bjønnfaret sprinten,
danach direkt oberhalb des Wasserfalls durch den Svartelva waten
und schließlich den Riesensprung von Suluskaret zum
Måsånuten bewältigen.

»Du hast doch wohl nicht vor, da mitzumachen?«, fragte Frau Löffelchen.
»Oh, sag das nicht«, antwortete der Mann. »Ich werde auf jeden Fall hingehen und zugucken.«
»Und was machen wir so lange?«, fragte Frau Löffelchen.
»Nun sagst du schon wieder ›wir‹«, sagte der Mann.

»Ach, du schüttelst mich durch und fährst und bremst und wendest – da ist es doch nicht merkwürdig, wenn die Worte ein bisschen holterdiepolter kommen«, sagte Frau Löffelchen. »Aber was mache ICH so lange? Soll ich im Auto sitzen bleiben?«

»Oh nein«, sagte der Mann. »Ich fahre dich jetzt zum Bahnhof, und dann nimmst du den Zug nach Hause.«

Ja, das fand Frau Löffelchen gar nicht so dumm. Der Mann musste aber zuerst mit der Hand auf dem Herzen versprechen, nicht am Hindernislauf teilzunehmen. Das tat er. Er fuhr das Auto zum Bahnhof und ging hinüber, um den anderen beim Lauf zuzusehen. Das müsse ihm wohl erlaubt sein, fand er.

Als der Mann glücklich losgezogen war, stieg Frau Löffelchen aus dem Auto aus. Sie löste für sich und die Tiere eine Fahrkarte. Der Bahnhofsvorsteher war sehr nett. Er besorgte eine große Kiste für alle Tiere. Darin lagen sie so schön, jeder in seinem Karton. Frau Löffelchen hatte natürlich eine Menschenfahrkarte und sollte in einem Abteil sitzen.

»Aber ich werde bei meinen Tieren sitzen, so lange ich kann«, dachte sie und setzte sich am Bahnsteig auf die Kiste. Genau in dem Augenblick, als der Zug in der Kurve in Sicht kam und tutete, wurde sie so klein wie ein Teelöffel. Im Deckel waren große Schlitze, so wie es bei Tierkisten zu sein pflegt, und Frau Löffelchen fiel durch sie hindurch auf den Schwanz der Katze.

»Miau!«, sagte die Katze.

»Sei still!«, sagte Frau Löffelchen. »Versuch lieber, mich zu verstecken, bevor der Bahnhofsvorsteher mich sieht.«

Das taten die Tiere. Das Kätzchen rollte sich über ihrem Rock zusammen. Der Welpe legte sein Ohr über die Bluse, und das Huhn breitete den einen Flügel zart und vorsichtig über ihr Gesicht. Neben ihnen allen lag das Schwein, blinzelte himmelblau und zwirbelte einen extra Kringel in den Schwanz.

Der Bahnhofsvorsteher kam, hob die Kiste hoch und trug sie in den Tierwaggon.

»Wo ist denn die alte Frau geblieben, die hier eben noch gestanden hat?«, sagte er und sah sich um. Er konnte nicht so lange warten, denn der Zug musste weiter. Also blies er in die Pfeife, und der Zug fuhr los.

»Wie schön, dass du gerade jetzt so klein geworden bist wie ein Teelöffel«, sagten der Welpe und das Huhn und das Schwein und das Kätzchen.

»Ja«, sagte Frau Löffelchen. »Eines dürft ihr nun nicht vergessen! Es geschieht nicht oft, dass ich so klein bin wie ein Teelöffel und mit euch allen vieren auf einmal reden kann. Hört genau zu und lernt das Lied, das ich jetzt singe! Zuerst singe ich für dich, kleine Miezekatze. Hör gut zu, und miaue, wenn ich auf dich zeige.«

Und dann sang Frau Löffelchen:

> Kätzchen, hör mir zu,
> (miau, miau),
> ich erklär dir ganz in Ruh':
> (miau, miau)
> Putze dich, sooft es geht,
> stoß nicht um, was auf dem Tische steht,
> versprich mir das im Nu!
> (Miau, miau)

Sie zeigte auf das Schweinchen und sang:

> Schweinchen, hör mir zu,
> (nöff, nöff)
> Ich erklär dir ganz in Ruh':
> (nöff, nöff)
> Lieg faul in der Sonne,
> iss dein Futter mit Wonne,
> versprich mir das im Nu!
> (nöff, nöff)

Dann kam der Welpe an die Reihe:

> Hündchen, hör mir zu,
> (wuff, wuff)
> Ich erklär dir ganz in Ruh':
> (wuff, wuff)
> Belle nicht den ganzen Tag,
> weil mein Mann das gar nicht mag,
> versprich mir das im Nu!
> (wuff, wuff)

Schließlich kam die Hühner-Strophe.

> Hühnchen, hör mir zu,
> (gack, gack)
> Ich erklär dir ganz in Ruh':
> (gack, gack)
> Viele Eier sollst du legen,
> ja, das wär' ein großer Segen.
> Versprich mir das im Nu!
> (gack, gack)

Frau Löffelchen musste das Lied ein zweites und ein drittes Mal singen, bevor alle Tiere ihre Strophen konnten, aber zum Schluss ging es richtig gut. Dann hielt der Zug an dem Bahnhof, wo sie aussteigen sollten.
Der Bahnhofsvorsteher kam, öffnete die Tür zum Tierwaggon und stellte die Kiste auf die Milchabholrampe. Weil niemand sonst aussteigen wollte, blies er in die Pfeife, und der Zug fuhr weiter. Zum Glück standen sowohl Name als auch Adresse auf der Kiste mit den Tieren. Als also Per mit seinem Holterdiepolter-Milchwagen ankam, stellte er die Kiste einfach auf die Ladefläche und rumpelte los. An der Biegung, wo die Kiste abgeliefert werden sollte, setzte er sie am Straßenrand ab und fuhr weiter.

»Was sollen wir denn jetzt tun?«, fragten die Tiere.

»Ihr könnt tun, was ihr wollt, aber was ich tue, weiß ich genau: Ich werde wieder groß. Lasst mich aus der Kiste raus!«, schrie Frau Löffelchen. Doch es war zu spät. Plötzlich wurde Frau Löffelchen groß. Die Kistenbretter flogen nach allen Seiten, das Huhn flatterte in eine Tanne, der Welpe kullerte den Abhang hinunter, das Schwein hatte seinen Rüssel in eine Baumwurzel eingeklemmt und die Katze fiel in den Bach. Und alle zusammen schrien sie.

»Sch, sch«, machte Frau Löffelchen und sah sich ängstlich um. Sie beeilte sich, alle Tiere einzusammeln und trug sie hoch zu ihrem Haus.

Als sie hereinkam, legte sie ihren Finger an die Nase, kratzte sich dann dreimal unter ihrem Haarknoten, und schließlich sagte sie: »Genau! Das ist die Lösung!«

Zuerst legte sie das Kätzchen unter die Bettdecke. Das Schwein stellte sie in die leere Holzkiste, den Welpen in einen Korb unter den Ofen und das Huhn setzte sie auf die Kommode – mit einem Lampenschirm über sich.

Sie stellte den Kaffeekessel auf den Herd und ging nach draußen auf die Vordertreppe, um den Weg hinunterzusehen.

Dort kam ihr Mann. Er ging langsam und schwer und sah unglücklich aus. Frau Löffelchen rief »Hallo!«, damit er merkte, dass sie zu Hause war. Da wurde er froh.

»Oh, Gott sei Dank – du bist zu Hause«, sagte er.

»Sollte ich nicht?«, sagte Frau Löffelchen. »Aber wo hast du denn das Auto gelassen?«

»Man kann nicht mit dem Auto durch Flüsse und Gebirgsklüfte fahren«, sagte der Mann.

Frau Löffelchen schlug die Hände zusammen.

»Willst du damit sagen, dass du beim Hindernislauf mitgemacht hast?«

»Irgendwie ja«, sagte der Mann. »Eigentlich wollte ich ja nur zusehen, aber dann hörte ich, wie der Bahnhofsvorsteher nach einer Frau fragte, die im Zug mitfahren wollte und nun verschwunden war. Da bekam ich solche Angst, du seist gemeint und wärest wieder so klein geworden wie ein Teelöffel.«

»Und dann?«, fragte Frau Löffelchen.

»Dann nahm ich die Beine in die Hand und lief, so schnell ich konnte, um den Zug einzuholen. Ich flog durch Bønnfaret, watete durch den Fluss und machte den Todessprung.«

»Und – hast du den Pokal gewonnen?«, fragte Frau Löffelchen.

»Den Pokal?«, sagte der Mann. »An den Pokal habe ich überhaupt nicht gedacht. Ich habe nur daran gedacht, dass ich dir helfen muss, wenn du in der Klemme sitzt.« Frau Löffelchen fuhr sich kurz mit dem Schürzenzipfel über die Augen. Dann räusperte sie sich und sagte:

»Komm herein, nun sollst du einen Kaffee haben. Und vielen Dank für die Ausfahrt.« Sie kitzelte ihn ein bisschen am Bart.

»Gleichfalls!«, sagte der Mann. »Das hat ja alles sehr gut geklappt. Und denk nur: Du bist nicht ein einziges Mal so klein geworden wie ein Teelöffel!«

»Doch, das bin ich schon«, sagte Frau Löffelchen. »Am ersten Tag war ich zum Beispiel so klein wie ein Teelöffel. Und da hatte ich solche Angst.«

»Warum?«, fragte der Mann. »Du wirst doch auch sonst damit fertig, wenn das passiert.«

»Ja, aber jetzt war es ein bisschen anders«, sagte Frau Löffelchen. »Ich hatte solche Angst, du würdest mich verlassen.«

»Du weißt doch, dass ich dich niemals verlassen würde. Man verlässt doch nicht die, die man liebhat«, sagte er.

»Nein, damit habe ich mich auch getröstet«, sagte Frau Löffelchen. »Aber nicht alle denken darüber so wie du, mein Lieber. Am ersten Tag, als ich so klein war wie ein Teelöffel, traf ich ein kleines Kätzchen. Ein paar Stadtleute hatten es verlassen, obwohl sie es liebhatten. Hättest du das getan?«

»Aber nein!«, sagte der Mann. »Das hätte ich niemals getan.«

»Nein, das dachte ich mir«, sagte Frau Löffelchen. »Deshalb habe ich das Kätzchen auch gleich mitgenommen. Komm, mein Kätzchen, und begrüß deinen lieben Hausherrn.«

»Miau«, machte das Kätzchen und kam unter der Decke hervor.

»Aber …«, sagte der Mann.

»Warte kurz, dann sollst du noch mehr hören«, sagte Frau Löffelchen. »Am

Tag danach, als ich wieder so klein wurde wie ein Teelöffel, traf ich ein Schwein. Es war so ein hübsches kleines Schwein, und es war so hungrig. Niemand wollte ihm etwas zu fressen geben. Da habe ich bei mir gedacht, wie gut ich es all die Jahre gehabt habe. Tagein, tagaus hast du dich geplagt und gemüht, damit ich zu essen habe und nicht hungern muss. Wenn ich dich nun verlasse, mein kleines Schwein, (so dachte ich), dann würde mein Mann mir das nie verzeihen. Und dann habe ich das Schwein mitgenommen. Mein liebes Schwein, komm und begrüß deinen lieben Hausherrn!«
»Nöff«, sagte das Schwein und sprang aus der Holzkiste.

»Aber, aber …«, sagte der Mann. »Das wird ja immer schlimmer.«

»Du sagst es«, sagte Frau Löffelchen. »Es wird immer schlimmer, denn weißt du, was? Am Tag danach, als ich erneut so klein wie ein Teelöffel war, da traf ich einen Welpen, und da dachte ich …«

»Nein, nein, nein!«, sagte der Mann.

»Genau«, sagte Frau Löffelchen. »Nein, nein, nein! dachte ich. Mein Mann hat immer gesagt, wenn er wieder einen Hund bekäme, müsste es ein reinrassiger Welpe sein. Und dieser Welpe ist so reinrassig, dass man in sieben Kirchspielen nicht seinesgleichen finden wird.«

»Was meinst du damit?«, fragte der Mann. »Ist das eine neue Rasse?«

»Ja, die ist so neu, dass sie noch nicht einmal einen Namen hat«, sagte Frau Löffelchen.

»Kann er denn Kunststücke?«, fragte der Mann.

»Und genau *das* ist ja das Schöne«, sagte Frau Löffelchen. »Es ist kein Welpe, der sich so dressieren lässt, dass er einem Menschen gleicht. Dieser Welpe ist so, wie ein Welpe sein soll. Komm, mein Welpe, und begrüß deinen lieben Hausherrn!«

»Wuff, wuff«, sagte der Welpe. Er sprang auf den Mann zu und hüpfte um seine Beine herum.

»Aber, aber, aber NUN …«, sagte der Mann. »Du bist hoffentlich nicht noch weitere Male klein geworden?«

»Oh doch«, sagte Frau Löffelchen. »Am Tag darauf wurde ich wieder klein. Da traf ich ein Huhn. Niemand wollte es haben, weil es keine Eier legte.«

»Ganz meiner Meinung«, sagte der Mann. »Ein Huhn, das keine Eier legt, ist nicht zu gebrauchen.«

»Aber verstehst du denn nicht, dass niemand das Huhn liebhatte? Deshalb legte es keine Eier«, sagte Frau Löffelchen.

»Aber, aber, aber, aber«, sagte der Mann.

»Also, also, also, also«, sagte Frau Löffelchen.

»Hier kommt was«, sagte jemand unter dem Lampenschirm auf der Kommode. Und da hatte das Huhn ein großes braunes Ei gelegt. Jetzt konnte der Mann nicht mehr an sich halten – er musste lachen.

»Du bleibst, wie du bist«, sagte er.

»Du auch«, sagte Frau Löffelchen. »Und nun brate ich dir ein Spiegelei. Das hast du dir wirklich verdient. Du zeigst Mitgefühl für Mensch *und* Tier.«

»Ich?«, sagte der Mann. »Mitgefühl hast du doch wohl gezeigt – nicht ich.«

»Das ist doch Unsinn«, sagte Frau Löffelchen. »Es hätte doch nichts genützt, ein Tier nach dem anderen mit nach Hause zu bringen, wenn du nicht so umsichtig wärest und für alles so viel Verständnis hättest.«

»Hehe, ja, ja«, sagte der Mann. »Aber das Ei gehört dir.«

»Nie im Leben«, sagte Frau Löffelchen. »Das ist deins. Als du hereingekommen bist, ist das Huhn unter dem Lampenschirm zur Ruhe gekommen und hat das Ei gelegt.«

»Nein, nein, nein, das ist doch wirklich zu verrückt«, sagte der Mann und ruderte mit den Armen.

»Unsinn«, sagte Frau Löffelchen. »Du bist doch wohl der Mann im Haus, also bin ich es, die hier bestimmt!« Sie schlug das Ei gegen den Rand der Bratpfanne. – In dem Ei waren zwei Dotter!!

»Da siehst du es«, sagte Frau Löffelchen. »Das Huhn ist klüger als die meisten anderen Hühner. Aber warte einen Augenblick. Ich muss dir noch etwas zeigen.« Sie öffnete die Tür zur guten Stube. Auf dem Buffet stand ein großer Pokal.

»Bitteschön. Der Pokal gehört dir – du hast ihn dir wirklich verdient.«

»Das ist doch nicht meiner«, sagte der Mann. »Das ist doch der Pokal, den du als junge Stallmagd bekommen hast. Du hast ihn bekommen, weil du die Tiere so gernhattest.«

»Ja, aber nun gehört er dir«, sagte Frau Löffelchen. »Denn nun hast du gezeigt, dass du Tiere genauso gernhast wie ich.«

»Dann kann der Pokal doch uns beiden gehören«, sagte der Mann.

»Wie du willst«, sagte Frau Löffelchen. »Jetzt trinken wir erst einmal Kaffee. Und dann nutzen wir deine restlichen Urlaubstage, um ein Zuhause für unsere Tiere herzurichten.«

Und das taten sie.

Frau Löffelchen hat Unterricht in Naturkunde

Jeden Morgen, wenn Frau Löffelchen am Küchenfenster sitzt, den letzten Rest Kaffee trinkt, der noch im Kessel war, und zusieht, wie ihr Mann mit dem Fahrrad zur Arbeit fährt, geht ein kleiner Junge über den Hofplatz. Der Junge heißt Per, und er und Frau Löffelchen sind sehr gute Freunde. Na ja, also – ihre Freundschaft ist nicht so, wie die meisten Leute sich solch eine Freundschaft vorstellen! Es geschieht häufig, dass Per ohne Gruß über den Hofplatz rennt, weil er zu den anderen Jungen will, die auf der Wiese Fußball spielen. Und es kann auch passieren, dass Frau Löffelchen draußen Wäsche aufhängt und sich nicht einmal umdreht, wenn Per vorbeigeht.

Frau Löffelchen hat noch nie gesagt: »Per ist so ein wohlerzogener und netter Junge. Er ist nicht wie die anderen, die immer nur herumrennen und Unsinn anstellen.« Und Per hat noch nie gesagt: »Ich wünschte, du wärest meine Oma. Du bist so lieb.«

Nein, nein.

Per hat noch nicht einmal danach gefragt, wie Frau Löffelchen heißt, und Frau Löffelchen hat nie gefragt, was er sich zu Weihnachten wünscht.

Frau Löffelchen sitzt am Fenster mit ihrem Schluck Kaffee und sieht Per, wie er über den Hofplatz geht, und da weiß Frau Löffelchen einfach nur, dass da ein kleiner Junge geht, mit einem Schulranzen auf dem Rücken. Und Per geht über den Hof und weiß, dass in dem Haus eine alte Frau wohnt, die auch nicht schlimmer ist als die meisten anderen alten Frauen. »Die alte Frau, die hier wohnt, ist jedenfalls gut zu ihren Tieren«, denkt Per. Er sieht ja die Katze, wie sie neben Frau Löffelchen mitten auf dem Küchentisch sitzt und die restliche Sahne aus dem Kännchen bekommt, und draußen auf der Treppe liegt der Hund, und in seinem Schälchen ist sauberes Wasser, und sein Napf ist voller Knochen zum Abnagen.

Per ist selbst ein großer Tierfreund. Wenn er die Abkürzung durch den Wald nimmt, bleibt er oft stehen und sieht zwei Eichhörnchenkindern beim Spielen zu, wie sie die Tannen hoch- und runterklettern. Außerdem weiß er von vielen Vogelnestern, zu denen er regelmäßig hingeht. Er schaut hinein oder klettert zu ihnen hinauf (wenn es nicht *zu* hoch ist) und beobachtet, wie die Vogelkinder größer werden. Er ist sehr vorsichtig und späht nur ganz, ganz kurz hinein. Und dann kommt er zu spät zur Schule.

Am schlimmsten ist es, wenn es über Nacht geregnet hat. Da braucht er doppelt so lang für den Schulweg, denn dann muss er im Zickzack gehen, um nicht auf alle Regenwürmer zu treten, die da liegen und sich in Schlammpfützen und am Rand des Straßengrabens winden.

Aber es ist vielleicht besser, wenn du das keinem erzählst – weder deinem Vater und deiner Mutter noch deinen Lehrerinnen oder lieben Tanten, denn dann könnte es sein, dass sie sagen: »Per ist ein Junge, der sein Herz auf dem rechten Fleck trägt.« Und so etwas möchte ja keiner gerne hören.

Wahrscheinlich weiß nur Frau Löffelchen, dass Per Tiere so gerne mag. Und Frau Löffelchen sagt es nicht weiter, und da finde ich, wir sollten das auch nicht tun.

Du hast nun schon gehört, dass Per häufiger mal zu spät zur Schule kommt. Und obwohl die Lehrerin sagt, wir sollen nett zu den Vögeln sein, wir sollen sie und ihre Nester schützen, und der Hund ist unser bester Freund, und obwohl sie »Häschen in der Grube« singt, wäre sie wohl ziemlich sprachlos, wenn Per ihr erzählte, dass er deshalb so spät kommt, weil er Tiere so gerne mag.

Aber jetzt verheddern wir uns ganz und gar … Du solltest doch erfahren, wie es war, als Frau Löffelchen Unterricht in Naturkunde bekam – und nun fangen wir an!

Es war ein schöner Tag im Frühling, noch dazu früh am Morgen, denn Frau Löffelchen saß da mit ihrem Schluck Kaffee. Und da kam Per und ging über den Hof. Er ging ziemlich schnell – ihm war wohl irgendein Tier über den Weg gelaufen, das begrüßt werden musste, er ging jedenfalls sehr schnell, um nicht zu spät zur Schule zu kommen. Es reichte gerade noch für ein »Morgen, Katze« für die Katze auf dem Küchentisch und ein »feiner Hund« für den Hund auf der Treppe. Plötzlich blieb er ruckartig stehen und machte auf den Hacken kehrt. Frau Löffelchen war gerade auf die Vordertreppe hinausgegangen, um das Wasser in der Schale zu wechseln, als Per wie ein Satellit über den Hof flog, zurück nach Hause.

»Was in aller Welt ist denn mit dir los, Junge?«, fragte Frau Löffelchen.

»Hab das Naturkundebuch vergessen!«, rief Per und sah unglücklich aus.

»Warte, warte kurz«, sagte Frau Löffelchen, »auch wenn du noch so schnell rennst – das kannst du nicht schaffen, du kommst auf jeden Fall zu spät. Nein, geh du nur zum Unterricht, ich werde das Buch holen. Und dann komme ich damit zur Schule.«

Per wand sich ein bisschen und sah in die Luft, und dann sagte er: »Ich weiß nicht so recht.« In Pers Haut zu stecken, war ja auch nicht einfach. Man kann sich ja lustigere Dinge vorstellen, als dass eine alte Frau ins Klassenzimmer kommt und ein Buch bringt, das man zu Hause vergessen hat.

Frau Löffelchen verstand genau, was Per dachte.

Und dann fragte Frau Löffelchen: »Wo liegt das Buch?«

»Es liegt auf der Fensterbank, und das Fenster steht auf Kipp«, antwortete Per.

»Wohin soll ich das Buch legen, wenn ich zur Schule komme? Nun antworte schon, du kleiner Trottel! Steh nicht da und halt Maulaffen feil! Jetzt ist es ernst!«

»Du kannst es in die alte Steinmauer bei der großen Birke legen – in der Mauer ist eine Vertiefung, da war früher ein Vogelnest.«

»Also, Steinmauer, Birke, Fenster auf Kipp – gut, das sollte funktionieren. Nun nimm die Beine in die Hand, und sei rechtzeitig in der Schule. Den Rest überlass mir.«

»Klasse!«, sagte Per und sprang davon.

Frau Löffelchen nahm die Schürze ab und zwirbelte ihre Haare rasch zu einem Knoten, für den Fall, dass ihr auf dem Weg Leute begegneten.

Und plötzlich war Frau Löffelchen so klein wie ein Teelöffel!

»Tja – schlimmer geht immer«, sagte Frau Löffelchen. Sie stand im nassen Gras bei der Wäscheleine.

Dann rief sie die Katze.

»Komm, miezmiez«, sagte Frau Löffelchen.

»Nun musst du mich auf deinen Rücken nehmen, wie du es schon so oft getan hast, und dann musst du mich zu dem Haus tragen, wo das Fenster auf Kipp steht.«

»Und was machen wir dort?«, fragte die Katze.

»Wir holen ein Naturkundebuch«, sagte Frau Löffelchen.

»Naturkundebuch? Was ist denn das?«, fragte die Katze.

»Das ist ein Buch, in dem viel über Pflanzen und Tiere steht«, sagte Frau Löffelchen. »Ich erinnere mich an meine eigene Schulzeit, da stand in dem Buch, dass die Katze ein Raubtier ist, aber nun wollen wir nicht auf Rattenjagd gehen. Komm jetzt hierher – ich stehe im Gras bei der Wäscheleine.«

»Stand in dem Buch nichts darüber, dass Katzen nicht gerne nasse Pfoten bekommen?«, sagte die Katze. »Ich gehe auf der Steinmauer und begleite dich, so lange es geht.«

»Nun beeil dich schon«, sagte Frau Löffelchen und wurde fast böse.

Doch da blieb die Katze plötzlich stehen.

»Ja, nun habe ich dich begleitet, so weit es ging. Hier ist ein Bach, und den musst du auf irgendeine andere Art überqueren.«

»Das ist aber nicht nett, wenn du mich jetzt verlässt«, sagte Frau Löffelchen. Sie hing an einem Schilfrohr, das durchzubrechen drohte.

»Also, ich gehe jetzt«, sagte die Katze. »Ich bin nicht besonders gut in Naturkunde, aber ich weiß, dass der Hund seinem Herrn folgt, während sich die Katze im Haus hält.«

Und dann streckte die Katze ihren Schwanz in die Höhe und ging auf der Steinmauer nach Hause.

Da machte es *Knack* im Schilfrohr, und Frau Löffelchen fiel geradewegs in den Bach.

»Zum Glück kann ich schwimmen«, sagte Frau Löffelchen. »Denn das habe ich von Schwimmlehrer Frosch gelernt.« Und dann versuchte sie, sich an noch mehr aus dem Naturkundebuch zu erinnern.

»Menschen sind nicht zum Schwimmen gemacht, weil sie mit ihren Lungen atmen. Puh! Ich werde mal auf den Stein da klettern und durchatmen. Dann kommt vielleicht jemand, der mich retten kann.«

Kaum hatte sie das gesagt, kam ein Lemming, steckte seine nasse Schnauze aus dem Wasser und begann zu schimpfen.

»Ach, halt den Mund«, sagte Frau Löffelchen. »Ich weiß schon, dass du der zornigste Kleinnager bist, den es gibt, und dass du sogar Hunde und Menschen beißt, aber wenn es gilt, seinen Mund zu gebrauchen, dann hast du jetzt deinen Meister gefunden. Nun nimmst du mich auf deinen Rücken und schwimmst hinüber auf die andere Seite.«

»Noch nie habe ich so eine kleine Frau gesehen, und noch nie habe ich so eine große Klappe gehört«, sagte der Lemming. »Also spring auf, dann bringe ich dich aufs Trockene. Aber in was für einer Sache bist du eigentlich unterwegs?«

»Ich muss in die Schule, mit einem Naturkundebuch für einen kleinen Jungen«, sagte Frau Löffelchen. »Und in diesem Buch steht auch etwas über dich!«

»Wuff! Und was steht da über mich?«, fragte der Lemming, krabbelte an Land und wurde auf eine alte Galosche wütend, die dort herumlag.

»Hör mir zu«, sagte Frau Löffelchen, schloss die Augen und versuchte sich an ihre Schulzeit zu erinnern. »Ja, genau, dort steht, dass du nicht gesellig bist«, (das hatte sie sich auf die Schnelle ausgedacht), »aber da steht auch,

dass du nie allein unterwegs bist – ihr wandert in großen Scharen vom Gebirge ans Meer. Warum gehst du denn dann allein?«

»Gesellig«, fauchte der Lemming. »Wir Lemminge ›sind nicht gesellig‹ – das sagen die Leute einfach so daher. Wir wandern oft allein, aber wir wissen, wo unsere Gruppe ist, zu der wir gehören. Dort schimpfen wir nie – nur, wenn wir unterwegs sind und jemand haben, mit dem wir schimpfen können. So, jetzt musst du allein zurechtkommen. Ich sehe einen grauen Schatten dort am Berghang. Da kommt die Verwandtschaft, und nun muss ich mich beeilen.«

»Oh, kannst du nicht eben noch einen Abstecher zum Haus dort drüben machen? Dort steht das Fenster auf Kipp, und dann kann ich das Buch holen.«

»Nein, nun musst du allein zurechtkommen«, sagte der Lemming, und weg war er.

»Dann danke ich dir fürs Mitnehmen«, sagte Frau Löffelchen. Sie setzte sich

unter einen Fliegenpilz, der neben einem kleinen Steinhaufen stand, holte Luft und ruhte sich aus.

Da schaute plötzlich zwischen zwei Steinen eine kleine Schnauze hervor. Es war ein Hermelin.

»Ach, da macht ja Hermelin-Einar seine Runde«, sagte Frau Löffelchen. »Ich habe gehört, du steckst deine Nase in alles, was du siehst.«

»Oh ja, neugierig bin ich, und wie ich höre, weißt du auch, wer ich bin«, sagte die glänzende Schnauze. Dann schlüpfte ein Hermelin hervor, machte seinen Rücken krumm und wollte sich auf Frau Löffelchen stürzen. »Du bist die merkwürdigste Waldmaus, die ich je gesehen habe«, sagte es, »aber ich habe so einen Hunger – ich nehm dich trotzdem«, sagte es und setzte zum Sprung an.

»Nein, nein«, schrie Frau Löffelchen, »ich bin keine Waldmaus, ich bin die Frau, die immer so klein wird wie ein Teelöffel!«

»Die Frau, die immer so klein wird wie ein Teelöffel? Davon habe ich noch nie gehört, aber Teelöffel habe ich schon viele gestohlen«, sagte das Hermelin.

»Wenn du mir jetzt hilfst, dann sollst du von mir auch einen Teelöffel bekommen«, sagte Frau Löffelchen. »Du machst nun einen kurzen Abstecher zu dem kleinen Haus da drüben, wo das Fenster auf Kipp steht, und ich sitze auf deinem Rücken.«

»Also komm«, sagte das Hermelin, und Frau Löffelchen sprang hinauf und klammerte sich am Hermelinhals fest. »Du hast ein schönes Fell«, sagte Frau Löffelchen. »So ein Fell verwenden die Könige für ihre Hermelinumhänge.«

»Solange es nicht mein Fell ist, dürfen sie sich von mir aus feinmachen, womit sie wollen«, sagte das Hermelin.

Und dann lief es los. Es machte ein paar Sprünge, sodass Frau Löffelchen Mühe hatte, sich festzuhalten.

»Du kannst hoch springen, du, obwohl du wirklich sehr kurze Beine hast«, sagte Frau Löffelchen. »Weißt du auch, warum?«

»Ich hatte nie Zeit, darüber nachzudenken«, sagte das Hermelin und setzte erneut zum Sprung an.

»Das ist so«, sagte Frau Löffelchen. »In deiner Familie erzeugt der Körper selbst die Triebkraft. Er kann sich wie ein Bogen krümmen und wie eine Feder spannen.«

»So, halt dich gut fest, wir erreichen nun das Haus, von dem du gesprochen hast«, sagte das Hermelin. »Was soll ich jetzt tun?«

»Du sollst hineinspringen, ein Buch holen, das auf dem Fensterbrett liegt, und damit wieder herauskommen.«

Das Hermelin schlüpfte durch das Fenster und kam mit dem Buch unter dem Kinn wieder heraus.

»Warum nimmst du das Buch nicht in den Mund?«, fragte Frau Löffelchen.

»Das will ich dir gerne sagen, auch wenn du noch so viel weißt über Könige und Hermelinumhänge. Wir Hermeline tragen alles unter dem Kinn, sogar Eier! Aber nun habe ich keine Zeit mehr, dich zu begleiten – nun will ich den Teelöffel haben, den du mir versprochen hast.«

»Den sollst du bekommen, sobald ich wieder groß geworden bin«, sagte Frau Löffelchen. »Zuerst muss ich aber auf deinem Rücken zur Steinmauer neben der großen Birke vor dem Schultor reiten. Und dann musst du das Buch in die Vertiefung legen, wo sich das alte Vogelnest befindet.«

»Oh, das Nest kenne ich«, lachte das Hermelin. »Das waren schöne Eier.«

»Oh, pfui, schämen sollst du dich – also *du* hast die Eier genommen, und deshalb hält sich die Vogelmutter von ihrem Nest fern.«

»Ja, das kann schon sein«, sagte das Hermelin, »aber das ist unsere Natur. Isst du selbst denn gar keine Eier?«

»Kein Wort mehr darüber«, sagte Frau Löffelchen. »Hier ist die Steinmauer, und dort ist die Vertiefung, und da die Birke. Leg jetzt das Buch ins Loch, dann bekommst du heute Abend den Teelöffel.«

Genau in diesem Moment wurde Frau Löffelchen wieder so groß wie andere Frauen! Und das Hermelin bekam eine solche Angst, dass es sich in der Mauer versteckte.

Dann klingelte die Schulglocke, und Frau Löffelchen ging geradewegs an Per vorbei, der kam, um sein Buch zu holen.

Keiner der beiden grüßte, aber Frau Löffelchen sah sich kurz um, ob Per sein Buch fand. Dann ging sie weiter den Weg entlang.

Am Abend aber machte sie einen Spaziergang und legte einen Teelöffel in die Steinmauer.

Frau Löffelchen und das Schulfest

Vor den Sommerferien pflücken alle Kinder des Dorfes Blumen für das Abschlussfest. Sie bekommen Blumen von Tanten und Onkeln und allen, die Kinder auf der Schule haben. Und dann gehen sie mit ihren großen Sträußen los, singen und trällern, und alle Tanten und alle Onkel und alle Mamas und alle Papas stehen am Fenster und winken ihnen hinterher. »Schönes Fest!«, rufen sie.

Doch an einem Fenster steht eine Frau, die nur zusieht, wie die Kinder vorbeigehen, und das ist Frau Löffelchen.

Sie ruft nicht »Schönes Fest!«.

Denn ihre Kinder sind alle längst erwachsen, und zu ihr kommt keiner und bittet um Blumen für das Abschlussfest.

Ach doch … vielleicht … jedenfalls weiß ich von einem kleinen Mädchen vor vielen, vielen Jahren … – ich glaube, es war das Jahr, nachdem Frau Löffelchen zum ersten Mal Frau Löffelchen geworden war.

Der Garten von Frau Löffelchen war übersät mit Blumen. Weißer Flieder wogte schwer an den Zweigen, blaue Anemonen an üppigen Stängeln, und dort nickten gelbe Mohnblüten an ihren weichen Hälsen. Und Frau Löffelchen stand am Fenster und hatte niemanden, dem sie welche schenken konnte.

Doch da kam das kleine Mädchen über den Hofplatz. Das Mädchen ging langsam, und als die Katze auf der Vordertreppe »miau« sagte, sagte das Mädchen: »Du kannst mich mal!«, und als der Hund an der Kette »wau, wau« machte, sagte das Mädchen: »Halt die Klappe!«

Und als Frau Löffelchen das Fenster öffnete, um dem Hund einen Knochen zuzuwerfen, schrie das Mädchen: »Pass doch auf, blöde Kuh, mach mein Kleid nicht dreckig!«

Doch da stemmte Frau Löffelchen ihre Arme in die Seiten und sagte, es sei nicht erlaubt, über ihren Hofplatz zu gehen, und keiner dürfe etwas Hässliches zu Hund und Katze sagen, denn der Hund war an der Kette und die Katze lag auf der Treppe!

Da begann das kleine Mädchen zu weinen.

»Ich gehe nach Hause zu Mama, ich habe solche Bauchschmerzen, ich will nicht zum Schulfest. Ich kann doch wohl nicht zum Schulfest, wenn ich Bauchschmerzen habe!«

»Wo ist denn deine Mama?«, fragte Frau Löffelchen.

»Das erzähl ich dir doch nicht!«, fauchte das Mädchen.

»Aber wo ist denn dein Vater?«, fragte Frau Löffelchen.

»Das geht dich gar nichts an!«, sagte das Mädchen. »Aber ich will nicht zur Schule gehen, wenn ich keine Blumen für die Lehrerin habe. Es ist ja auch klar, dass wir keine Blumen haben – wir sind im letzten Herbst hierhergezogen und haben eine Hütte gekauft, und im Sommer bauen wir ein Haus, denn mein Vater hat Arbeit in der Nagelfabrik bekommen, und meine Mutter macht Papierblumen und trägt »Arbeiderbladet« aus, halt also bloß den Mund! Aber ich gehe jetzt trotzdem zum Abschlussfest, die Lehrerin kann sagen, was sie will. Wenn sie drei Jahre lang von Schule zu Schule umgezogen wäre, dann würde sie auch nicht so viel wissen, und wenn man im Frühling sät und im Herbst umzieht, dann gibt es eben keine Blumen zum Abschlussfest!«, sagte das Mädchen und sah Frau Löffelchen direkt

in die Augen. Und Frau Löffelchen sah direkt in die Augen des Mädchens. Und dann sagte sie: »Du hast die richtige Art, damit umzugehen, finde ich, und ich werde auf jeden Fall dafür sorgen, dass du Blumen bekommst. Nun sollst du Flieder und Anemonen und Mohnblumen pflücken, und ich gehe ins Haus und hole Papier, um sie einzuwickeln.«

Und das Mädchen begann zu pflücken, und Frau Löffelchen holte Papier, aber gerade, als Frau Löffelchen wieder auf die Treppe hinaustrat, wurde sie so klein wie ein Teelöffel!

Hollerdieboller!

Kuller, kuller, kuller!

Da lag Frau Löffelchen mitten im Papier.

Das Mädchen kam mit einem großen Strauß angelaufen.

»Hier ist der Strauß!«, rief das Mädchen.

»Und hier ist Frau Löffelchen«, sagte Frau Löffelchen und krabbelte aus dem Papier. »Hab keine Angst, das passiert manchmal einfach, dass ich so klein werde wie ein Teelöffel, ich kann nichts dagegen tun. Nun sei ein liebes Mädchen und steck mich in deinen Schulranzen. Und dann nimm den Strauß mit. Nun wollen wir die ganze Klasse an der Nase herumführen! Los geht's!«

Als das Mädchen in der Schule ankam, hatte das Fest schon lange begonnen. Und die Lehrerin war nicht nett, obwohl sie die schönen Blumen bekam.

»Danke«, sagte sie.

»Mach dir nichts daraus«, flüsterte Frau Löffelchen im Schulranzen.

»Setz dich an dein Pult«, sagte die Lehrerin.

Das Mädchen setzte sich an sein Pult und hielt den Ranzen auf dem Schoß.

»Nun wollen wir ein bisschen rechnen«, sagte die Lehrerin. »Wie viel ist sieben mal sieben?«

»Neunundvierzig!«, flüsterte Frau Löffelchen im Ranzen.

»Neunundvierzig«, sagte das Mädchen.

Da drehten sich alle zu dem Mädchen um. Sie konnte doch sonst kaum bis dreißig zählen.

Aber das Mädchen erwiderte die Blicke, lächelte und lugte verstohlen zum Schulranzen hinunter.

»Was hast du da auf deinem Schoß?«, fragte die Lehrerin. »Es ist nicht erlaubt, die Lösungen abzugucken. Komm mal mit deinem Ranzen hierher.« Also musste das Mädchen mit seinem Ranzen nach vorne zur Lehrerin gehen.

Die Lehrerin hängte den Ranzen an einen Nagel über dem Katheder. »Was kommt dabei heraus, wenn wir fünfzehn von achtzehn abziehen?«, fragte sie. Alle Kinder begannen, mit ihren Fingern zu rechnen, aber das kleine Mädchen sah, dass Frau Löffelchen zwei Arme und ein Bein aus dem Ranzen herausstreckte.

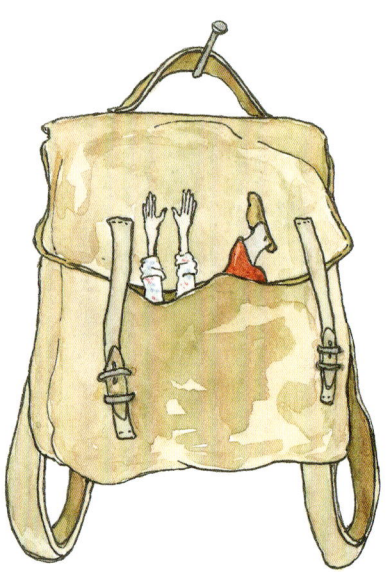

»Drei!«, sagte das kleine Mädchen, bevor irgendjemand antworten konnte. Niemand begriff, wie das zuging, aber das Mädchen strahlte wie eine Sonne, und Frau Löffelchen winkte da oben zwischen Rechen- und Schreibbuch.

»Das ist sonderbar«, sagte die Lehrerin. »Das muss ich sagen. Nun wollen wir ein bisschen Erdkunde machen und über fremde Länder sprechen. Welches Land ist von einer großen Mauer umgeben und gehört zu den ältesten Kulturen der Erde?«

Das Mädchen sah gespannt hinauf zum Ranzen. Unter dem Deckel kam der Kopf von Frau Löffelchen zum Vorschein. Sie zog mit beiden Händen die Augen zur Seite, sodass sie schmal und schräg aussahen. Außerdem hatte sie einen Buntstift des Mädchens genommen und sich damit das Gesicht gelb angemalt.

»China!«, rief das Mädchen.

Die Lehrerin war ganz sprachlos vor Erstaunen, aber sie musste ja zugeben, dass das, was das Mädchen gesagt hatte, richtig war.

»Dann bleibt nur noch eines«, sagte die Lehrerin. »Ich habe gedacht, dass derjenige, der am tüchtigsten war und am schnellsten geantwortet hat, uns Erwachsenen hinterher im Lehrerzimmer Kaffee servieren darf.«

Nun freute sich das Mädchen sehr, denn Kaffee servieren konnte sie gut – sie war ja so oft alleine zu Hause. Sie nahm ihren Schulranzen und ging in die Schulküche. Dort war es nicht so wie zu Hause. Der Kaffeekessel war viel zu groß, und die große schöne Torte konnte *sie* doch wohl nicht anschneiden – sie, die nur gewohnt war, Margarine auf harte Brotrinden zu schmieren. Zum Glück war der Tisch bereits mit Tassen, Kuchentellern und Teelöffeln gedeckt, aber es war so schon schlimm genug. Das Mädchen war so unglücklich, dass es sich hinsetzte und weinte. Da hörte es, wie jemand am Verschluss des Schulranzens herumfingerte, und da kam auch schon Frau Löffelchen heraus.

»Wenn du ein großes Mädchen sein willst, dann nützt es nichts, auf halbem Weg aufzugeben«, sagte Frau Löffelchen und stemmte die Hände in die Hüften. »Ich werde dir helfen. Heb mich auf die Arbeitsplatte, dann legen wir los. Nach dem, was ich gesehen habe, sind es zehn Erwachsene, also brauchen wir zwanzig Tassen Wasser und drei Teelöffel Kaffeepulver für jeden Erwachsenen, das sind dann dreißig Teelöffel Kaffeepulver.«

»Oh, du bist lieb«, sagte das kleine Mädchen, »danke, vielen Dank! Nun fülle ich Wasser und Kaffeepulver auf. Aber das Anschneiden der Torte wird schwieriger.«

»Ach, *das* werden wir ganz sicher auch schaffen«, sagte Frau Löffelchen und ging zur Torte hinüber. »Soweit ich das sehe, ist das eine ziemlich große Torte. Sie misst hundertfünfzig Fuß. Wenn wir das durch zehn teilen, wird jedes Kuchenstück fünfzehn Fuß groß. Aber das ist viel zu groß. Wir teilen fünfzehn durch drei, dann bekommt jeder drei fünf Fuß große Stücke. Nun machen wir als Erstes in der Mitte einen Kreis. Heb mich auf deine Hand, dann zeichne ich den Kreis mit meinem Zeigefinger ein.«

Das Mädchen nahm Frau Löffelchen vorsichtig in die Hand. »Du musst mich an den Füßen festhalten«, sagte Frau Löffelchen, »und mich rundherum schwingen – dann hänge ich mit dem Kopf nach unten und zeichne mit meinem Zeigefinger in die Sahne. Leg los!« Und das Mädchen schwang Frau Löffelchen rundherum, und Frau Löffelchen zeichnete einen kugelrunden Kreis in die Mitte des Kuchens.

»Kleinvieh macht auch Mist«, sagte Frau Löffelchen. Sie stand da, schwankte noch ein bisschen und leckte ihren Zeigefinger ab. »Nun marschiere ich einmal um den Kuchen herum, und bei jedem dritten Schritt machst du mit dem Messer eine kleine Kerbe in die Sahne. Los geht's.«

Eins, zwei drei!!

Kerbe!

Eins, zwei, drei!!

Kerbe!

Eins, zwei, drei!!

Kerbe!

Auf diese Weise ging Frau Löffelchen einmal um die ganze Torte herum, und das Mädchen schnitt Kerben, und als sie damit fertig waren, rief es aus dem Lehrerzimmer: »Wo bleibt das tüchtige Mädchen, das den Kaffee servieren sollte?«

»Bring ihnen rasch den Kaffee«, flüsterte Frau Löffelchen, »danach holst du die Torte.« Und das Mädchen beeilte sich, den Kaffeekessel von der Platte zu nehmen. Nun war der Kaffee fertig.

Frau Löffelchen stand da und hörte, wie das Mädchen gelobt wurde, als es um den Tisch herumging und servierte.

Nach einer Weile kam es zurück, um die Torte zu holen.

»Das hätten wir geschafft«, sagte Frau Löffelchen und klatschte in die Hände. Und dann ging das Mädchen mit dem Kuchen wieder hinein und bekam noch mehr Lob. Und Frau Löffelchen hörte das und war stolz.

»Ich glaube, du hast etwas vergessen, obwohl du sehr tüchtig gewesen bist«, sagte die Lehrerin.

»Oh«, dachte Frau Löffelchen. »Das Sahnekännchen und die Zuckerdose! Ich muss nachsehen, ob noch Zucker in der Zuckerdose und Sahne im Sahnekännchen ist.«

Ja, es war Sahne im Sahnekännchen, doch als Frau Löffelchen in die Zuckerdose gucken wollte, verlor sie das Gleichgewicht und fiel hinein. Und genau in diesem Augenblick kam das Mädchen angelaufen, setzte den Deckel auf die Zuckerdose und trug sowohl das Sahnekännchen als auch die Zuckerdose auf einem Tablett ins Lehrerzimmer. Zuerst wollte Frau Löffelchen dem Mädchen sagen, dass sie in der Zuckerdose war, doch dann befürchtete sie, das Mädchen würde das ganze Tablett auf den Boden fallen lassen, und deshalb buddelte sie sich stattdessen tief in den Zucker hinein.

Dann wurde das Tablett herumgereicht. Doch die Lehrerin war immer noch nicht zufrieden.

»Hast du die Zuckerzange nicht mitgebracht?«, fragte sie.

Das Mädchen war ganz verwirrt, aber Frau Löffelchen hatte das gehört, und als der Vorsitzende des Schulaufsichtsrates den Deckel von der Zuckerdose nahm, sprang Frau Löffelchen wie ein Schachtelteufel heraus, in der Hand ein Zuckerstückchen. Sie blickte starr geradeaus, und der Vorsitzende des Schulaufsichtsrates nahm das Zuckerstückchen und ließ das Tablett weiter herumgehen.

»Drollige Zuckerzange – bestimmt aus Plastik«, sagte er zu seiner Nebensitzerin. »Es gibt heutzutage so viele merkwürdige Dinge. Hast du das hier in deinem Schulranzen mitgebracht?«, fragte er das Mädchen.

»Ja«, sagte das Mädchen, denn das war die Wahrheit.

Nun wollten alle die Zuckerzange sehen. Und als die Zuckerdose fast bei der Lehrerin angekommen war, stand diese auf und sagte: »Komm mit der Zuckerdose hierher. Da geht etwas nicht mit richtigen Dingen zu!«

Sie streckte ihre Hand aus, um die Zuckerdose entgegenzunehmen, aber da rutschte das Tablett weg. Die Zuckerdose fiel auf den Boden, zersprang in Scherben, und alles, was darin gewesen war, landete unter einem großen Schrank.

Nun tat es der Lehrerin leid.

»Das war meine Schuld, nicht deine«, sagte sie und nahm das Mädchen in den Arm. »Wenn alle versorgt sind, dann bedanken wir uns und heben die Kaffeetafel auf. – Aber wer ist denn das?«, fragte sie und zeigte in die Ecke neben dem Schrank.

Dort stand Frau Löffelchen mit dem Gesicht zur Wand, studierte eine Karte vom Balkan und war genauso groß wie andere Frauen auch.

»Ach, ich helfe nur beim Reinemachen«, sagte Frau Löffelchen. »Hier und da ist ein großes Reinemachen manchmal nötig. Komm, mein Mädchen, wir gehen in die Küche.«

Als Frau Löffelchen und das Mädchen wieder nach Hause gingen, fragte das Mädchen: »Wieso hast du mir den ganzen Tag lang geholfen, obwohl ich anfangs so böse zu dir war?«

»Tja«, sagte Frau Löffelchen, »vielleicht, *weil* du anfangs so böse zu mir warst. Nächstes Mal kann es gut sein, dass ich der Lehrerin helfe. Sie wirkte auch nicht gerade lieb.«

Frau Löffelchen juckt die Zunge

So kam es dann auch. Am Tag, nachdem Frau Löffelchen mit dem kleinen Mädchen auf dem Abschlussfest gewesen war, zog sie ihr feinstes Kleid an, setzte ihren feinsten Hut auf und ging mit geradem Rücken und zornigem Blick zur Schule, um ein Wörtchen mit der Lehrerin zu reden.

»Wollen wir hoffen, dass ich heute nicht so klein werde wie ein Teelöffel«, dachte Frau Löffelchen. »Ich war ja gestern klein, und zwei Tage am Stück sollte das eigentlich nicht passieren. Außerdem juckt es mich heute in der Zunge, jemandem ordentlich die Meinung zu geigen und mir dann anzuhören, wie sie um Verzeihung bitten!« Und damit bog Frau Löffelchen in den Schulhof ein und klopfte an die Wohnungstür der Lehrerin. Doch niemand sagte »herein!«.

Frau Löffelchen klopfte ein weiteres Mal und dann noch einmal, aber es blieb still.

»Ich werde mal nachsehen, ob die Tür verschlossen ist, und ist sie das nicht, dann gehe ich hinein«, sagte Frau Löffelchen und drückte die Türklinke hinunter. Die Tür ging auf, und Frau Löffelchen ging hinein, aber sie war kaum über die Türschwelle getreten, da wurde sie so klein wie ein Teelöffel, kullerte hullerdiebuller über den Fußboden und rollte sich dabei in eine Reisedecke ein, die neben einem Koffer und einer Hutschachtel auf dem Boden lag.

»Ach, ach«, sagte Frau Löffelchen. »Na, wenigstens ist die Lehrerin nicht zu Hause.«

Doch nun hörte Frau Löffelchen Schritte im Flur, und da kam schon die Lehrerin – im Reisekostüm.

»Oh, ich dummes Rindvieh«, sagte Frau Löffelchen. »Dass ich aber auch nicht daran gedacht habe, dass Sommerferien sind. Die Lehrerin verreist natürlich. Na, wie gut, dass sie nicht schon losgefahren ist. Nun komme ich mit, und dann werden wir ja sehen, ob ich nicht bald meine Zunge gebrauchen kann.«

Die Lehrerin nahm den Koffer in die eine Hand, die Hutschachtel in die andere und warf sich die Reisedecke über die Schulter. Und dann ging sie. Frau Löffelchen klammerte sich an den Troddeln der Decke fest und fauchte vor Wut.

»Das sind ja schöne Geschichten«, sagte sie. »Die Lehrerin verreist und verschwendet keinen Gedanken an das kleine Mädchen, zu dem sie so gemein war. Aber warte nur, du, bald ist meine Zeit gekommen und dann wirst du eine Frau Löffelchen erleben, die ihren Mund gebrauchen kann!«

Die Lehrerin ging und ging, und nach einer Weile kam sie zum Bahnhof und ging zu einem Kiosk. Dort legte sie die Decke neben die Luke und bat um ein Kilo Äpfel.

»Pfui!«, sagte Frau Löffelchen. »Nun wird sie im Zug sitzen und ein ganzes Kilo Äpfel in sich hineinstopfen.«

»Und dann bitte noch zwei Kilo Apfelsinen«, sagte die Lehrerin.

»Das wird ja immer schlimmer«, fauchte Frau Löffelchen.

»Und noch drei Kilo Bananen«, sagte die Lehrerin.

»Nein, das geht nun wirklich zu weit!«, schrie Frau Löffelchen, »ich hoffe, dass ich bald wieder groß bin, dann werde ich dir schon zeigen, wo der Barthel den Most holt!«

»Schicken Sie die Tüte bitte zu dem kleinen Mädchen in den Wald und bestellen Grüße von der Lehrerin«, sagte die Lehrerin.

Nun fiel Frau Löffelchen fast in Ohnmacht vor Verblüffung. Es war, als habe ihr jemand ein Bonbon aus dem Mund weggeschnappt – nun hatte sie ja niemanden mehr, den sie ausschimpfen konnte.

»Das werde ich tun«, sagte die Dame im Kiosk. »Dann sind es genau zwölf Kronen.«

»Oh, ich habe nur noch zehn Kronen, wenn ich meine Fahrkarte bezahlt habe«, sagte die Lehrerin. »Kann ich vielleicht bezahlen, wenn ich aus dem Urlaub zurück bin?«

»So etwas habe ich ja noch nie gehört«, sagte die Dame im Kiosk. »Kommt hierher, kauft ein und hat kein Geld! Nichts da, her mit der Tüte«, sagte sie und riss die Tüte an sich.

»Verzeihen Sie«, sagte die Lehrerin, nahm die Decke und wollte gehen, aber nun nutzte Frau Löffelchen die Gelegenheit und schlüpfte durch die Luke und in die Tüte.

»Schöne Sommerferien, du«, sagte sie, »ich werde die Tüte schon dahin bringen, wo sie hin soll, und außerdem werde ich meine Zunge gebrauchen, bevor die Sonne untergeht.«

Die Dame im Kiosk hörte genauso wenig von dem, was Frau Löffelchen sagte, wie die Lehrerin – sie ging umher und räumte auf. Dann setzte sie ihren Hut auf und wollte abschließen. Doch an der Tür blieb sie stehen und dachte kurz nach. Schließlich drehte sie sich um, nahm die Tüte und ging.

»Ach so, du willst das alles selbst essen«, dachte Frau Löffelchen. »Oh, nun juckt es mich furchtbar in der Zunge! Die Lehrerin ist im Inneren lieb und nett, aber du nicht!«

Die Kioskdame ging immer weiter. Nach einer Weile hörte Frau Löffelchen, wie sie eine Tür aufschloss und ein Haus betrat. *Dunk!* Nun hatte sie die Tüte auf dem Küchenschrank abgestellt. Frau Löffelchen krabbelte auf eine Apfelsine und spähte über den Rand der Tüte. Dort saß ein Mann am Küchentisch und war so sauer wie Essig.

»Warum kommst du erst jetzt?«, fragte er. »Ich sitze hier und warte aufs Essen, also mach zu. Was hast du denn da in der Tüte?«

»Ach, das ist ein bisschen Obst, das zu dem kleinen Mädchen in der Waldhütte gebracht werden soll«, sagte die Kioskdame. »Die Lehrerin wollte es für das Mädchen kaufen, doch dann hatte sie kein Geld, um es zu bezahlen, und da wurde ich so böse. Aber nun tut es mir leid.«

Frau Löffelchen blieb der Mund offenstehen.

»Also, das ist ja wirklich seltsam«, sagte sie. »Nun wird die Kioskdame auch noch lieb. Nur ihr Mann ist immer noch sauer – vielleicht kann ich mich an dem ein bisschen abarbeiten.«

Der Mann war immer noch sauer, so viel ist sicher! Er stand auf, schlug mit der Hand auf den Tisch und sagte, es ginge nicht an, dass seine Frau anderen Leuten Geld auslege und Besorgungen für sie erledige. »Und nun nehme ich die Tüte und gehe damit geradewegs zum Kiosk. Hier wird das Geld nicht

aus dem Fenster geschmissen!«, sagte er und griff nach der Tüte, sodass Frau Löffelchen hinfiel und zwischen zwei Bananen eingequetscht wurde. Dann zog er mit großen Schritten los.

»Tschüss, Kioskdame«, sagte Frau Löffelchen, »dein Mann ist gemein, aber warte nur, ich werd's ihm schon geben.«

Und so lag Frau Löffelchen in der Tüte, und der Mann ging. Doch nach und nach wurde er langsamer, und schließlich klopfte er an eine Tür und überreichte die Tüte.

»Vielen Dank«, hörte Frau Löffelchen jemanden sagen. Darauf wurde die Tüte geöffnet, und da stand das kleine Mädchen und freute sich sehr.

»Ich werde aus der Stube eine Schüssel holen, in die ich das Obst legen kann«, sagte sie.

Als sie zurückkam, hatte sie das Gefühl, jemand sei durch die Tür nach draußen gegangen, aber sie dachte nicht weiter darüber nach. Das war Frau Löffelchen gewesen, die wieder groß geworden war.

Frau Löffelchen ging und ging und dachte nach und dachte nach und ging und ging und dachte nach. Die Zunge juckte sie immer noch, und sie sah nicht besonders freundlich aus.

Doch plötzlich leuchtete ihr Gesicht auf, und sie ging schneller. Nun wusste sie, mit wem sie schimpfen konnte – mit jemandem, der es wirklich verdient hatte und auf den sie in diesem Augenblick am allermeisten böse war!

Als sie nach Hause kam, riss sie die Tür auf, ging geradewegs zum Spiegel und stemmte die Hände in die Hüften: »Aha, du bist es also!«, sagte sie und blickte streng in den Spiegel. »Du bist es, die sich in Dinge einmischt, die sie nichts angehen! Kann es dir nicht egal sein, für wen die Lehrerin Obst einkauft? Was legst du dich in die Reisedecken anderer Leute? Du solltest dich schämen, du alte Frau – führst dich auf wie ein beleidigtes Kind. Was kümmert es dich, wenn die Kioskdame schlecht gelaunt ist? Du weißt doch gar nicht, ob sie überhaupt Geld hatte, das sie hätte auslegen können, oder ob sie vielleicht Kopfschmerzen hatte – sieh dich doch selbst an! Sieh dich selbst an, wenn du Kopfschmerzen hast, dann bist du bestimmt auch nicht so freundlich!

Und der Mann? Er darf doch wohl auf den Tisch hauen, so viel er will – es ist wohl sein Tisch und nicht deiner, sollte ich meinen. Hörst du, was ich sage? Und dass er schlechte Laune hatte, ist wohl nicht so merkwürdig – es macht keinen Spaß, stundenlang dazusitzen und auf sein Essen zu warten. Schämst du dich nicht? Alle haben es wiedergutgemacht und es bereut, aber du stehst da und siehst mir direkt in die Augen, als ob nichts wäre. Wenn du nur ein bisschen Anstand hättest, bätest auch du um Verzeihung, aber sobald ich dir meinen Rücken zuwende, wendest du mir auch den Rücken zu und bist immer noch genauso böse. Pfui!«

Damit drehte Frau Löffelchen dem Spiegel den Rücken zu und holte tief Luft.

»Oh, das tat gut«, sagte sie. »Nun ist meine Zunge wieder wie vorher, jetzt juckt sie mich nicht mehr. Aber nun muss ich mal ein bisschen in die Puschen kommen und das Haus saubermachen.«

Doch zuerst drehte sie sich noch einmal zum Spiegel um und lächelte schüchtern.

»Verzeihung!«, sagte Frau Löffelchen und knickste. Und die Frau im Spiegel knickste auch.

Frau Löffelchen und das Mittsommernachtsfest

Jedes Jahr an Mittsommer gibt es in dem Ort, in dem Frau Löffelchen wohnt, ein Fest mit Lagerfeuer und Feuerwerk. Dort treffen sich Alte und Junge und Kinder, um sich zu amüsieren und Spaß zu haben.

Es gibt nur zwei Menschen in der ganzen Siedlung, die nie dabei sind, und das sind Frau Löffelchen und ihr Mann. Und weißt du, warum? – Tja, ihr Mann hat genau an Mittsommer Geburtstag, und an diesem Tag darf er alles entscheiden. Und er hat keine Lust auf ein Fest mit vielen Menschen. Er hat nämlich Angst, dass Frau Löffelchen so klein wird wie ein Teelöffel, und dann wäre er so durcheinander, dass er nicht mehr aus noch ein wüsste.

Aber dieses Jahr war Frau Löffelchen trotzdem auf dem Fest!

Und nun sollst du hören, wie sich das zugetragen hat.

Es begann am Abend vor Mittsommer … Frau Löffelchen hatte eingekauft und ging mit dem Korb am Arm langsam heimwärts. Sie dachte darüber nach, wie sie ihren Mann dazu überreden könnte, zu dem Fest zu gehen. Und plötzlich hatte sie eine Idee!

»Vielleicht könnte ich meinen Mann fragen, ob es irgendetwas gibt, was er sich sehr, sehr zu seinem Geburtstag wünscht, und dann könnte ich sagen, dass er es bekommt, wenn er zum Fest mitgeht«, sagte Frau Löffelchen zu sich selbst.

Sie war kaum zur Tür hereingekommen, da setzte sie sich auf den Schoß ihres Mannes und gab ihm einen ordentlichen Schmatzer auf das Ohrläppchen.

»Mein herzensguter, kleiner Liebling, gibt es etwas, das du dir zum Geburtstag wünschst?«, fragte sie.

»Hast du einen Sonnenstich, oder was ist los?«, fragte der Mann. »Wo solltest *du* denn das Geld hernehmen, du Arme? Du nimmst doch das Geld in die eine Hand und gibst es mit der anderen wieder aus!«

»Oh, manchmal verstecke ich meine Hände auch für eine Weile hinter dem Rücken«, sagte Frau Löffelchen so einschmeichelnd wie sie nur konnte. »Es gibt etwas, das ›Hühner‹ heißt, und etwas anderes heißt ›Eier‹. Ich habe Eier verkauft und gar nicht mal so wenig Geld beiseite getan. Wünsch dir ruhig etwas, dann liegt das Geschenk an Mittsommer auf dem Tisch, so wahr ich hier sitze«, sagte sie.

Der Mann musste lachen.

Aber dann fiel ihm ein, dass er Frau Löffelchen auf eine harte Probe stellen könnte.

»Ja, wenn du so viel Geld hast, dass du mir die schöne Pfeife mit Silberbeschlag kaufen kannst, die im Laden liegt, dann verspreche ich dir auch etwas«, sagte er.

»Ich nehme dich beim Wort«, sagte Frau Löffelchen und sprang auf. »Und das, was du mir versprechen sollst, ist, dass du und ich zum Mittsommerfest gehen und das Feuer und das Feuerwerk ansehen!«

Also gut, der Mann versprach es, und früh am nächsten Morgen ging Frau Löffelchen zum Laden – die Taschen voller Ein-Öre-Münzen und Zwei-Öre-Münzen und Fünf-Öre-Münzen und Zehn-Öre-Münzen.

»Ich möchte die Pfeife haben, die im Schaufenster liegt«, sagte Frau Löffelchen, als sie an der Reihe war.

»Oh, wie schade«, sagte der Verkäufer. »Die habe ich gestern an Johan Bakken verkauft.«

»Tja, dann muss ich wohl rasch dorthin«, sagte Frau Löffelchen und lief hinaus, sodass die Türglocke schepperte.

Und dann ging es auf dem schnellsten Weg zu Johan Bakken. Dort war nur die Frau zu Hause.

»Ich wollte wissen, ob Johan mir die Pfeife verkauft, die er gestern im Laden gekauft hat. Die Bezahlung ist gut«, sagte Frau Löffelchen.

»Glaubst du etwa, ich möchte, dass meine Gardinen voller Rauch sind? Nein, danke. Ich habe die Pfeife irgendwelchen Kindern gegeben, die ein Mittsommerfest veranstalten wollen. Sie organisieren wohl gerade irgend so einen Basar, um Geld für das Feuerwerk aufzutreiben.«

»Sag mir schnell, wo der Basar stattfindet!«, schrie Frau Löffelchen.

»Die Kinder wohnen oben auf dem Blåsterberg«, sagte Johans Frau.

»Dann muss ich schnell wie der Wind dorthin«, sagte Frau Löffelchen und fegte davon. Aber zum Blåsterberg war es weit, und als Frau Löffelchen ankam, war der Basar zu Ende. Die Kinder sammelten Papier, Holzwolle, Pappschachteln und alles, was übrig geblieben war, ein und trugen es auf die Bergspitze, wo der Scheiterhaufen stehen sollte.

»Wer hat die Pfeife gewonnen?«, schnaufte Frau Löffelchen. Sie war so erschöpft, dass ihr die Zunge weit aus dem Mund hing.

»Die Pfeife?«, sagte der größte Junge.

»Ja, die große schöne Pfeife mit dem Silberbeschlag«, sagte Frau Löffelchen.

»Ach, die«, sagte der Junge. »Die hat mein Bruder gewonnen. Aber er war so dumm und hat versucht, sie zu rauchen. Davon ist ihm so schlecht geworden, dass er wütend wurde und die Pfeife an einem Stock festgemacht hat, der ganz oben auf dem Scheiterhaufen steht.«

»Kann man den Stock nicht wieder herunterholen?«, fragte Frau Löffelchen.

»Bist du wahnsinnig?«, sagte der Junge. »Man kann doch den schönen Holzhaufen nicht kaputt machen. Der ist so sorgfältig gestapelt, dass alles zusammenkracht, wenn jemand daran rührt. Nein, mit der Pfeife werden wir unseren Spaß haben. Aber nun habe ich keine Zeit mehr, mit dir zu reden – nun muss ich nach Hause, Streichhölzer holen und dann das Feuer anzünden.«

»Oh nein, oh nein«, jammerte Frau Löffelchen. »Ich werde aber auf jeden Fall zum Holzhaufen hinaufgehen und sehen, ob man die Pfeife nicht mit einem langen Stock herunterangeln kann. Es sind doch bestimmt noch keine Leute gekommen.«

Nein, es war noch niemand dort. Der fertig aufgestapelte Haufen war schön und hoch. Da gab es alte Matratzen und Stühle mit nur einem Bein, morsche Laufgitter und alte Kommodenschubladen, zerrissene Kleider und alte Hüte, leere Tonnen und Pappkartons. Und ganz oben auf dem Haufen war die Pfeife an dem Stock – festgebunden mit einem Bindfaden.

»Ich muss einen Stock finden«, dachte Frau Löffelchen, aber genau in diesem Augenblick wurde sie so klein wie ein Teelöffel! Und nun wurde Frau Löffelchen froh!

»Ui!«, sagte sie. »Jetzt kann es nicht mehr lange dauern, bis es Frau Löffelchen gelingt, die Pfeife zu holen, ohne den Haufen kaputt zu machen!«

Rasch wie ein Mäuschen schlüpfte Frau Löffelchen in den Stapel hinein und begann, nach oben zu klettern. Das ging sehr langsam – sie kroch auf den Knien über die Matratze und blieb mit ihrem Rock an einer Feder hängen, sodass sie sich sehr abmühen musste, bevor sie sich endlich befreien konnte. Danach kostete es sie große Anstrengung, am Stuhlbein hochzuklettern, denn es war so glatt, dass sie wieder und wieder abrutschte. Aber schließlich hatte sie es geschafft.

Dann vertüdelte sie sich aus Versehen in einem alten Mantelfutter, stolperte ewig im Dunkeln herum, und als sie wieder herauskam, merkte sie, dass die ersten Leute kamen, um das Feuer zu sehen.

»Glotzt nur«, dachte Frau Löffelchen, »zum Glück bin ich so klein, dass ihr mich nicht seht, und nach oben will ich, koste es, was es wolle.«

Damit purzelte Frau Löffelchen in eine Kommodenschublade hinunter, wo sie ziemlich lange liegenblieb – bis sie das Schleifenband von einem alten Hut zu fassen bekam, der ganz weit oben hing und im Abendwind schaukelte.

»Hurra, nun ist es nicht mehr weit«, sagte Frau Löffelchen, doch als sie nach unten guckte, erschrak sie sehr. So hoch hatte sie sich den Scheiterhaufen gar nicht vorgestellt. Die Leute standen bereits dicht gedrängt, starrten den Haufen an und warteten darauf, dass das Feuer angezündet wurde.

»Ja, jetzt heißt es, sich sputen«, dachte Frau Löffelchen und bezwang den letzten Anstieg. Das war ziemlich leicht, denn es handelte sich um den Blasebalg einer Ziehharmonika, auf dem sie hinaufgehen konnte wie auf einer Treppe.

Endlich stand sie am Stock, und ganz oben am Stock war die Pfeife festgebunden.

»Wie soll ich denn bloß dorthin kommen?«, dachte Frau Löffelchen, doch da fiel ihr Blick auf das Brett von einer Teertonne, das neben ihr lag. Sie nahm etwas Teer auf ihre Handflächen und zog sich am Stock hoch.

Plötzlich begann der Haufen, ein bisschen zu wackeln, und der Stock neigte sich leicht zur Seite. Als sie nach unten sah, fuhr ihr der Schreck in die Glieder! *Die Kinder hatten das Feuer angezündet!*

Kleine Flammen züngelten an der Matratze und an dem alten Stuhl empor. Die Leute jubelten, und die Kinder schrien: »Wartet nur, bis die Flammen den Stock oben erreichen!«

»Ich verstehe nicht, was daran so lustig sein soll«, dachte Frau Löffelchen, »ich muss mich auf jeden Fall beeilen, um zur Pfeife hoch zu kommen.«

Als sie oben angelangt war, klammerte sie sich mit beiden Händen am Pfeifenhals fest.

Die Kinder schrien: »Gleich erreichen die Flammen den Stock, dann werdet ihr ein Feuerwerk erleben! Wir haben eine Rakete an den Stock gebunden!«

»Oioioi!«, sagte Frau Löffelchen und klammerte sich noch fester. Und dann knallte es, und Frau Löffelchen und die Pfeife und der Stock und die Rakete schossen in den roten Abendhimmel!

Da wurde es still auf dem Berg.

»Mir schien, als hätte da jemand am Stock gehangen«, sagte eine dünne Dame mit Schal.

»Es sah aus wie eine kleine Puppe«, sagte eine Dame, die noch dünner war und zwei Schals umhatte.

»Oh nein, das darf doch nicht wahr sein!«, sagte jemand hinter den zwei Damen. Es war der Mann von Frau Löffelchen, der nach der Arbeit vorbeigekommen war, um sich das Feuer anzusehen. Nun warf er sich auf sein Fahrrad und war im Nullkommanichts zu Hause.

»Bitte sei zu Hause, bitte sei zu Hause«, sagte er, und seine Hände zitterten, als er die Tür öffnete.

Da stand Frau Löffelchen in der Küche, verzierte die Torte, und auf dem Tisch in der Stube lag die Pfeife mit Silberbeschlag.

»Herzlichen Glückwunsch zum Geburtstag«, sagte Frau Löffelchen. »Komm jetzt und iss, und danach ziehst du dir ein frisches Hemd an und dann tanzen wir um das Mittsommernachtsfeuer.«